KB271392

민족사의 고향을 찾아서

민족사의 고향을 찾아서

민족사의 고향을 찾아서

황 원 갑 지음

혜안

영광과 고난의 한국사 기행

역사는 교훈을 준다. 역사에서 교훈을 얻지 못하고 역사의 교훈을 망각하는 민족에게 발전은 없다. 우리가 또다시 국난을 당한 것도 귀중한 역사의 교훈을 망각한 데서 비롯된 자업자득이라고 하겠다.

돌이켜보건대 임금이 우유부단하고 지도층이 부패할 때마다 백성들의 삶은 간고하기 그지없었다. 공리공론으로 허송세월 하다가 망국지화를 초래한 적도 여러 차례였다. 국난은 언제나 무비유환(無備有患)의 교훈을 일깨워 준다.

입만 열면 화려한 금수강산 수천 년 역사를 자랑하지만 1000년 전과 500년 전이 같았고, 50년 전이나 오늘이나 달라진 것이 별로 없다. 멍청한 집권자가 민생을 도탄에 빠뜨리고 나라의 앞길을 벼랑 끝으로 내몬 것은 모두 역사의 교훈을 망각한 탓이 아니고 무엇이랴.

이 책은 영광을 씨줄 삼고 고난을 날줄 삼아 수천 년을 교직(交

織)해 온 우리 민족사의 현장을 되짚어 보고 역사의 교훈을 되새겨 보자는 뜻에서 펴낸 국토 편답의 결실이다.

우리 모두 과거와 미래를 이어주는 고리요 우리 자신도 역사를 만들어 가는 시대의 주역이다. 역사는 현세를 비춰주는 과거의 거울이며, 미래를 밝혀주는 등불이기도 하다.

역사는 왕후장상, 영웅 호걸, 풍류 재사, 또는 간신 역적 들만의 기록이 아니다. 민족사의 큰 물줄기는 한두 사람의 영도자만이 아니라 도도한 민중의 힘에 의해 흘러 내려왔다. 시대는 인걸을 낳고 인걸은 백성을 이끌어 왔지만 언제나 민중의 결집된 역량이 뒷받침됨으로써 가능했다.

광개토태왕(廣開土太王)이 민족사상 최대의 영역을 개척하고 대고구려의 웅장한 기상을 떨친 밑바탕에는 고구려 백성과 군사들의 일치단결된 힘이 있었다. 계백(階伯)에게는 죽을 때와 자리를 함께 찾았던 5000 결사대가 있었고, 복신(福信) · 도침(道琛)의 백제광복 전쟁이나 대조영(大祚榮)의 발해 건국은 옛 나라를 되살리고자 하는 백제와 고구려 유민의 열망이 있었기에 가능했다. 장보고(張保皐)에게는 청해진의 날랜 군사와 선원들이 있었으므로 동양 3국의 바다를 제패할 수 있었고, 배중손(裵仲孫)에게도 삼별초 용사들이 있었기에 몽골 오랑캐에 끝까지 항쟁할 수 있었다. 뿐만 아니다. 임진왜란을 돌이켜보라. 정규군은 바다의 이순신(李舜臣)과 육지의 권율(權慄)만이 장수다운 장수였지, 정작 관군에 못지않게 용감히 싸운 사람들은 고경명(高敬命) · 조헌(趙憲) · 곽재우(郭再祐) · 김덕령(金德齡) 같은 의병장들과 생사고락을 함께했던 이름없는 의병들이었다.

이처럼 고귀한 목숨을 바치고 떨쳐일어난 의병의 용장(勇壯)한 정신이 전봉준(全琫準)이 이끈 동학민중혁명군을 거쳐 한말과 일제 강점기의 이강년(李康秊)·신돌석(申乭石) 등을 비롯한 의병부대와, 안중근(安重根)·윤봉길(尹奉吉)·이봉창(李奉昌) 의사 및 홍범도(洪範圖)·김좌진(金佐鎭) 등의 독립군부대에 이르기까지 연면히 이어져 내려왔던 것이다.

그러나 1945년 8월 15일 광복 이후 우리 역사는 또다시 새옷을 만들어 입으면서 첫 단추부터 잘못 끼웠다. 그것은 바로 민족반역자 친일파 처단에 실패한 일이었다. 그로 인해 민족정기가 바로서지 못하고 역사교육도 오늘 현재까지 일제 식민사관에서 벗어나지 못하고 있는 것이다.

뒤돌아보기도 싫지만 부끄러운 50년이었다. 일본왕에게 충성을 맹세했던 자들, 총칼로 민주·자유·정의를 짓밟고 정권을 강탈한 자들이 대통령·국무총리·장관·국회의원을 했고, 목숨을 조국 광복에 바친 독립투사의 후손들은 근근이 연명하다가 광복절마다 남루를 걸치고 그들에게 훈장을 받아온 것이 우리의 현실이 아니었던가.

또한 일제 식민사관에 중독된 자들이 사학(史學)의 권위자라며 대학강단에서 수많은 얼빠진 제자를 길러낸 것도 부정할 수 없는 사실이다. 이처럼 잘못된 역사교육이 결국은 비뚤어진 가치관과 빗나간 국가관을 낳은 것이다. 정부와 일부 부도덕한 장사꾼들은 개발과 편익이라는 미명으로 국토를 마구잡이로 훼손해왔고, 개인은 개인대로 물질만능·황금제일주의의 미망에 빠져 극단적 이기심과 말세적 패륜의 나락으로 굴러떨어진 것이다.

요컨대 주체적 역사관의 부재와 도덕적 파탄이 또다시 총체적 국난을 불러 일으켰으며, 따라서 올바른 민족사관의 정립 없이는 국난 극복의 슬기를 모을 수도, 결집된 의지도 기대할 수 없다는 것이 필자의 생각이다.

필자는 지난 20여 년 간 영광과 시련으로 점철된 민족사의 현장, 민중의 역량을 결집시켜 국난 극복에 앞장섰던 자랑스러운 선조들의 자취, 시대의 아픔을 한 줄기 풍류로 살아 넘긴 올곧은 선비들의 숨결을 찾아 답사를 계속해 왔다. 이 책은 그 가운데서 27곳의 유적을 사진과 지도를 곁들여 단행본으로 펴낸 것이다.

엮고 나서 보니 공부가 부족한 점도 있고, 지면 사정상 내용이 미흡한 점도 많다. 또 이 책에 넣고 싶었으나 형편상 빠진 곳도 있다. 이런 아쉬움은 오로지 뒷날 또 다른 기회로 미룰 수밖에 없다. 어쨌든 이 책이 여행안내서는 아니지만 독자 여러분의 역사유적 순례에 도움이 되기를 바라는 마음 간절하다. 아울러 이 책을 통해 국난 극복의 의지와 슬기를 모으는 데에도 조금이나마 도움이 된다면 더 이상 바랄 나위가 없겠다.

이 책에서 다룬 백두산부터 항일전적지까지는 대체로 시대 순으로 실었다는 점을 밝히며, 끝으로 어려운 여건에도 불구하고 용기 있게 출판을 맡아주신 도서출판 혜안의 젊은 동지들과, 연구·저술을 지원해 주신 한국프레스센터의 여러분에게 진심으로 감사드린다.

1998년 8월 15일
黃 源 甲

차 례

백두산

- 민족의 성산(聖山), 민족사의 성지(聖地) -

   독립의 영광도 한때, 외세에 의해 국토가 양단된 지도 50여 년의 세월이 흘렀다. 그 동안 우리 민족은 광복의 기쁨을 씨줄 삼고 분단의 아픔을 날줄 삼아 남한은 남한대로 북한은 북한대로 현대사의 반세기를 교직(交織)해 왔다.

   우리가 그 동안 민족의 영산(靈山) 백두산을 더욱 그리워하고, 고조선·부여·고구려·발해의 옛 조상들이 용장(勇壯)한 기상을 드날리던 만주 벌판을 찾아가고 싶어하던 이유도 거기에 있었다.

   그 곳이 바로 우리 민족에게는 영원한 정신의 고향이요 빛나는 역사의 현장이기 때문이다. 또한 분단 50년이 넘도록 아직도 이루지 못한 통일의 비원(悲願)이 겨레의 가슴과 가슴마다 뜨거운 응어리로 맺혀 있었기 때문이기도 했다.

   그토록 그리워하던 백두산이 거기에 있었다. 어느 애인인들 이처럼 지극한 정을 쏟아 그리워했던가. 개국신화가 서린 민족의 성

민족의 영산 백두산과 천지의 장엄 웅장한 모습. 최고봉인 백두봉을 포함한 건너편 북한 쪽 연봉은 흰 구름에 싸여 잘 보이지 않는 것이 마치 통일의 그날을 기다리고 있는 듯하다.

산(聖山), 겨레의 위대한 어머니 산이 거기에 우뚝 서서 지금은 남의 땅을 거쳐 찾아온 못난 자손들을 반겨주고 있었다. 자애로운 품을 한껏 벌린 채.

광복 50주년을 맞아 찾아간 백두산은 장엄한 대자연의 일대 서사시였다. 무엇보다도 필자는 운이 좋았다. 열 번 올라야 한두 차례밖에는 백두산 정상부와 천지(天池)의 장관을 볼 수 없다는데 하루에 잇달아 두 차례나 올라서 두 번 모두 눈이 시리도록 아름답고 광장(廣壯)한 백두산과 천지의 황홀경에 빠져들 수 있었으니 말이다. 필자가 겨레의 어머니 산 백두산을 찾은 것은 광복 50주년이 되던 1995년 7월이었다. 7월 3일 밤 9시 10분에 통화역(通化驛)을 출발한 장백산호(長白山號) 야간열차는 이튿날 새벽 5시 20분에 종착역이며 중국쪽 백두산 등정의 들머리인 해발 600m 지대의 이도 백하역(二道白河驛)에 도착했다.

이도백하에서는 마이크로버스로 갈아타고 1시간쯤 달려 80km 떨어진 백두산 밑자락의 백산대주점(白山大酒店)으로 향했다. 백산 대주점은 백두산 등정을 마친 뒤 그 날 밤을 묵은 호텔이었다. 호텔에 도착하자마자 여장을 풀고 몸부터 씻었다.

7월 1일에 심양(瀋陽) 교외 도선(桃仙) 국제공항을 통해 중국에 입국한 뒤 쉴새없이 유적 답사를 위해 강행군을 한데다가 밤새 기차 여행에 시달렸으므로 피곤하기도 했지만 온몸에서 땀 냄새가 나는 등 꼴이 말이 아니었었다. 이런 몸으로야 어떻게 성스러운 겨레의 어머니 산에 안길 수 있단 말인가. 게다가 한두 해도 아니고 수십 년을 두고 벼르며 기다려 왔던 백두산과의 만남인 것을.

아니, 광복의 그 해, 분단의 그 해에 태어났으니 50년을 두고 기다려 왔다고 해도 지나침이 없을 것이다. 옷을 갈아입고 석 대의 사진기를 둘러멘 채 그토록 고대하던 백두산 등정을 시작했다.

산문(山門)을 들어서자 마자 먼발치로 눈에 차는 백두산 정상부의 영이(靈異)로운 자태가 가슴을 뭉클하게 했다. 날씨마저 맑아서 마치 못난 자식이 중국 땅을 거쳐 찾아오기는 했지만 어머니의 무한한 자애로 용서하면서 반겨주는 듯했다.

해발 2700m가 넘는 백두산 정상부는 1년중 7월부터 9월까지 3개월 간을 제외하고 약 270일이 대체로 흰 눈에 뒤덮이고 천지는 얼어붙어 좀처럼 등산로를 찾기 어려우므로 올라가기가 거의 불가능하다. 또한 한여름의 멀쩡하게 맑은 날이라도 갑자기 한 치 앞도 분간할 수 없을 만큼 안개와 구름이 사방에서 자욱하게 몰려오고 비바람 모래바람 우박이 사납게 몰아치는 등 기상 상태가 예측 불허요 천변 만화한 까닭에 가까스로 정상부에 올랐다고 해도 천지와 그 주변의 온전하고 맑은 장관을 보기란 참으로 어렵고 어려운 일이라는 것이다.

그래서 풍자와 해학으로 일평생을 주유천하한 방랑시인 김삿갓도 '금강산은 여러 번 올랐고 묘향산도 두 번이나 올랐지만 백두산은 멀리서만 보았지 단 한 차례도 오르지 못했다'고 자작시 「작북유록 탄불견백두산(作北遊錄 歎不見白頭山)」을 통해 탄식했는지 모른다.

뿐만 아니다. 일제강점기인 1926년에 백두산에 오른 육당(六堂) 최남선(崔南善)은 「백두산근참기」에서 이렇게 고백하기도 했다.

> 바람이 냅다 분다…… 모래와 돌이 날려와 때려서 얼굴을 내어놓을 수가 없다. 비마저 온다. 대번에 퍼부어서 눈코를 뜨지 못하게 한다. 눈보다 차고 우박보다 아픈 비가 폭포수처럼 쏟아진다. 오는 것이 아니라 내리쏟는 것이다. 비는 뭇매질을 하고 바람은 칼부림을 한다……. 아무리 생각하여도 그저 풍우는 아니다. 분명히 너희의 소행을 생각해 보라 하시는 백두산 어머니의 눈물의 채찍이다…….

육당은 왜 백두산 어머니가 눈물의 채찍질을 했다고 생각했을까. 그것은 넓디넓은 조상의 옛땅 만주벌판을 죄다 중국에게 빼앗기고 압록강과 두만강 이남으로 비좁아진 나라마저 일본에게 송두리째 먹혀 버린 못난 후손의 자책감과 자괴심에서 비롯된 것이 아니었을까.

그렇다면 국토 양단과 혈육 이산의 아픈 현실을 살아가는 우리 모두도 빠짐없이 어머니 백두산으로부터 눈물의 채찍질을 당해야 마땅하리라.

국토의 조종(祖宗)인 백두산은 분단 조국을 살아가며 통일을 염원하는 우리에게 희망의 영산이요, 통일의 비원을 안고 남녘 끝 한라산까지 내려달리는 백두대간(白頭大幹)의 머리산이다.

백두산에 높이 앉아 앞뒤뜰 굽어보니
남북 만일에 옛생각 새로워라
가신 님 정녕 계시면 눈물 질까 하노라

이 시조는 1876년(고종 13)에 박효관(朴孝寬)과 안민영(安玟英)이 편찬한 『가곡원류(歌曲源流)』에 실려 있는 작품이다. 지은이가 누군지는 모르지만 그 역시 백두산에 올라 빼앗겨 버린 조상의 옛땅을 그리워하며 어지러운 현실을 한탄했던 모양이다.

우리 나라 강역이 압록강·두만강 이남으로 축소된 것은 신라가 외세인 당(唐)을 끌어들여 동족의 나라인 고구려와 백제를 멸망시킨 뒤부터이지만, 아직도 한국사의 영역이 압록강·두만강 이남에 국한된다는 사대주의 식민사관에 민족 자존심과 주체성을 팔아먹은 얼빠진 사학자들이 있다는 사실은 참으로 개탄스럽기 그지없는 노릇이다.

고조선·부여·고구려·발해는 말할 나위도 없지만 그 뒤 만주를 발판으로 일어난 거란의 요(遼), 여진의 금(金)과 청(淸)이 모두 고구려 옛땅에서 살면서 백두산을 조상의 발상지로 성스럽게 우러러보던 고조선과 고구려·발해의 후예들이니 만주의 역사는 누가 헛소리를 해도 당연히 우리 민족사의 일부분이지 무엇이랴.

백두산 최고봉인 장군봉(백두봉 : 병사봉)의 높이도 2744m로 학교에서 배웠지만 이것도 틀렸다. 이는 일제강점기에 일본인들이 도쿄 만(東京灣)을 해발 기준으로 측량한 결과요, 원산과 청진 앞바다를 기준으로 측량한 북한과 중국의 기록이 모두 2750m로 되어 있기 때문이다.

백두산이 현재는 북한과 중국의 국경선이 천지 가운데를 지나가고 있지만 본래는 모두가 우리 영토였다. 이는 현재 중국측 영토로 되어 있는 장백폭포(백두폭포 : 비룡폭포)나 소천지(小天池) 등에 우리에게 너무나도 친근한 견우와 직녀, 선녀와 나무꾼의 전설이 서려 있는 사실을 보더라도 분명하다.

백두산은 유장한 역사를 이어온 우리 배달민족 한겨레의 정신적 고향이다. 단군왕검이 나라를 세우기 훨씬 전부터 우리 조상들이 삶의 터전으로 삼았던 민족의 발상지요 민족사의 요람이다.

천지는 백두산 서쪽 기슭으로 흘러내려 압록강을 이루고, 북쪽으로는 장백폭포와 이도백하를 거쳐 송화강 원류를 이룬다. 다만 두만강만은 옛 기록들과는 달리 천지에서 발원하지 않고, 함경북도 무산군 삼사면 도내리, 현재 북한 량강도 백암군 창곡리 북동계곡 1470m 지점이 발원지라는 것이 강 연구가 이형석(李洞石) 씨의 주장이다. 어쨌든 이 세 줄기 큰 강의 언저리가 모두 고대에 우리 조상들이 개척한 고조선·부여·발해의 고토인 것이다. 조상의 옛 땅을 빼앗기고 국토마저 분단되니 민족의 성산 백두산을 찾아가는 데에도 우리 땅으로 가지 못하고 최고봉에도 오르지 못하니 이 얼마나 부끄럽고 통탄스러운가.

백두산을 중국에서는 금나라 때부터 장백산(長白山)이라고 불렀다. 우리 나라는 『삼국유사』 고조선조 단군설화에서 태백산(太伯山)이라고 했고, 백두산이라고 부른 것은 삼국시대부터였다.

통일이 되면 평양을 거쳐 백두산도 오르고 묘향산도 오르련만 지금은 중국을 통해 갈 수밖에 없다. 백두산은 북한의 자강도 삼지

천지로 오르는 길. 악화삼거리에서 소천지·장백온천·비룡폭포·승사하·달문을
지나면 선경같이 아름답고 신비로운 천지에 다다른다.

연군과 중국의 연변 조선족자치주 내의 길림성 안도현 사이에 위
치하며 전체 면적은 전라북도와 비슷한 8000km^2.

등반로의 입구인 산문 앞 매표소에서 입산료로 인민폐 120위안
(元)을 내고 들어가면 곧 악화(嶽樺) 삼거리. 여기서 길은 두 갈래로
갈라진다. 왼쪽길은 천문봉(2670m)으로 오르는 자동차길이다. 대부
분은 악화 삼거리에서 1인당 100위안을 내고 중국인이 모는 6인승
지프로 흑풍구(黑風口)를 지나 천문봉 바로 아래 기상대까지 올라
가는 데 20분도 채 안 걸린다. 차에서 내려 천문봉으로 올라가 천
지를 둘러보는 데에도 10분 정도면 충분하니 이래서야 민족의 발
상지요 성스러운 어머니 산인 백두산에 올랐다고 감히 말할 수가
없다. 그래서 지프를 타고 악화 삼거리까지 되돌아 내려온 다음,
이번에는 제대로 된 백두산 등정을 시도했다. 악화 삼거리에서 오

른쪽으로 갈라진 천지길(장백폭포길)을 택해 걸어서 오르기 시작했던 것이다. 소천지와 장백온천, 상가단지를 지나자 이내 가파른 너덜길이 시작되었다. 왼쪽으로 장백폭포에서 쏟아지는 송화강 원류 이도백하를 내려다보며 너덜길을 힘겹게 오른다. 길은 오른쪽으로 천인단애의 바위 절벽을 따라서 실낱같이 이어진 아슬아슬한 벼랑길이다.

장백온천에서 겨우 1km밖에 떨어져 있지 않지만 길이 워낙 가파르고 험해서 장백폭포 옆을 지나는 데에는 1시간이나 걸렸다. 해발 2000m 지점에 위치한 높이 68m의 장백폭포는 견우와 직녀의 전설을 간직한 우랑교(牛郞橋)라는 집채만한 바위가 폭포수를 두 줄기로 갈라 놓고 있다.

천지에서 흘러내리는 승사하(통천하)를 왼쪽으로 바라보며 비교적 평탄한 산기슭을 500m쯤 걸어 달문을 지나면 마침내 넓은 천지가 별유천지인 양 눈앞에 시원하게 펼쳐진다. 장백폭포에서 천시에 이르기까지 7월로 접이들었는데도 군데군데 눈이 쌓여 있었고 천지도 호수가는 얼음이 그 때까지도 녹지 않았다.

해발 2184m 지대에 위치한 천지는 평균수심이 204m, 최고수심이 373m, 면적은 10km^2, 옛날에는 용담(龍潭), 또는 용왕담(龍王潭)이라고 불렀다. 현재 천지는 북한과 중국의 비밀협정에 따라 양측 국경선이 한가운데를 가로지르고, 이에 따라 천지를 둘러싼 2500m 이상 16개의 고봉 중 7개는 북한측에, 9개는 중국측에 속해 있는 것으로 알려졌다.

천지가에 엎드려 차고 맑은 천지수를 배가 부르도록 실컷 마셨다. 천지 생수는 중금속에 전혀 오염되지 않았고, 1리터당 2000mg 이상의 인체에 유익한 각종 성분이 함유된 최고 수질의 광천수요

백두산 천지는 7월에도 얼음이 다 풀리지 않았다. 천지를 배경으로 색동 치마 저고리를 빌려주고 사진을 찍어주는 사람들은 연변에 살고 있는 동포들이다.

약수로 알려졌다. 그런데 이따금 이 곳을 찾은 한국인 가운데는 옷을 훌훌 벗고 알몸으로 천지에 뛰어들어 기념사진을 찍어대는 얼간 망둥이들이 있다고 한다.

몸을 일으켜 주변을 둘러보다가 어이없는 광경을 보았다. 돈이면 귀신도 부린다는 황금만능주의가 개방화의 거센 바람을 타고 이 성산 영지(靈池)까지 몰아닥쳐 백두산과 천지를 밑천 삼아 장사를 하는 사람들이 있었던 것이다. 업종(?)은 두 가지, 하나는 울긋불긋한 색동 치마 저고리를 빨래처럼 널어 놓고 사진을 찍어주는 것, 또 하나는 아예 천막을 치고 야영을 하며 북한측에서 방류한 산천어를 그물로 몰래 잡아 관광객들을 상대로 술안주로 팔아먹는 장사였는데 모두가 한핏줄인 조선족 동포들이어서 더욱 가슴이 쓰렸다.

"얼음이 다 풀리면 모터보트 뱃놀이로 돈벌이하는 사람도 있습니다."

조선족자치주 수도인 연길(延吉)에서부터 안내를 맡아준 이민3세 동포 처녀 한옥희(韓玉喜) 양의 말이었다. 백두산은 남동부 일대를 북한이 명승지 제19호로 지정한 데에 이어 80년대에는 자연보호구로 지정했고, 중국정부도 60년대에 인간및생물권보호구로 지정했으며, 1980년에는 백두산 전역이 UN에 의해 국제생물보호구로 지정된 바 있다.

꼭 법률적으로 보호받지 않더라도 단군의 자손이라면 건국신화가 서린 민족의 성스러운 영산 백두산에 대해 외경심을 갖고 경건하게 참관함이 백번 천번 옳은 자세가 아니겠는가.

그러나 모두가 그런 추태를 부리는 것은 물론 아니다. 연변에 사는 동포들은 대부분 조부모 때인 일제강점기에 조국을 등지고 만주 땅으로 흘러들어온 이들의 자손이다. 이들의 국적은 비록 중국이지만 정신만은 고조선·부어·고구려·발해의 후예임을 잊지 않고 살아가고 있다. 우리 말과 조상 전래의 풍습을 잃지 않고 있으며, 한결같이 백두산을 정신적 고향으로 여겨 특히 명절 때면 백두산에 오르고 천지가에 모여 조선춤을 추고 조선노래를 부르며 조국을 향한 그리움을 달랜다고 한다.

천지와 천지를 감싼 연봉을 다시 한 번 둘러보고 하산하는 마음이 무거운 것은 무슨 까닭일까. 아직도 통일을 이루지 못해 우리 땅을 통해 선조들의 혼령이 깃든 민족의 영산을 찾지 못했고 최고봉인 장군봉 정상도 밟지 못한 아쉬움이 너무도 컸기 때문이리라.

또 하나 되풀이하여 덧붙이고 싶은 말이 있다. 백두산 일대는 한 겨레의 발상지인 신시(神市)요 단군왕검의 개천(開天) 중심지이건만

악화 삼거리
이도백하
(송화강 원류)
흑풍구
중 국
천활봉
장백폭포
(백두폭포 · 비룡폭포)
철벽봉(2550)
주차장
기상대
승사하
(통천하)
용문봉
(차일봉 · 2596)
녹명봉
(지반봉 · 2603)
종덕사터
천문봉
(백암봉 · 2670)
자하봉(2618)
달문
금병봉
(2737)
백운봉
(층암산 · 2691)
화개봉(2640)
자암봉(2428)
호반온천
청석봉(2662)
쌍무지개봉
(2626)
마천우(2691)
백두산 천지
망천후(2712)
옥주봉
(2664)
비류봉(2,580)
백두온천
제운봉
(2603)
장군봉
(백두봉 · 병사봉 · 2750)
와호봉
(2566)
관면봉(2625)
백두산사적비
해발봉(2719)
제비봉(2549)
북 한

아직도 '실증주의 사학'이라는 탈을 쓰고 식민사관의 정체를 감춘 얼빠진 사학자들이 많다는 점이다. 이들의 주장 가운데는 "도대체 '고조선(古朝鮮)'이니 '단군조선(檀君朝鮮)'이라는 국명이 어느 역사책에 나오느냐?"는 헛소리까지 있는 형편이니, 참으로 이 나라의 역사교육, 나아가 나라의 앞날이 걱정되지 않을 수 없다.

만주 집안(集安)

- 동북아 최강국 고구려의 도성 -

집안(集安)의 고구려 유적들은 잃어버린 조상의 강역과 잊어버린 역사를 일깨워 준다. 나라가 망해도 강산은 여전하고 영토를 빼앗겨도 역사는 연면하건만 우리 못난 후손들은 그 동안 단군조선·부여·고구려·발해 같이 위대한 선조들의 나라, 영광스럽던 대륙의 역사를 까마득히 잊고 있었다.

집안은 추모태왕(鄒牟太王 : 東明聖王)이 고구려를 건국하기 훨씬 이전부터 단군조선의 후예들이 삶의 터전으로 삼던 곳이었다. 고구려가 건국의 도읍지 졸본성(卒本城)에서 동남쪽으로 280km 떨어진 국내성(國內城)으로 천도한 까닭은 오늘의 환인현(桓仁縣) 북쪽 오녀산성(五女山城)으로 비정되는 졸본성이 해발 820m의 고지대에 위치하여 방어에는 유리하지만 너무 비좁아 점차 강대해져 가는 국가의 수도로는 부적합했기 때문이었다.

『삼국사기』는 추모태왕의 고구려 건국을 서기전 37년, 국내성

천도를 그의 아들 유리명왕(瑠璃明王) 22년(서기 3)의 일이라고 기록했다. 국내성은 그 뒤 장수왕(長壽王) 15년(427) 평양성 천도까지 고구려 705년사 28왕 중 18왕의 도성이었다고 한다. 그런데 고구려의 역사가 700년이 아니라 900년이라는 설도 있다. 즉 '신라의 후예'를 자처한 김부식이『삼국사기』를 편찬하면서 고구려의 건국을 신라보다 아래로 끌어내리기 위해 200년을 깎아 없앴다는 것이니, 국내성이 정확하게 424년 동안 고구려의 서울이었다는 기록을 그대로 믿기는 어렵다고 보겠다.

고구려는 추모태왕의 건국과 유리명왕의 천도 이후 지속적으로 주변의 여러 부족국가를 정복·흡수·통합하면서 왕국의 기틀을 다지는 한편, 태조대왕 시대를 기점으로 강력한 중앙집권적 왕권체제를 확립했다.

고구려의 팽창은 필연적으로 중국과의 충돌을 불러일으켰다. 한(漢)에서 당(唐)에 이르기까지 고구려의 주적(主敵)으로 중국대륙을 지배한 나라들은 짧게는 수십 년에서 길어도 200년 정도밖에 지속되지 못한 '하루살이 제국'에 불과했지만 고구려는 침략자들로부터 강토를 지키기 위해 보다 강한 군사력과 보다 튼튼한 성벽이 필요했다. 오늘날까지 남아 있는 고구려식 산성 대부분이 험준한 지형을 이용한 석성(石城)이라는 사실이 이를 잘 증명해 준다. 여기에 백성의 철저한 자주국방 의식과 국가의 엄격한 법집행이 든든한 뒷받침이 되어 뒷날 5차에 걸친 수, 당 백만대군의 침략을 물리칠 수 있었던 것이다.

현재까지 만주 일대에 남아 있는 고구려의 옛성이 모두 중국의 침략에 대처한 저지선이었으니 요하(遼河)를 따라 늘어선 신성(新城)―개모성(蓋牟城)―백암성(白岩城)―안시성(安市城) 들이 제1차 저지선이요, 태자하(太子河) 일대의 흑구산성(黑溝山城)—봉황성(鳳凰城)—구련성(九連城) 들이 제2차 저지선이며, 수도 국내성 부근의 졸본성과 환도산성(丸都山城) 등이 최종 방어선이라는 것이 학자들의 통설이다.

겨우 보름 동안의 짧은 기간에 백두산등반을 포함하여 넓디넓은 만주땅의 고구려와 발해 유적을 답사하는 일정이어서 성벽과 성돌마다 고구려 사람들의 용장(勇壯)한 기상이 서리고 불굴의 투혼이 깃들어 있는 옛성들을 일일이 찾아볼 수 없는 것이 못내 아쉬웠지만 그 기회는 다음으로 미룰 수밖에 없었고, 그 대신 집안의 국내성과 환도산성, 광개토태왕비 같은 고구려 유적을 둘러보는 것으로 아쉬움을 달래야만 했다.

필자가 만주를 찾은 것은 1995년, 광복 50주년이 되던 해 7월 초였다. 중앙대학교 사학과 답사반과 동행하여 7월 1일 김포공항을 출발하여 심양(瀋陽)에 도착, 그 날 밤 야간열차 편으로 장장 11시간을 달려 이튿날 새벽 통화(通化)에 도착했다. 그리고 버스를 타고 다시 5시간이나 걸려 그토록 가고 싶었던 고구려의 옛 서울 집안에 도착했던 것이다.

통화에서 집안까지는 114km. 버스는 해발 1000m가 넘는 높고 험한 장백산맥의 연봉 노령고개를 힘겹게 기어올랐다. 1653m라는 우산(禹山) 토구자(土口子) 고개 정상에 오르자 집안시를 중심으로 한 통구(通溝 : 洞溝) 평야가 한눈에 들어왔다. 시가지 너머로는 압록강 줄기도 언뜻언뜻 보이고, 그 너머는 북한 땅 자강도 만포시라고 통화에서부터 안내를 맡아 준 동포 청년 강홍덕(姜洪德) 씨가 일러 준다.

현새 집안은 현(縣)에서 시로 승격된 지 얼마 안 되는 인구 6만

집안의 국내성터. 불타고 무너지고 부서지다 남은 불과 수백 미터의 잔해만 남아 웅장했던 대고구려 도성의 위용은 역사의 뒤안길로 사라져버렸다.

의 소도시에 불과하지만 1500여 년 전에는 동북아시아 최대 강국 고구려의 수도로서 위용을 자랑하던 빛나는 역사의 현장이다. 집안 시내로 들어가 집안시 인민정부 청사 맞은편의 취보빈관(翠寶賓館)이라는 호텔에 여장을 풀자마자 고구려 유적 답사에 나섰다.

집안은 고구려 망국 후 발해의 서경(西京) 압록부(鴨綠府)에 속한 환주(桓州)가 되었고, 발해시대 이후 거란의 요, 여진의 금, 몽골의 원, 한족(漢族)의 명, 다시 여진의 청이 차례로 차지했으며, 청은 건국 후 백두산 일대를 신성한 나라의 발상지라 하여 일반인의 출입을 금지시키는 이른바 봉금령(封禁令)을 내렸다. 1876년 성경장군(盛京將軍) 숭실(崇實)이 이 곳을 재개척하고 노령산맥 남쪽 영전지방에는 회인현(懷仁縣), 북쪽 영후지방에는 통화현을 설치했는데 회인현은 뒤에 환인현으로 개칭했다. 그리고 다시 1902년 통화와

환인의 일부를 떼어 내 집안현을 신설하고 이 곳 통구평야 압록강
변 옛 국내성터에 현청을 두었다. 통구는 환도산성 앞에서 국내성
옆을 지나 압록강으로 흘러드는 통구하에서 비롯된 지명이다. 집
안은 처음에는 '輯安'이라고 쓰다가 1965년부터 중국말 발음이 같
은 '지안'인 '集安'으로 바꾼 것이다.

국내성은 장수왕의 평양성 천도 이후에도 평양성, 현재 황해도
재령으로 비정되는 한성(漢城)과 더불어 고구려 3경(三京)의 하나로
서 정치·군사·문화의 중추 도시 역할을 했다. 현재 국내성은 집
안시의 중심부로 변해 그 옛날 웅장했던 대고구려 도성의 모습은
역사의 뒤안길로 사라져 버렸다.

본래 국내성은 평지 토성 위에 내·외벽을 잘 다듬은 성돌로 차
곡차곡 쌓아올린 2~4m 높이의 방형(方形) 석축성이었다. 동벽
554.7m, 서벽 644.6m, 남벽 751.5m, 북벽 715.2m 등 총 길이
2685m 규모였지만 지금은 아파트의 숲에 가리고 남은 것도 건축
자재로 쓰느라고 마구 헐어가 버려 원형을 전혀 알아볼 수 없게
되었다. 남은 것은 불과 수백m의 성벽 잔해와 중국 당국에서 옛
동문터에 세운 초라한 표지판 정도에 불과해 이 또한 필자의 가슴
을 미어지게 했다.

지금은 산성자성(山城子城)이라고 부르는 환도산성 역시 집안 중
심부인 국내성터에서 북서쪽으로 2.5km 떨어진 지점, 통구하 줄기
가 내려다보이는 문향산(文鄕山) 기슭에 폐허로 남아 있다. 원래는
동벽 1716m, 서벽 2440m, 남벽 1786m, 북벽 1009m 등 총 길이
6951m로 국내성의 약 세 배 규모였으며, 성내에 점장대·망대 및
군마에게 물을 먹이던 음마지(飮馬池)가 남아 있고, 부근 산성하고
분군(山城下古墳群)에 75기의 적석총이 떼지어 있지만 서의가 옥수

환도산성터. 국내성의 외곽 방어 요충이었던 이 산성도 폐허로 변했지만 성돌 하나하나에 용장했던 고구려 무사들의 기상이 서려 있다.

수밭·고량밭·고구마밭과 과수원 따위로 변해 옛 모습을 잃어버렸다.

『삼국사기』에 따르면 환도성은 198년(산상왕 2)에 축조되었는데, 246년(동천왕 20)에 위(魏)나라 장수 관구검(毌丘儉)에게 함락당하고, 342년(고국원왕 12)에는 연왕(燕王) 모용황(慕容皝)의 침공에 의해 국내성과 더불어 헐려 버렸던 뼈저린 역사가 있다.

그 뒤 재건된 국내성은 광개토태왕과 그 아들 장수왕 시대에 고구려 사상 최강의 성세를 누린다.

중국인들이 줄여서 호태왕비라고 부르는 광개토태왕훈적비는 집안시 중심부에서 동북쪽으로 4.2km 떨어진 용산(龍山) 기슭 태왕향(太王鄕) 대비가(大碑街)에서 1500년의 풍상을 견디며 우뚝 서 있다. 비는 높이 6.39m, 너비 1.35~2m의 거대한 방주형(方柱形) 현무

단군 이래 한민족 사상 최대의 판도를 개척했던 광개토태왕의 훈적비. 집안시 태왕촌 대비가에서 1500년의 풍상을 이기고 우뚝 서 있다.

암질 화산암 단일 자연석으로 무게는 37톤에 이르는 세계 최대 규모의 거대한 비석이다.

비문의 내용은 시조 추모태왕의 건국부터 광개토태왕의 공훈까지 4면에 걸쳐 돌아가며 자세히 적어 새긴 것이다. 글자수는 모두 44행 1775자에 이르나 오랜 세월로 마멸이 심해 현재 판독이 가능한 것은 1590자 정도이며, 이 가운데서도 300여 자는 학자에 따라 해석이 달라 아직도 논쟁이 끊임없다.

흔히 광개토대왕이라고 부르지만 재위시의 칭호는 연호(年號)를 따라 영락태왕(永樂太王), 사후의 정식 존호는 국강상광개토지경호태성왕(國岡上廣開土地境好太聖王), 또는 국강상광개토경평안호태왕(國岡上廣開土境平安好太王)이다. 국강상은 능의 위치를, 광개토경은 태왕의 훈적을, 호태성왕이나 평안호태왕은 경모의 뜻을 나타냄이

다. 광개토태왕훈적비는 그의 아들인 장수왕이 즉위 이듬해인 414
년 부왕의 공적을 기리고자 세운 것이다.

  광개토태왕의 성명은 고담덕(高談德), 고국양왕의 태자로 391년
18세에 고구려 제19대 임금으로 즉위했다. 태자 때부터 군사를 이
끌고 백제를 공략하고 신라를 떨게 하는 등 담력과 무술이 뛰어난
데다가 총명을 더해 영주(英主)의 자질을 보이더니 즉위 이후 탁월
한 경륜과 비상한 전략으로 부국강병의 대업을 펼치기 시작했다.
영락 5년(395) 비려국(稗麗國) 정벌에 이어 이듬해에는 백제를 친정,
아신왕(阿莘王)의 항복을 받아내 백제와의 싸움에서 패사한 조부
고국원왕의 원수를 갚았다. 영락 8년에는 숙신(肅愼)을 복속시키고
다시 2년 뒤엔 군사 5만을 보내 백제·가야·왜의 연합군을 격파
하고 신라를 구원했으며, 4년 뒤에도 남쪽 변경을 침범한 백제와
왜의 연합군을 궤멸시켰다. 이어서 영락 17년엔 후연(後燕)을 정벌
하여 요하 일대를 완전히 장악하고, 영락 20년에는 친히 군사를 이
끌고 두만강 하류의 동부여를 토벌, 복속시켰다. 태왕은 이처럼 재
위 22년간 정력적으로 정복사업을 펼쳐 동서로는 북간도에서 요서
지방까지, 남북으로는 아산만에서 흥안령산맥에 이르기까지 사방
으로 강역을 넓혀 고조선·부여 조상의 옛 강토를 되찾는 시조 추
모태왕 이래의 숙원인 다물사업을 완수하고 한민족 사상 최대의
영토를 개척하여 동북아 최강의 대제국으로 군림하게 되었다. 하
지만 일세의 영걸 영락태왕은 39세 아까운 나이로 세상을 떴다.

  근래 학자들 사이에서 광개토태왕의 능이라고 주장되는 태왕릉
은 집안시내에서 동쪽으로 4km, 광개토태왕훈적비에서 서남쪽으
로 200m쯤 떨어진 태왕향 구역에 있다. 일반에게 공개되지 않고
있는 능의 규모는 높이 14.8m, 밑변 길이 각 66m로서 장수왕릉으

로 알려진 이른바 장군총보다 외형상으로는 더 크지만 연변대학교 조선문제연구소 박진석(朴眞奭) 교수는 이 태왕릉이 광개토태왕이 아니라 고국원왕의 능일 가능성이 더 높다고 주장한다. 많은 학자가 이 곳이 훈적비와 가깝고, 이 능에서 발견된 '원태왕릉안여산고여악(願太王陵安如山固如岳)'이라 새겨진 벽돌을 증거로 광개토태왕릉이라고 추정하지만 박 교수는 장수왕의 무덤은 자신이 천도한 평양성에서 세상을 떴으므로 능도 그 곳에 있을 것이고, 고국원왕이 고구려 대왕으로는 유일하게 전사한 임금이므로 백성들의 비탄과 애도의 정에 비례해 능묘의 규모도 컸으리라는 점, 고국원왕의 묘호도 광개토태왕과 마찬가지로 국강상왕이라는 점 등을 들어 이른바 장군총이야말로 광개토태왕의 능일 가능성이 많다는 주장이다.

광개토태왕훈적비에서 동북쪽으로 1km 지점의 이른바 장군총은 중국인들이 규모가 크다고 해서 되는 대로 붙인 이름이고 예부터 우리 선조들 사이에서는 황릉(皇陵)이라고 불렀다고 한다. 높이 12.4m, 4각의 밑변이 각 31.5m, 위로 올라갈수록 좁아지는 피라미드식 구조로 되어 있으며 묘실은 7개의 계단 중 제5계단 한가운데에 자리잡았다. 정상은 원형의 기둥 구멍 자리가 있어 본래는 건축물이 있었던 것으로 추정된다. 1987년판 『집안현지』에는 장군총이 고구려 시조 추모왕의 무덤이란 전설이 있다고 했으나 축조 시기가 5세기로 밝혀진 만큼 광개토태왕이나 장수왕릉일 가능성이 크다고 보인다.

그러나저러나 도대체 장군총이 뭔가. 중국인들이 그렇게 부른다고 해서 천제의 자손, 일월신의 아들을 자처한 대고구려 제왕의 능을 장군총이라고 따라 부르다니 한심하기 짝이 없는 노릇이다.

중국인들이 잘못 붙인 「장군총」이라는 이름으로 널리 알려진 이 거대한 적석총의 주인이 광개토태왕인지 장수왕인지 아직도 밝혀지지 않고 있다.

집안 일대에는 1만 2000여 기의 고구려 고분이 있는 것으로 알려졌지만 현재 식별할 수 있는 것은 왕릉으로 추정되는 23기의 벽화고분을 비롯하여 7000기에 불과하고 나머지는 이 또한 개발 바람에 밀려 가옥과 농경지, 과수원이나 축사로 변해 벽해상전(碧海桑田)이 옛말에서 그치지 않음을 절감할 수 있었다.

엉성한 시설과 전시물이 대부분인 기념품상점 수준의 집안시박물관에서 수렵도와 일월신도(日月神圖) 등 고분벽화 모사도 2점을 산 뒤 우산하고분군(禹山下古墳群)을 찾았다. 중국측은 집안의 광개토태왕훈적비를 비롯하여 이른바 장군총, 태왕릉, 환도산성, 오회분 5호묘 등 다섯 군데의 고구려 유적을 외국인들에게 1인당 20달러의 입장료를 받고 공개하고 있었다. 동서 4.37m, 남북 3.56m, 높이 3.94m 규모의 거대한 화강암 묘실 위에 토축 봉분 형태인 오회분 5호묘는 고구려 고분 가운데 유일하게 일반에게 공개되는 분묘였다.

손전등을 든 안내인을 따라 컴컴한 무덤 안으로 들어서니 바깥은 25° 안팎의 무더운 날씨인데도 금세 등골이 서늘해진다. 백열등을 밝히자 강렬한 색채, 역동적인 필치로 묘사된 천손족(天孫族) 고구려인의 현세와 내세가 사방 벽면마다 생기롭게 살아 꿈틀거리는 모습이 눈에 찬다. 한겨레 사상 최강의 대제국을 이룩한 고구려다운 진취적이며 활달한 기상, 대륙적 호방함이 1500년의 세월을 단숨에 뛰어넘어 충격적 감동으로 가슴을 친다. 청룡·백호·주작·현무의 사신도(四神圖)를 비롯하여 일신과 월신, 수신(水神)과 농업신과 야철신(冶鐵神), 그리고 수많은 기이한 동물과 식물의 문양이 제한된 공간 속에서도 다양하고 치밀하게 묘사되어 있었다.

그것은 결코 몇 사람의 화공이 뛰어난 손재주로만 그린 단순한 벽화가 아니었다. 순직 우박한 고구려 장인의 손을 빌어 빚어낸 대고구려 조상신들의 웅장한 일대 서사시요 후손들에게 전하는 무언의 유시였다.

그러나 이 인류사적 문화적 가치를 지닌 고구려 고분벽화가 관리 소홀 때문에 심하게 훼손되어 가고 있다는 소식이 전해져 참으로 안타깝기 그지없는 노릇이다. 특히 북한이 1990년에 발간한 『조선유적유물도감』과 일본의 한 출판사가 1959년에 발간한『전쟁문화사』에 실린 사진을 비교·분석한 결과 현재 공개되지 않고 있는 집안의 무용총·삼실총 등의 벽화 곳곳이 심하게 오손된 사실이 밝혀진 것이다. 참으로 통탄스러운 일이다.

강토를 잃었다고 해서 민족사까지 빼앗긴 것은 아니다. 고구려·발해가 빠진 한국사란 생각할 수도 없다. 민족사가 바로잡혀야 민족의 미래도 밝아지는 법이다. 그럼에도 불구하고 광복 50년이 지나도록 우리 사학계의 고구려·발해사 연구가 신라·백제사 연구에 비해 상대적으로 소극적이고 미흡했다는 점은 너무나 유감스럽다. 이는 아직도 일제 식민사관의 마수에서 벗어나지 못한 탓이 아닐까. 현재 우리 사학계에 신채호(申采浩)·박은식(朴殷植)·장도빈(張道斌)·정인보(鄭寅普) 같은 기개있는 민족주의 사학자의 정신과 맥을 이은 사람이 몇이나 되는가.

집안을 돌아보면서 "집안의 고구려 유적을 한 번 보는 것이 김부식의 고구려사를 만 번 읽는 것보다도 낫다"는 신채호의 말이 몇 번이나 가슴을 쳤는지 모른다. 『월간중앙』 1973년 1월호 부록 『인물로 본 한국사』에 지금은 고인이 되었지만 생전에 한국사학의 태두와 친일사학의 거두란 상반된 평가를 받던 한 인사의 이런 발언이 실려 있다.

> 맨 처음이 단군인데 이거야 어디 실재 인물인가, ……동명왕 역시 설화상의 인물이니까 빼도 좋겠지요. ……광개토대왕은 요새 그 비 때문에 일반에게도 알려지게 되었지만 사실 나는 그것을 일본인들이 개작했다고는 생각하지 않아요…….

뿐만 아니라 같은 책의 좌담에서 역시 고인이지만 생전에 미술사학계의 태두로 불린 또 다른 거물은 '을지문덕이 중국에서 귀화한 사람일 것'이라는 형편없는 궤변을 늘어놓기도 했다. 이들이 만일 저승에 가서 단군왕검·동명성왕·을지문덕을 만났다면 뭐라고 했을지 궁금하기 짝이 없다.

이런 자들의 제자들이 사학계에 버티고 있으니 아직도 '한 무제

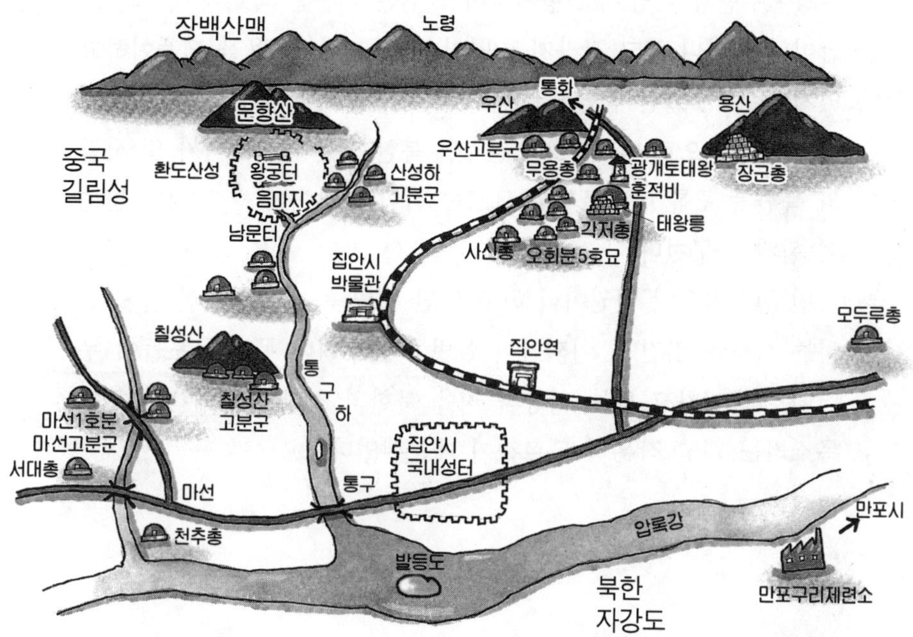

(漢武帝)가 한반도를 정복하여 한사군을 설치했다'느니, '외국 지도
에 다 일본해라고 되어 있는데 우리만 동해라고 고집할 필요가 뭐
있느냐'느니 하는 따위의 얼빠진 소리가 계속 나오고 있는 실상이
다.

또 그래서 1993년 8월 집안에서 열린 고구려문화 국제학술회의
에서 중국 학자들이 '고구려는 중국 중앙정권의 지방 통치기구'라
느니, '고구려족은 중국 북방의 한 소수민족'이라느니 하는 헛소리
를 연발해도 반박 한 마디 제대로 못했던 것이다.

그 옛날 고구려의 용사들은 험한 산성을 누비고 드넓은 평원을
달리며 용장한 기상을 떨쳐 잃어버렸던 조상의 땅을 모조리 다물
렸건만 지금 우리 못한 후손들은 무슨 바보 짓을 하고 있는가. 압

록강·두만강 이남으로 형편없이 줄어든 비좁은 국토에서, 그것도 남이니 북이니 하고 갈라져 50년이 넘도록 집안싸움을 되풀이하고 있지 않은가. 그런 참담한 기분으로 이튿날 아침 집안을 떠나기 전에 압록강변으로 나갔다. 강 건너편 북한 땅을 바라보다가 몇 사람의 북한 동포를 바라보자니 모르는 사이에 가슴이 콱 막히며 눈물이 왈칵 솟구쳤다.

민주니 자유니 인권이니 하고 입만 열면 듣기 그럴듯한 말을 잘하는 사람은 많건만, 어찌하여 헐벗고 굶주리다 못해 동포들이 무더기로 죽어가고 있는 지상의 지옥 북한의 참상에 대해 비판하는 목소리는 적고 작은지 모르겠기 때문이었다.

경주 남산

경주를 보지 않고 신라를 말할 수 없다. 신라의 역사는 곧 서라벌의 역사와 마찬가지이기 때문이다. 고구려와 백제가 정치적·군사적 이유로 여러 차례 도읍을 옮긴 것과는 달리 신라는 건국에서 망국에 이르기까지 서라벌이 유일한 도성이었다.

또한 경주 남산을 빼놓고서는 서라벌과 신라의 역사를 말할 수 없다. 신라 천년사는 이 남산에서 시작되어 남산에서 끝났다고 해도 지나침이 없기 때문이다.

그러므로 신라 천년의 흥망성쇠를 말없이 지켜본 역사의 현장 경주 남산은 예사로운 산이 아니다. 멀리서 쳐다보면 거북의 등처럼 밋밋하게 솟아오른 모양이 흔히 볼 수 있는 보통 산들과 다름없는 듯하지만, 안으로 들어가면서 보면 볼수록 그 깊고 오묘한 산세에 감탄하게 된다.

뿐만 아니라 이 산은 전체기 거대한 신라 불교미술의 야외전시장이라고 할 수 있을 정도로 숱한 석불·석상·절터가 자리잡고 있으니, 참으로 경주 남산이야말로 서라벌의 불국 정토였지 다름이랴.

남산은 금오산(金鰲山)·고위산(高位山)·도당산(都堂山)·망산(望山) 등을 아울러 가리킨다. 금오산 정상에 올라 전망대에서 북쪽을 굽어보면 신라 천년의 영화와 오욕을 함께 간직한 서라벌 옛터 경주 시가지가 한눈에 내려다보이고, 몸을 돌려 남쪽을 바라보면 봉우리와 골짜기 곳곳에 석불·석상·절터가 자리잡고 있다.

이미 일렀거니와 신라의 역사는 남산에서 시작되고 남산에서 끝났다는 것이 빈 말이 아니다.

신라 건국설화에 나오는 시조 박혁거세(朴赫居世)가 이 곳 남산 서남쪽 기슭 탑동 나정(蘿井)의 숲 속에서 알을 깨고 나왔으며, 말기의 경애왕(景哀王)이 궁인들과 더불어 질탕한 술잔치를 베풀며 놀다가 후백제 임금 견훤(甄萱)에게 급습을 당했고 결국 나라가 망하기에 이른 곳도 바로 남산 서쪽 기슭 배동의 포석정(鮑石亭)이었다.

그 옛날 서라벌을 비롯한 신라 사람들은 남산을 부처님이 사는 도솔천으로 여겼다. 도솔천이란 미래불인 미륵불이 거처한다는 정토. 그래서 신라의 불자들은 이승에서의 삶이 다하면 넋이라도 이 곳 남산에 머물기를 원했다. 그런 간절한 원망(願望)이 134개소의 절터, 69기의 석탑, 87체의 불상으로 아직도 남산 일대에 남아 있다.

신라인들은 내세불인 미륵불이 나타난다는 용화 세상을 맞기 위해 이처럼 많은 불탑과 불상을 세우거나 바위에 새기고 또 절을 지었던 것이다. 현재 국립경주박물관 뜰 앞에 전시된 목없는 불상

남산 칠불암 마애석불좌상. 서라벌의 불국정토 남산 곳곳에는 이 같은 불상·불탑·
절터가 남아 신라인들의 극락왕생 염원을 전해주고 있다.

대부분도 남산에서 발굴된 유물이다.

　남산은 금오산과 그 남쪽에 선 고위산에서 뻗어내린 수많은 산
등성이와 40여 골짜기가 남북 8km, 동서 4km에 걸쳐 장중한 역사
의 무게를 품에 안고 있다.

　금오산 정상에서 북쪽으로 뻗어내린 산줄기가 동남산과 서남산
의 분수령을 이룬다. 이 산줄기에는 상사암·봉생암 같은 거대한
바위 봉우리들이 솟아 있고, 남산산성의 망대 역할을 하던 게눈고
개(蟹目嶺)와 이어져 옛 대궐터인 반월성 앞에 아담하게 솟은 도당
산에 이른다.

　한편, 금오산 정상에서 반대편인 남쪽으로 뻗어내린 산줄기는
승소골·봉화골 같은 동쪽 사면의 여러 골짜기와 서쪽 기슭으로
흐르는 용장골의 분수령을 이루며 뻗어가다가 봉화봉 정상부에 이

르러 서쪽으로 머리를 들어 남산의 주봉인 금오산(468m)보다도 더 높은 고위봉(494m)을 이루며 끝맺었다. 남산의 여러 봉우리를 통틀어 최고봉인 고위봉은 가장 높다는 뜻의 우리말을 따서 수리봉이라고 부르기도 하고, 천룡암과 천룡사가 있다고 해서 천룡산이라고도 불렀다.

어쨌든 일반적으로 남산의 서쪽 부분을 가리켜 서남산, 동쪽 부분을 가리켜 동남산이라고 부른다. 서남산에는 16개의 큰 골짜기가 있으며, 이 골짜기를 타고 흘러내리는 계류수는 천마산에서 흘러내리는 기린내와 합류하고, 또한 동남산 16개 큰 골짜기를 타고 흘러내리는 계류수는 토함산에서 흘러와 동남산을 끼고 흐르는 남천(南川 : 蚊川)과 아우러진다.

또 남산 남쪽의 10여 개 골짜기에서 흘러내린 물줄기들은 오가리고개에서 남산 기슭을 흐르는 별내로 흘러들고, 이 별내와 남천이 기린내에 합쳐져 서라벌 서쪽을 돌아 동해로 흘러 들어가니 곧 형산강이다.

오늘의 경주는 3000여 가구, 13만여 인구가 살고 있는 중소 도시에 불과하지만 삼국시대에는 이 땅에서 가장 규모가 큰 도회지였다.

신라 전성기에는 서라벌에 17만 8936호의 집이 있었다고 『삼국사기』는 전하니 이는 추산해 보건대 인구 100만에 이르는 거대한 도시였다.

또한 『삼국유사』 이차돈(異次頓) 기사에 이르기를, '태청(太淸) 초년(547) 양(梁) 나라 사신 심호(沈湖)가 사리를 가져오고, 천가(天嘉) 6년(565) 진(陳) 나라 사신 유사(劉思)가 중 명관(明觀)과 함께 불경을 받들고 오니 절들은 별처럼 벌여 있고 탑들은 기러기처럼 줄을 지었다'라고 했다.

547년은 신라 진흥왕 8년이요, 565년은 진흥왕 26년이다. 이처럼 서라벌 전체가 절과 탑이 즐비하게 늘어선 광장(廣壯)한 불국토가 되기에는 527년(법흥왕 14) 이차돈의 순교를 계기로 이미 100년쯤 전인 눌지왕(417~458) 때 고구려로부터 전해진 불교가 공인되기에 이르고, 이후 위로는 왕족과 귀족에서 아래로는 이름 없는 백성에 이르기까지 불법을 통해 현세의 평안을 구하고 내세의 극락왕생을 원했기 때문이었다. 참고로 말하자면 이차돈 순교가 『삼국유사』는 527년, 『삼국사기』는 528년의 사건으로 기록해 1년의 차이가 있다는 점을 밝혀 둔다.

어쨌든 신라가 망한 뒤 고려 태조 왕건(王建)은 서라벌을 경주로 개칭했으며, 고려시대에는 동경(東京)·계림부(鷄林府)로 이름이 바뀌다가 조선조로 접어들어 1519년(중종 14) 경상도를 좌도와 우도로 나눌 때 경상좌도 감영을 이 곳에 설치하고 경주부로 다시 고쳐 경주라는 이름이 오늘에 이르고 있다.

1931년 경주군 소재지 경주면이 읍으로, 1955년에는 시로 다시 승격되었으며, 1968년 12월 31일에는 지리산에 이어 계룡산·한려해상과 더불어 우리 나라에서 두번째로 국립공원으로 지정되었다. 경주국립공원은 남산지구·토함산지구·소금강산지구·화랑지구·서악지구·단석산지구 등 6개 권역으로 나뉜다.

1985년 사적 제311호로 지정된 남산에는 보물 13점을 포함하여 465점의 지정문화재와 424점의 비지정문화재가 있다. 또한 1995년 경주 불국사와 석굴암이 유네스코 세계문화유산에 등록된 데에 이어 1998년 7월에는 남산이 안동 하회마을, 고창·화순 고인돌과 더불어 세계문화유산으로 등록 신청되었다.

남산에는 이런 전설이 서려 있다. 신라가 건국되기도 전이고 서라벌이 도읍지가 되기도 훨씬 전인 까마득한 옛날이었다. 띄엄띄엄 흩어져 앉은 집들이 작은 마을을 이룬 서라벌에 부부신(夫婦神)이 찾아왔다.

검붉은 얼굴에 울퉁불퉁한 근육의 남신과 둥근 얼굴에 부드럽게 생긴 여신이었다. 두 신이 서라벌을 둘러보더니 남신이 소리쳤다.

"야! 우리가 살 곳은 바로 여기구나!"

그 소리가 사방에 천둥처럼 크게 울려퍼졌다. 그 때 강가에서 빨래하고 있던 서라벌의 한 처녀가 깜짝 놀라 소리나는 곳을 찾아보았다. 그 쪽을 쳐다보자 난데없이 웬 산 같은 거인 둘이 땅을 울리며 걸어오고 있는 것이 아닌가. 겁에 질린 처녀는 자기도 모르게 있는 힘을 다해 외쳤다.

"산 봐라! 사람 살리오!"

그리고는 이내 기절해 버렸다. '산 같은 사람' 보라고 할 것을 너무나 놀란 나머지 "산 봐라!" 했던 것이다. 발 아래서 나는 비명에 신들도 놀라 발길을 멈췄다. 그런데 그 다음 순간 걸음을 옮기려 했으나 발이 떨어지지 않았다. 두 신은 각각 그 자리에 붙박혀 처녀의 말처럼 산이 되고 말았다. 그 남신이 지금의 억센 모습의 바위산인 남산이요 여신은 남산 서쪽에 아담하게 솟아오른 망산이라는 것이다.

그 뒤에도 서라벌 주위에는 많은 산이 생겨났는데 망산 바로 곁에는 젊고 푸른 벽도산(碧桃山)과 선도산(仙桃山)이 솟아나서 마치 바람둥이 두 젊은이가 늙은 남편과 사는 젊고 예쁜 색시를 유혹하는 듯했다.

하지만 망산의 머리는 언제 보아도 한결같이 남산을 향하고 있다. 이에 딸 가진 서라벌의 부모들은 '망산의 절개가 변치 않는 한 서라벌 처녀들의 순결도 변치 않으리라'는 믿음으로 오랜 세월을 이어왔다는 것이다.

양산(楊山)은 남산 서남쪽 기슭에 있는 봉우리이다. 진한(辰韓) 6부 가운데 돌산(突山) 고허촌장(高墟村長) 소벌공(蘇伐公)이 양산 나정(蘿井) 옆의 숲에서 말이 무릎을 꿇고 울고 있어 가보니 갑자기 말은 사라지고 커다란 알 하나만 남아 있었다. 그것을 깨어 보니 갓난아이가 나왔다. 데려다 길렀는데 열세 살이 되자 기골이 준수하고 영특하며 또한 그의 출생 내력이 매우 신이(神異)로웠으므로 그를 세워서 임금으로 삼았다. 표주박 같은 큰 알에서 나왔기에 성을 박(朴)이라 하니 곧 신라시조 박혁거세, 일명 불구내왕(弗矩內王)이다.

양산에는 나정이 있고, 국신(國神)을 모신 내을신궁(奈乙神宮)이 있었으며, 지금은 서라벌 초기의 육촌장(六村長), 즉 신라 6성인 이씨·최씨·손씨·정씨·배씨·설씨의 시조를 모신 양산재가 있다.

시조 박혁거세가 임금으로 추대되어 나라를 다스리기 시작한 궁궐이 나정에서 포석정으로 가는 길가에 있는 창림사터에 있었다고 하는데 궁궐터를 증명하는 유물은 하나도 없다.

옛날 서라벌에 불심이 깊은 처녀가 하나 있었다. 아버지는 벼슬이 고위직인 각간(角干)이었다. 처녀는 자태도 하늘에서 내려온 선녀처럼 아름다웠지만 마음도 비단결처럼 고왔다. 시집갈 나이가 되자 서라벌의 내로라 하는 집 총각들의 구혼이 줄을 이었다. 심지어는 권력과 금력으로 유혹하는 자들도 있었다.

처녀는 시끄럽고 더러운 속세를 떠나 부처님의 대자대비 속에서 영원히 사는 얼반의 길을 구하기 위해 어느 날 아무도 모르게 집을 나섰다. 길고 아름답던 머리도 짧게 자르고 화려한 옷도 남루로 바꾸어 입었다. 그리고 처음 다다른 곳이 용장골 오른쪽 첫번째 골짜기인 열반골이었다.

그런데 아무리 변장을 했더라도 한창 피어난 처녀의 싱싱하고 향긋한 살냄새까지 감출 수는 없었다. 온갖 사나운 짐승들이 처녀의 살냄새를 맡고 나타나 길을 막았다.

처녀는 무서웠지만 죽는 한이 있어도 돌아가지 않겠다는 결심으로 으르렁거리는 짐승들을 피해 나무아미타불 관세음보살을 쉴새 없이 부르며 자꾸만 골짜기 속으로 깊이 들어갔다. 오로지 부처님의 가호를 빌며 외로움, 괴로움, 무서움을 견딘 처녀는 마침내 부처님이 계신 산등성이 가까이에 이르렀다.

그 때 지팡이를 짚은 할머니 한 분이 나타나 길을 안내하여 고개 하나를 넘으니 천룡사였다. 처녀는 천룡사에서 더욱 정진하여 모든 번뇌를 씻고 열반에 들어 보살이 되었다고 한다.

남산을 찾으면 불상과 불탑이 일일이 헤아릴 수 없이 많아 지상에 불국정토를 이룩하려던 그 옛날 신라인들의 숨결을 생생히 느낄 수 있다.

용장골 삼층석탑 안내판 남쪽으로 5분 정도 바위를 타고 내려가면 유명한 용장사터에 이른다. 용장사터에서 가까운 은적골은 생육신의 한 사람인 매월당(梅月堂) 김시습(金時習)이 금오산실을 짓고 은거하던 곳이다. 남산을 누구보다도 사랑하는 현세의 신라인이요 경주의 향토사학자인 윤경렬(尹京烈) 씨를 모시고 용장골과 은적골을 반나절이나 찾아 헤맸지만 정확한 터를 찾을 수 없었다. 김시습이 매화와 달을 벗삼아 차와 술을 마시며 험한 세상의 시름을 한때나마 잊던 금오산실은 매월당이라고도 부르고 자신의 아호

용장사터 삼층석탑. 이 아래가 용장골, 그 건너편이 은적골로 매월당 김시습이 은거하던 금오산실도 그 부근에 있었다.

로 삼기도 했다. 또한 국문학사에 빛나는 『금오신화』의 산실도 바로 이 곳이다.

　남산에서 나정 이야기와 함께 포석정 이야기도 빼놓을 수 없다. 사적 제1호로 지정된 포석정은 나정에서 언양 가는 쪽으로 약 1km쯤 떨어져 있다. 이 곳에는 신라시대에 가장 아름다운 별궁이 있었다고 하는데 지금을 포석정터에 술놀이를 즐기던 곡수거(曲水渠)와 정자에 오르던 섬돌만 남아 구슬픈 신라 망국사를 되새기게 한다. 곡수거란 전복을 뒤집어 놓은 것처럼 생긴 돌로 만든 홈통. 굽이진 수로를 따라 술이 흐르게 하고 그 위에 표주박 술잔을 띄워 잔이 자기 앞에 와서 빙글빙글 돌면서 멈추면 술을 떠 마시게 만든 시설이다.

사적 제1호 포석정터. 신라 망국의 비극적 사연이 서린 곳이다.

　신흥 고려와 후백제가 치열한 각축전을 벌이던 927년(경애왕 4)
11월에 임금은 비빈과 종친, 외척 들과 함께 이 곳 포석정에서 잔
치를 베풀고 놀다가 후백제왕 견훤이 질풍노도처럼 급습하는 것도
알지 못했다. 뒤늦게 급보를 받고 왕과 왕비는 후궁으로 도망쳐 숨
었다. 나머지 왕족과 궁녀들도 뿔뿔이 흩어져 도망쳤지만 모두 붙
잡혀 사정없이 칼에 맞아 죽었다.
　견훤은 경애왕을 찾아내 자살하게 하고 왕비는 강간했다. 또 부
하들을 시켜 마음껏 약탈과 강간을 자행토록 한 뒤 경애왕의 족제
(族弟) 김부(金傳)를 왕위에 앉히고 돌아가니 그가 신라의 마지막
임금 경순왕이다. 경순왕은 이후 9년 간 불안한 왕좌를 지키다가

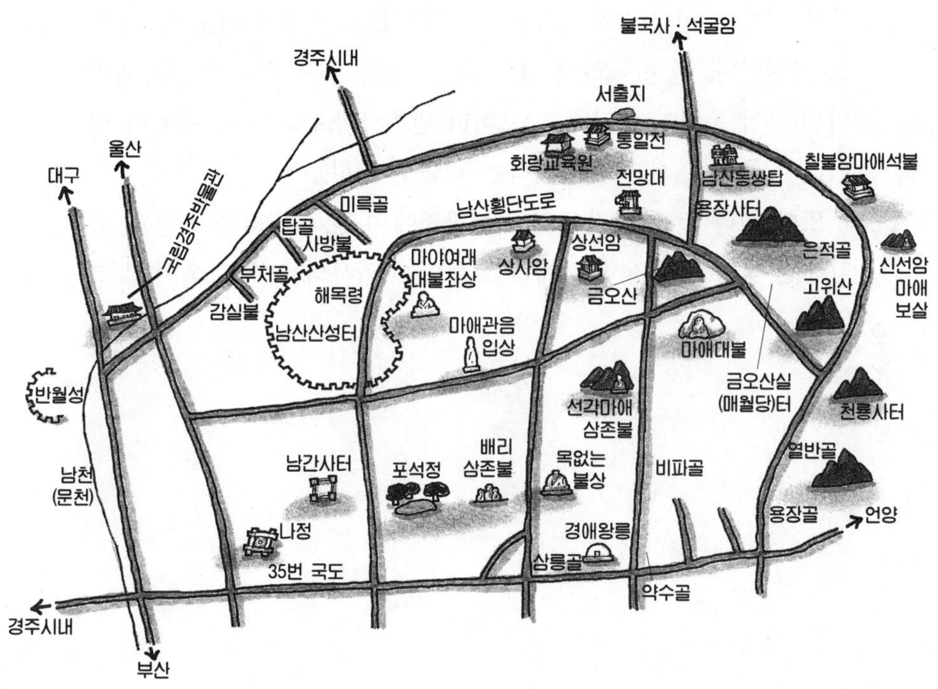

935년 10월에 국토를 왕건에게 바침으로써 마침내 신라는 망하고
말았다.

신라는 한반도 동남쪽에 자리잡아 고구려·백제에 비해 가장 발
전이 느렸고, 초기에는 고구려와 왜에 왕자를 인질로 보낼 정도로
눌려 지냈지만 불교를 국교로 공인하여 정신적 기둥으로 삼고, 화
랑제도 같은 것으로 인재를 길렀으며, 명분보다는 실리를 중시하
는 외교정책으로 결국은 백제와 고구려를 정복하고 삼국을 통일할
수 있었다.

물론 김춘추(金春秋)·김유신(金庾信) 등이 외세인 당(唐)의 힘을
빌이 동족인 백제와 고구려를 멸한 데 대해서는 민족주의 사학자

들을 비롯한 의식있는 지식층으로부터 많은 비판을 받고 있는 것도 사실이다. 뿐 아니라 신라의 삼국통일이라는 것도 진정한 의미의 민족적 통일이 아니었고, 오히려 민족사적으로 볼 때 강역만 형편없이 줄어든 계기가 되었다는 비난도 있다.

또한 신라 말기의 잦은 왕위쟁탈전에 따른 어지러운 국정과 허약해진 국방 상태가 망국에 이르렀다는 역사의 교훈도 외면할 수 없다.

공주 공산성
- 해양강국 백제 중흥기의 심장부 -

서울에서 천안을 거쳐 23번 국도로 차령고개를 넘고 금강교를 건너 공주 시내로 들어서면 이내 왼쪽으로 공산성 입구가 보인다.

충남 공주시 산성동·금성동·옥룡동 일대에 걸쳐 있는 사적 제12호 공산성은 백제가 부여로 천도하기 전인 475년(문주왕 원년)부터 538년(성왕 16)까지 64년 간 백제의 도성이었던 웅진성(熊津城) 옛터이다.

『삼국사기』는 고구려 장수왕(長壽王)의 대대적인 침공으로 개로왕(蓋鹵王)이 전사하자, 신라에 구원병을 청하러 갔다가 돌아온 태자 문주가 즉위하여 그 해 10월에 서울을 한성(漢城)에서 이 곳 웅진으로 옮겼다고 전한다. 그 뒤 웅진성은 문주왕(文周王)·삼근왕(三斤王)·동성왕(東城王)·무령왕(武寧王)·성왕(聖王) 등 5대 64년 간 백제의 수도로서 영욕의 역사를 이어왔는데, 특히 이들 5명의 임금 중 3명이 신하의 손에 시해딩하는 참극을 겪었다.

백제 중흥기의 도성이었던 웅진성의 서문. 문주왕 때 천도하여 동성왕에서 성왕대에 이르기까지 해양강국으로 발돋움한 역사의 현장이다.

그러나 웅진시대의 백제는 이런 내환에도 불구하고 국력 회복에 주력, 동성왕에서 무령왕과 성왕대에 이르는 중흥기를 맞게 되었다.

공산성은 조선시대에 붙인 이름이고 공주의 본래 이름은 곰나루(熊津), 또는 곰내(熊川)였다. 금강은 공산성의 북쪽을 휘감아돌아 흐르다가 갑자기 서남쪽으로 허리를 비트는데 그 곳에서부터는 물살의 흐름도 느려지고 강변의 모래밭도 비교적 널찍하니 곧 그 옛날 곰나루 전설의 현장이다.

옛날 곰냇골 동쪽 산허리에 짝없는 암콤 한 마리가 사는 동굴이 있었다. 어느날 외로움에 못 이겼는지 이 암콤이 곰내에서 고기잡던 어부 한 사람을 납치하여 동굴로 끌고 와 함께 살게 되었다. 암콤은 먹을 것을 구하러 갈 때에는 동굴 입구를 큰 돌로 막고 나갔

공산성은 웅진시대 64년간 백제의 도성이었다. 옛성의 북문이었던 공북루 앞으로 오늘도 금강은 유유히 흐른다.

다. 그렇게 여러 해를 살다 보니 새끼도 둘이나 태어나 곰은 이젠 도망치지 않겠거니 하고 굴문을 열어 놓고 밖으로 나갔다. 그런데 돌아와 보니 남자는 이미 도망쳐 나루를 건너가고 있었다. 암콤은 새끼들을 데리고 강가로 쫓아나가 애타게 울부짖었으나 남자는 뒤도 돌아보지 않았다. 슬피 울던 암콤은 그만 새끼들을 안고 물에 빠져 죽어버리고 말았다. 그 뒤부터 곰나루에서는 고기도 잘 잡히지 않고 사람들이 물에 빠져 죽는 사고도 자주 일어났다. 그래서 사람들은 애통하게 죽은 암콤의 원혼을 달래고자 곰상을 모신 사당을 세우고 봄가을로 수신제를 올렸다.

『신증동국여지승람』에도 '곰나루 남안에 웅진사(熊津祠)가 있어 춘추로 향촉을 내려 제를 올린다'는 기록이 나온다. 1975년에 발견된 예전의 곰상은 현재 국립공주박물관에 보관되어 있고 현재의 곰사당 안에 모셔진 돌로 된 곰상은 근래에 새로 만든 것이다.

공산성의 현재 남아 있는 성곽은 본래 백제의 토성을 조선시대에 개축한 것인데 동서로 800m, 남북으로 400m의 장방형으로 전체 길이는 2600m에 이르며 능선과 계곡을 따라 뻗어 있다.

백제는 뒷날 이 곳 공주－웅진성에서 재천도한 부여－사비성에서 신라와 당나라 연합군에게 멸망당했지만, 그 전에는 고구려가 가장 무서운 적국이었다. 한성에서 웅진으로, 웅진에서 사비성으로 도읍을 옮긴 까닭도 북방의 강적 고구려의 침공에 대비하기 위해서였다.

그래서 웅진성이나 사비성이나 똑같이 북쪽은 금강과 백마강 줄기가 감싸돌고 흐르며 천연의 방어선을 이루고 있는 것이다. 백제는 어찌하여 삼국 쟁패사에서 주도권이 달린 한강 하류 지역에서 밀려나 수도를 한반도 서남쪽 공주로, 다시 부여로 옮겨야만 했을까.

백제의 군사력이 가장 강성하던 때는 근초고왕(近肖古王) 시대였다. 369년(근초고왕 24) 9월 고구려의 고국원왕(故國原王)이 친히 보병과 기병 2만을 거느리고 쳐들어왔을 때 태자로 하여금 이를 물리치고 5000명을 사로잡았으며, 그 해 11월에는 한수 남쪽에서 군사를 사열했는데 모두 황색기를 썼다. 황색기를 썼다는 것은 황제를 자처했다는 뜻이다.

그리고 2년이 지나 고구려가 패전을 설욕하고자 재차 남침해오자 군사를 패강 상류에 매복시켰다가 급습하여 대승을 거두고, 승세를 타서 고구려의 도성 평양성까지 추격하여 맹공을 퍼부으니 고국원왕은 난전중 화살에 맞아 전사했다. 고구려사상 왕이 전사한 것은 이것이 유일무이한 치욕적 기록이다.

근초고왕의 뒤를 이어 즉위한 근구수왕(近仇首王)도 태자 때부터 군사를 거느리고 고구려군을 물리칠 만큼 군사적 재능이 뛰어났으나, 392년 고구려의 광개토태왕(廣開土太王)이 즉위하자 상황은 급변했다. 광개토태왕은 고국양왕의 태자요, 고국양왕(故國壤王)은 고국원왕의 아들이니 그는 어려서부터 조부의 원통한 죽음에 대해 절치부심하고 있었다.

그 때 백제는 왕권쟁탈전이 벌어져 내정이 불안해지고 군사력마저 전과 같지 않았다. 그런데 일세의 영걸 광개토태왕이 막강한 정병을 이끌고 수시로 공략해 오자 수세에 몰려 오로지 방어에만 급급한 형편이었다. 만주 집안(集安)에 있는 광개토태왕훈적비의 기록에 따르면 이 때 광개토태왕이 아리수를 건너 백제 도성을 공격하니 백제왕이 스스로 나와 항복하고 복속국이 되겠다고 맹세하므로 그의 아우와 대신 10명, 남녀 1000명을 포로로 끌고 돌아갔다고 했다. 이 때의 백제왕은 아신왕(阿莘王)인데, 어쨌든 백제가 한강 유역을 고구려에게 빼앗긴 것이 이 무렵이었다.

광개토태왕의 뒤를 이은 장수왕이 군사 3만을 거느리고 친히 백제정벌에 나선 것은 475년 9월, 개로왕 21년이었다. 질풍처럼 남하한 고구려군에게 포위된 수도 한성은 7일 만에 함락되고 개로왕은 성을 탈출하여 도망치다가 붙잡혀 아차산성(阿且山城) 밑에서 죽었다.

개로왕의 태자 문주가 신라로 달려가 구원병 1만을 데리고 돌아왔을 때 고구려군은 이미 물러가고 남은 것은 온통 불타고 부서진 폐허뿐이었다. 왕위에 오른 문주왕은 그 해 10월 웅진으로 천도했다.

웅진으로 천도한 문주왕은 3년 뒤인 478년 국정을 좌지우지하던 병관좌평(兵官佐平) 해구(解仇)에게 시해당하고, 해구는 문주왕의 태자 삼근(三斤)을 왕으로 내세웠으나 여전히 자신이 정사를 좌우했다. 해구는 그것도 모자라 모반을 일으켰다가 해씨와 더불어 정권쟁탈전을 벌이던 진씨(眞氏) 가문에게 토벌되어 처형당했다.

삼근왕도 즉위 3년 만에 죽고 문주왕의 아우 곤지(昆支)의 아들인 모대(牟大)가 왕위가 오르니 그가 근초고왕 이후 백제의 국위를 가장 크게 떨친 일세의 영걸 동성왕(東城王)이다. 동성왕은 신라·왜·중국과의 외교관계를 강화하는 한편 내정을 튼튼히 하고 국방력 증강에도 힘을 기울였다. 김부식이 『삼국사기』를 편찬하면서 동성왕의 위업을 모조리 깎아 없애버렸지만 그는 중국 산동반도와 회수 지역을 점령하여 식민지로 삼는 등 백제를 동북아의 해양강국으로 일으킨 영주였다. 백제가 좁은 한반도를 벗어나 일본열도에 분국(分國)인 왜를 경영한 것은 이미 오래 전이었고, 이 때는 멀리 중국대륙과 남지나해까지 진출하여 군사적으로 또 경제적으로 활발한 해상활동을 전개했다는 것이 최근 일부 사학자들의 연구결과로 밝혀지고 있다.

하지만 『삼국사기』는 이후 천재지변이 거듭되고 흉작으로 백성이 서로 잡아먹는 참상이 벌어졌는데도 동성왕은 무리한 토목공사를 일으켜 웅진교를 놓고 대궐 동쪽에 다섯 장 높이의 임류각(臨流閣)을 세워 잔치판을 벌이는가 하면 연못을 파서 이상한 새를 기르고 사냥에 정신을 파는 등 국정을 돌보지 않았다고 했다. 그리하여 마침내 가림성주(加林城主) 백가(苩加)에 의해 시해당했다고 기록했다.

501년 동성왕의 뒤를 이어 그의 둘째 왕자 사마(斯麻)가 왕위에 오르니 곧 무령왕이다. 『삼국사기』에 따르면 '무령왕은 키가 여덟

자가 되고 눈썹과 눈이 그림같이 잘 생겼으며 성품이 인자 관후하여 민심이 그에게 돌아갔다'고 했으니 아마도 이름이 밝혀지지 않은 동성왕의 맏아들에게는 감추지 않으면 안 될 무슨 문제가 있었던 것으로 보인다.

왕위에 오른 무령왕은 한솔(悍率) 해명(解明)과 군사를 거느리고 반역자 백가를 토벌해 목을 베었으며, 여러 차례 고구려와 싸워 승리하는 등 국위를 떨쳤다. 무령왕은 재위 23년 만인 525년 봄에 죽고 태자 명농(明膿)이 뒤를 이으니 성왕이다. 그러나 뒷날 무령왕릉에서 출토된 지석의 명문(銘文)에 따르면 무령왕의 사망 연도가 523년이어서 차이가 난다.

백제는 거듭되는 고구려와의 싸움과 흉작으로 나라 안팎의 정세가 불안해지자 좀더 안전한 남쪽으로 왕도를 옮겨 피폐한 나라를 다시 일으켜세우고자 했으니 그것이 바로 538년(성왕 16) 3월의 사비성 천도였다.

1971년 무령왕릉에서 출토된 지석(誌石)에서 왕릉을 신지(申地), 즉 서서남쪽이라고 하였으니 왕궁은 왕릉에서 인지(寅地), 곧 동동북쪽인 공산성이 되므로 웅진성이 틀림없는 공산성이라는 사실을 증명해 준다. 현재 공산성에는 『삼국사기』의 기록에 나오는 왕궁과 임류각 등은 그 터만 추정될 뿐 복원된 서문·남문·북문 등은 대부분 조선시대의 유적이다.

또한 성안에는 1624년(인조 2) 이괄의 난 때 임금이 이 곳에서 10일 간 피난한 일을 새겨 1708년(숙종 34)에 세운 지방문화재 제35호 쌍수정사적비(雙樹亭史蹟碑) 등이 있다.

1983년에는 성 북쪽 영은사(靈隱寺) 앞 금강가에 지당(池塘)과 만아루(挽阿樓)를 발굴 복원해 놓았는데 암문(暗門)터 앞의 지당은 동

현재 공주시 금성동에 편입된 송산리고분군. 무령왕릉을 포함하여 7기의 왕릉으로 추정되는 고분이 있다.

성왕 22년에 조성했다는 연못으로 추정되며, 만아루는 조선시대 건물로 알려졌다.

공산성에서 돌아나오면 맞은편에 아치 모양의 대문이 있는데, 그 유명한 무령왕릉과 송산리고분군 입구이다. 현재는 공주시 금성동이 되었으며 130m의 나지막한 구릉에 고분들이 모여 있다. 이 가운데 제5호분과 제6호분 사이에 있는 제7호분이 바로 무령왕릉이다.

공산성이 공주가 백제의 옛서울이란 사실을 알려 주고 있다면, 무령왕릉은 이 곳이 백제 중흥의 역사적 현장임을 말없이 웅변해 주는 매우 중요한 유적이라고 할 수 있다.

1971년 7월, 제6호분의 침수 방지 보수공사중 우연히 발견되어 발굴 결과 108종 2096점의 찬란한 백제 유물이 쏟아져 나왔는데,

무령왕릉 내부. 1971년에 발견되어 발굴 결과 왕과 왕비의 관모장식, 지석 등 모두 2096점의 찬란한 백제 유물이 출토되어 이 가운데 12점이 국보로 지정되었다.

특히 능의 주인이 무령왕임을 밝힌 지석과 토지신으로부터 땅을 샀다는 증명서류인 매지권(買地券) 같은 사료적 가치가 매우 높은 유물이 출토되어 국내 고분발굴사의 획기적인 사건으로 기록되었다.

이 왕릉은 왕비가 무령왕보다 3년 뒤에 죽자 3년상을 치르고 함께 장례지낸 합장묘이다. 무령왕릉의 구조는 자연 암반을 파내어 공간을 만든 뒤 벽돌로 쌓은 전축분(塼築墳)으로 평면은 장방형이

며 입구에서 시신을 모신 현실(玄室)까지 긴 연도(羨道)가 있다. 천
장은 궁륭형이며 연화문을 새긴 벽돌은 두 장을 합쳐야 연꽃 한
송이의 모양이 되도록 만들었다. 벽돌은 넉 장은 눕혀서 쌓고 한
장은 세워서 쌓았으며, 현실은 남북 4.2m, 동서 2.7m, 높이 2.9m의
크기로 사람이 충분히 드나들 수 있지만 오염과 훼손을 막기 위해
현재는 왕릉 앞쪽에 발굴 당시의 출토 상황을 재현한 모형전시관
을 만들어 놓은 대신 일반인의 출입을 통제하고 있다.

공주시 중동 283번지 국립공주박물관은 무령왕릉의 발굴에 따
라 박물관 확장이 시급해지자 1972년에 신축한 건물이다. 무령왕
릉에서 출토된 유물과 전부터 소장하던 유물 3000여 점을 보관 전
시하고 있으며, 무령왕릉 출토 유물 가운데 12점은 국보로 지정되
어 있다.

공주박물관에 보관중인 이들 유물 가운데 중요한 것은 다음과
같다.

국보 제162호로 지정된 석수(石獸)는 얼핏 보기에 돼지처럼 생겼
으나 머리에 쇠로 만든 뿔이 있고 몸통에는 날개를 상징하는 구름
무늬가 양각되어 있다. 이 돌짐승은 무령왕릉 입구 연도에서 잡귀
를 막는 역할을 하던 진묘수(鎭墓獸)의 일종이다.

앞서 말한 지석과 매지권은 국보 제163호로 지정되어 있으며,
현실 앞 연도에서 발견되었다. 왕의 것은 가로 41.5cm, 세로 35cm,
두께 4.7cm인데 다음과 같은 내용의 글이 새겨져 있다.

영동대장군 백제 사마왕이 62세 되던 계묘년(523년) 5월 7일 돌
아가시니 을사년(525년) 8월 12일에 대묘에 안장하고 다음과 같이
문서를 작성한다

또 왕비의 지석을 겸한 매지권의 전면 기록은 다음과 같은 내용이다.

병오년(526년) 12월 백제국의 왕대비가 천수를 다하고 돌아가 서쪽의 땅에서 삼년상을 지내고 기유년(529년) 2월 12일 다시 옮겨 대묘에 장사지내고 다음과 같은 증서를 작성했다

지석의 기록에서 특기할 사실은 무령왕의 재세시 존호인 사마왕의 표기가 '斯麻'로서 이는 『삼국사기』의 '斯摩'와 달리 오히려 『일본서기』의 기록이 정확하다는 점이다. 또한 무령왕의 서거를 보통 임금의 죽음을 뜻하는 훙(薨)이 아니라 황제의 죽음을 뜻하는 붕(崩)이라 표현하여 당시 해양강국 백제의 성세가 중국의 하루살이 제국들을 능가하고 있음을 잘 증명해 주고 있다.

이 밖에 무령왕릉에서 출토된 중요한 유물은 왕과 왕비의 목관을 비롯하여 각각 국보 제154호와 155호로 지정된 왕과 왕비의 금제 관식, 국보 제156호와 157호인 왕과 왕비의 귀고리, 국보 제158호인 왕비의 금목걸이, 국보 제159호인 왕의 금제 머리뒤꽂이, 국보 제160호인 왕비의 은팔찌, 왕의 발치에서 발견된 구리거울인 국보 제161호 신수문경(神獸文鏡), 국보 제164호 왕과 왕비의 두침(頭枕), 왕의 왼손 근처에서 발견된 단룡환두대도(單龍環頭大刀) 등이다.

백제가 웅진으로 천도하여 왕도로 삼은 기간은 64년, 사비성에서 사직을 유지한 123년에 비하면 절반정도이지만 이처럼 찬란한 백제 예술의 정수를 살펴보더라도 공주는 한때 머물다 거쳐 간 단순한 도읍지가 아니었음을 알 수 있다.

재야사학자 김성호(金聖昊) 씨는 『삼국사기』의 기록대로 백제가

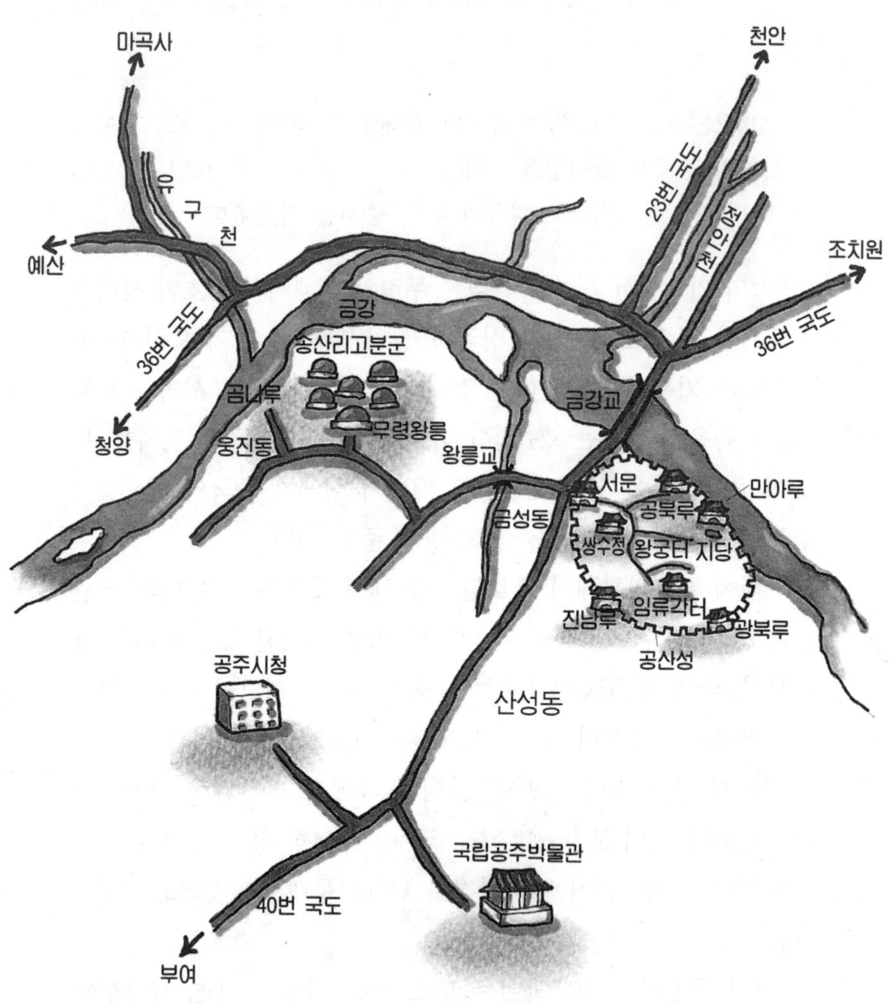

겨우 5대 64년에 걸쳐 공주를 도성으로 삼았다면 송산리의 왕릉으로 추정되는 10여 기를 비롯하여 지배층의 것으로 추정되는 수백 기의 대형 고분을 어떻게 해석해야 되느냐고 묻는다. 그의 주장은 백제가 온조왕(溫祚王)을 시조로 하는 백제와 그의 형 비류왕(沸流

王)을 시조로 하는 두 개의 백제가 존재했는데 공주는 바로 건국 초기부터 분립하여 이 곳에 도읍을 정한 비류백제 400년의 중심지였다는 것이다.

이러한 고대사의 미궁은 한두 가지가 아니고, 특히 승자인 신라 편에서 기록한 백제사는 누락과 인멸이 심해 왕통(王統)과 연대조차 불분명하니 역사의 현장을 찾는 후학의 가슴은 그 때마다 그저 답답할 따름이다.

부여 부소산성

- 망국의 비극서린 백제의 마지막 도성 -

　백제의 마지막 도읍지였던 부여는 망국의 비극이 서린 역사의 현장이다. 부소산(扶蘇山) 낙화암(落花岩) 아래로 백마강(白馬江)은 오늘도 그 옛날 통한의 사연을 못 잊어 괴로운 듯 허리 틀며 흐른다.

　부여는 낙화암에 올라가 기념사진이나 찍고 백마강으로 내려가 유람선 한 번 타 보고 강변에서 술이나 마시고 돌아오면 그만인 단순한 관광지가 아니다.

　부여의 경치가 범상한 아름다움에 머물지 않고 마치 생살을 저미고 뼈를 깎는 듯이 진한 비애의 분위기를 풍기는 까닭도 백제 망국의 참담한 아픔이 곳곳에 그늘과 앙금으로 서려 있기 때문이다.

　서기 660년(의자왕 20) 음력 7월 18일 이 곳 백제의 서울 소부리(所夫里 : 泗沘城)가 함락되자 신라와 당의 침략군이 물밀듯이 쏟아

부여읍 동남리 정림사터의 5층석탑인 백제탑. 사비성 함락 당시 소정방이 자신의 군공을 새겨 유일하게 지상에 남을 수 있었던 백제 유적이다.

져 들어와 백제 사람들을 무자비하게 학살했고 아비규환의 피바람 속에서 소부리는 7일 낮 7일 밤을 철저히 부서지고 무너지고 불타 없어졌다.

그리하여 지상에 남은 건조물이라고는 미처 알맞은 돌을 구하지 못한 당장(唐將) 소정방(蘇定方)이 자신의 전공을 과장하여 급히 새기게 했다는 돌탑 하나만 남았으니 현재 사적 제301호로 지정된 부여읍 동남리 정림사(定林寺)터의 오층석탑이 바로 그것이다.

이 탑은 그 뒤 오랫동안 역사의 아픔도, 민족적 자존심도 망각한 채 '평제탑(平濟塔)'이란 치욕스러운 이름으로 불리다가 국보 제9호로 지정되며 국내 최고(最古)의 역사와 완벽한 조형미를 갖춘 백제탑으로서 재평가를 받기에 이르렀다.

그러나 정림사는 백제 당시의 절 이름이 아니다. 사비성 중심부에 자리잡았던 이 9500여 평의 절터에 세워졌던 본래의 절이름은 아직까지 밝혀지지 않고 있으며, 1917년 이 절터에서 '태평팔년무진정림사대장당초(太平八年戊辰定林寺大藏當草)'라고 새겨진 기와 조각이 발굴되어 정림사터라고 부르게 된 것이다. 태평 8년은 1028년으로 고려 현종 19년에 해당하는 요(遼)나라의 연호이다.

정림사터 안에는 고려시대 작품인 석불좌상이 보물 제108호로 지정되어 있다.

어쨌든 『삼국사기』에 따르면 당시 백제의 국세(國勢)는 5부 37군 200성 76만 호라고 했으니 인구만 해도 약 400만 명에 이르러 능히 몇 달은 버틸 수 있었으련만 어찌하여 이토록 허망하게도 전쟁다운 전쟁 한 번 제대로 치러 보지 못한 채 멸망당하고 말았을까.

그 해 8월 17일 소정방은 의자왕(義慈王)을 비롯하여 태자 효(孝)와 왕자 태(泰)·융(隆)·연(演) 및 대신과 장수 88명, 백성 1만 2807명을 포로로 이끌고 당나라 서울로 돌아갔다.

이로써 한때는 중국 대륙과 일본 열도의 일부를 포함하여 해외 각지에 식민지를 개척하던 해상제국 백제, 또 한때는 북방의 강국 고구려를 제압하고, 동방의 신흥왕국 신라를 압박하던 부국강병의 나라 대백제의 도성 소부리는 영화롭던 123년 역사의 막을 내리고 말았다.

백제가 위례성(慰禮城)·한성(漢城)·웅진성(熊津城)을 거쳐 오늘의 부여인 소부리─사비성으로 천도한 것은 538년(성왕 16) 봄이었다. 성왕은 사비성으로 천도하고 국호도 남부여(南扶餘)라고 고쳤으니 이는 본래 백제 건국의 근원이 부여에서 비롯되었기 때문이며, 백제의 왕성(王姓)을 부여씨로 삼은 것도 그런 이유에서였다.

이 곳을 새 도읍으로 삼은 것은 뒤는 높은 산들로 둘러싸이고

백제의 마지막 도읍 사비성의 부소산성은 2.2km의 토성만 남아 있다.

앞은 백마강이 가로막고 있는 천연의 요새라는 지리적 이점 때문이었다. 백마강은 공주군과 청양군의 경계를 따라 흐르는 금강 중류가 부여 지경으로 들어서면서부터 불리는 이름이다.

천도 3년 후 성왕은 양(梁)나라로부터 시경(詩經)과 열반경(涅槃經)을 들여와 학문을 장려하는 한편 각종 공장인(工匠人)과 화사(畵師)들을 불러들였는데, 이들은 새 도성의 면모를 갖추는 데 큰 역할을 했을 것으로 여겨진다.

사비성은 630년(무왕 31)부터 왕궁을 수축하기 시작했으며, 634년에는 백마강 건너편에 왕실의 원찰(願刹)인 왕흥사(王興寺)를 완공했다. 또 궁궐 남쪽에 뱃놀이를 할 만큼 큰 규모의 연못을 파고 사방 주위에 버드나무를 심었으며 못 가운데에는 기화요초와 괴석으로 섬을 만들고 방장산이라고 불렀다.

부여읍 구교리의 사적 제5호 부소산성은 사비성 시대 123년 간

부여 낙화암에 오르면 백제 망국의 한을 싣고 흐르는 백마강 줄기가 한눈에 내려다 보인다.

백제의 정치·사회·군사·문화의 중심부였다.

해발 106m의 부소산은 북쪽에서 흘러오는 백마강 줄기가 서쪽과 남쪽으로 반월처럼 휘감아돌며 흘러내리는 천연의 요새. 이 곳에 도성 방어를 위해 2.2km의 반월형 나성(羅城)을 쌓고 다시 산정을 중심으로 약 600m의 테뫼식 산성을 두른 것이 곧 사비성ㅡ부소산성이다.

왕궁은 부소산성 남쪽의 쌍북리에서 현재 국립부여박물관 앞 관북리 일대에 걸쳐 있었던 것으로 추정된다. 부소산성 안에는 낙화암·군창(軍倉)터·영일루(迎日樓)·사비루(泗沘樓)·백화정(白花亭)·고란사(皐蘭寺)·삼충사(三忠祠)·대왕포(大王浦)·조룡대(釣龍臺)·궁녀사(宮女祠) 등 많은 유적이 있다.

삼충사는 백제 말의 3충신 성충(成忠)·홍수(興首)·계백(階伯)의 위패와 영정을 모신 사당이요, 낙화암은 이른바 3000궁녀가 백마강으로 떨어져 내렸다는 바위로 현재 그 위에 백화정이 세워져 있다. 하지만 3000궁녀란 터무니없이 과장된 표현이니 그토록 수많은 백제 여인이 더러운 삶보다도 깨끗한 죽음을 택해 이 바위에서 백마강으로 꽃잎처럼 몸을 날렸다는 뜻이다. 『삼국유사』에는 타사암(墮死岩)이라 했으니 역시 떨어져 죽은 바위라는 뜻이다.

고란사는 낙화암 아래 백마강 절벽가에 있는 작은 절이다. 절 이름은 이 곳에 자생하는 고란초에서 유래되었고 약수터도 있다. 하지만 희귀한 고란초가 성병에 특효약이라는 헛소문 때문에 근래에는 멸종 위기에 처해 백제의 후예들을 안타깝게 하고 있다.

641년 무왕(武王)이 재위 42년 만에 세상을 뜨자 그의 태자 의자가 왕위에 올랐다. 의자왕은 태자 때부터 부모에게 효성이 지극했고 형제간의 우애가 두터웠으므로 사람들로부터 '해동증자(海東曾子)'라고 칭송받던 인물이었다.

그런데 그렇게도 효성과 우애가 깊고 담력과 결단이 뛰어난 임금이었건만 『삼국사기』는 무슨 까닭에 15년째 되던 655년부터 갑자기 사람이 달라져 매사에 분별없는 짓만 일삼았다고 했을까.

그 해 봄에 태자궁을 매우 화려하고 사치스럽게 수리했으며, 왕궁 남쪽에 망해정을 세웠으며, 이듬해에는 궁인들과 더불어 주색에 빠져 정사도 제대로 돌보지 않았다고 했다.

또 그 다음 해인 657년 정월에는 41명에 이르는 아들에게 모두 최고 관직인 좌평(佐平) 벼슬을 내리고 저마다 식읍을 주었다고 했다.

요컨대 총명하던 의자왕이 갑자기 멍청한 인물로 변모했다는 것은 백제는 어쩔 수 없이 망할 운명이었다는 점을 강조하려는 의도에서 비롯되었는지도 모른다. 역사는 어차피 승자의 기록이고, 더군다나 김부식은 자칭 '신라의 후예'가 아니었던가.

그런 까닭에 유독 의자왕 말년에만 황당무계한 괴변괴사와 천재지변이 꼬리를 물고 일어났다고 불필요하다 싶을 정도로 장황하게 늘어놓았는지도 모른다. 655년에 붉은 말이 북악(北岳)의 오함사(烏含寺)에 들어가 마구 울면서 돌아다니다가 며칠 뒤에 죽었고, 657년에는 가뭄이 심해 농사를 망쳤으며, 659년에는 많은 여우가 궁궐 안으로 들어왔는데 흰여우 한 마리는 좌평의 책상 위에 올라앉았다고 했다.

또 태자궁의 암탉이 작은 참새와 교미를 했으며, 사비하에서 세 발이나 되는 큰 고기가 나와 죽었고, 키가 열여덟 자나 되는 여자의 시체가 나루터에 떠올랐다고 했다.

역시 같은 해에 궁중의 홰나무가 사람처럼 울었고, 밤에는 귀신이 대궐 남쪽에서 울었다고 했다.

운명의 해인 660년, 나당연합군이 쳐들어오기 전에 일어났다는 괴변 기사는 점입가경이다. 소부리의 우물물과 사비하가 피처럼 붉어졌고, 서쪽 바닷가에서 생선이 떼죽음을 했는가 하면, 개구리 수만 마리가 모여들었고, 까닭없이 놀란 백성이 마구 달아나다가 100여 명이 밟혀 죽었다. 또 갑자기 풍우가 몰아쳐 여러 절에 벼락이 떨어졌고, 용 모양의 검붉은 구름이 동서 양쪽 하늘에서 충돌했으며, 왕흥사의 여러 중이 배가 큰 물결을 따라 절 문으로 들어오는 듯한 광경을 보았다고 했다.

이어서 괴변은 절정에 이른다. 사슴만한 개가 서쪽에서 나타나 왕궁을 향해 짖다 사라지고, 도성의 수많은 개가 울부짖다가 흩어

백제말의 3충신 성충·흥수·계백을 모신 삼충사. 부소산 기슭의 이 자리는 일제강점기에 일인들이 신궁을 세우려고 터를 닦던 곳이다.

진 다음, 한 귀신이 궁중으로 들어와 "백제는 망한다! 백제는 망한다!"라고 부르짖다가 땅 속으로 사라졌다. 왕이 그 곳을 파보라고 시켰더니 등껍질에 '백제는 온달 같고 신라는 초생달 같다'라고 쓰여진 거북이 나타났다. 임금이 무당에게 물었더니 "온달은 꽉 찼으니 이즈러진다는 뜻이고 초생달은 덜 찼으니 앞으로 점점 차게 된다는 뜻입니다"라고 했다. 왕이 노해서 무당을 죽여버렸다.

이보다 앞서 주색을 멀리하라고 충간하던 좌평 성충도 감옥에 가두어 굶어 죽게 만든 의자왕이었다. 성충이 죽기 전에 이런 글을 올렸다고 한다.

충신은 죽어도 임금을 잊지 않으니 한 말씀 드리고자 합니다. 신이 늘 시세의 변화를 살펴보건대 반드시 전쟁이 있을 듯합니다. 대개 군사를 부림에 있어서는 반드시 그 지세를 잘 가려야 되는 것이니, 상류에서 적병을 대적하면 능히 보전할 수 있을 것입니다. 만약 적군이 침범하면 육로로는 탄현(炭峴)을 넘지 못하게 하고, 수군은 기벌포(伎伐浦)를 들어오지 못하게 할 것이며 험한 곳에 웅거하여 적병을 막아야만 할 것입니다.

하지만 의자왕은 그 말을 듣지 않았다.

660년 5월, 마침내 신라는 동쪽에서, 당은 서쪽에서 군사를 일으켜 수륙 양면으로 백제를 침공했다. 무열왕 김춘추의 명령을 받은 신라의 대장군 김유신이 5만 정병을 이끌고, 당 고종(唐高宗)의 명령을 받은 소정방이 13만 대군을 거느리고 쳐들어오자 의자왕은 대신들을 불러 국가안보회의를 열었으나 뾰족한 대책이 나오지 않았다.

좌평 의직(義直)은 적이 멀리서 와 힘이 빠져 있을 것이니 급히 쳐서 물리쳐야 하고 당군이 무너지면 신라군은 두려워 저절로 물러갈 것이라고 주장한 반면, 달솔(達率) 상영(常永)은 당군이 먼 곳에서 와 속히 싸우려 할 것이니 날카로운 기세를 피해 지칠 때를 기다리고 먼저 신라군과 싸워 이긴 뒤에 당군을 물리치는 것이 옳다고 했다.

이 말도 저 말도 맞는 것 같아 갈피를 잡지 못한 임금이 고마미지(古馬彌知 : 長興)에 귀양보낸 좌평 홍수에게 사람을 보내 물었더니 그의 대답이 이미 죽은 성충의 말과 같았다.

그 사이에 신라군은 벌써 탄현을 넘었고, 당군도 백마강 어귀를 지났다는 급보가 들어왔다. 의자왕은 달솔 계백에게 5000명으로 신라군을 막으라고 보냈는데, 이에 관한 이야기는 뒤에 실은 '황산벌' 편에 자세히 나온다.

좌우지간 그렇게 해서 인재는 물론 천시와 지리까지 모두 잃은 백제는 망국의 나락으로 굴러떨어졌고, 의자왕은 수많은 백성과 함께 당의 수도 장안(長安)으로 끌려가 수모를 당하다가 그 곳에서 병들어 죽은 뒤 그 곳에 묻혔다.

백제 말년에 국정이 어지러워지고 의자왕의 총기가 흐려진 원인에 대해서는 몇 가지 설이 있다. 무왕의 부인, 즉 의자왕의 어머니는 신라 진평왕의 셋째 딸 선화공주(善花公主)로서 백제조정에는 그 때부터 친신라파가 생겨났다. 무왕이 죽고 의자왕이 왕비 은고(恩古)에게 온갖 총애를 쏟자 왕실은 선화공주파와 은고파로 갈려 암투와 알력이 끊일 새 없었다. 어머니와 부인 두 고부간의 갈등 사이에서 고민하던 임금은 주색에 빠져 괴로움을 잊으려 했고 자연히 국정은 문란하게 되었다. 기강도 해이해지고 군사력과 경제력도 약화되었다.

여기에 화랑 출신이지만 정면 대결보다는 모략전에 능한 김유신과 외교의 귀재 김춘추라는 환상의 콤비가 신라정권을 장악한 뒤 백제에 대한 첩보전을 강화하여 내부로부터 붕괴를 재촉했다.

이를테면 충신 성충·의직·홍수 등과는 늘 반대 입장을 취해 왔던 상영이 선화공주파의 대표적인 신라 간첩이라는 설이다. 실제로 상영은 충상(忠常)과 더불어 계백의 결사대에 종군했으면서도 군사들이 끝까지 싸우다가 장렬히 전멸했는데도 죽지 않고 항복하여 뒤에 신라의 벼슬을 받은 사실이 이를 증명해 준다는 주장이다.

하지만 승자의 편에서 기록한 역사, 패자에게 유리한 사실은 거의 인멸되고 말아 정확한 백제 망국사의 진실은 찾을 길 없고 유비무환의 교훈만 되새길 뿐이다.

부여군 양화면 원당리(元堂里)는 본래 원당리(怨唐里), 백마강가의 유왕산(留王山)도 원래 원당산(怨唐山)이니 망국의 숱한 유민이 강

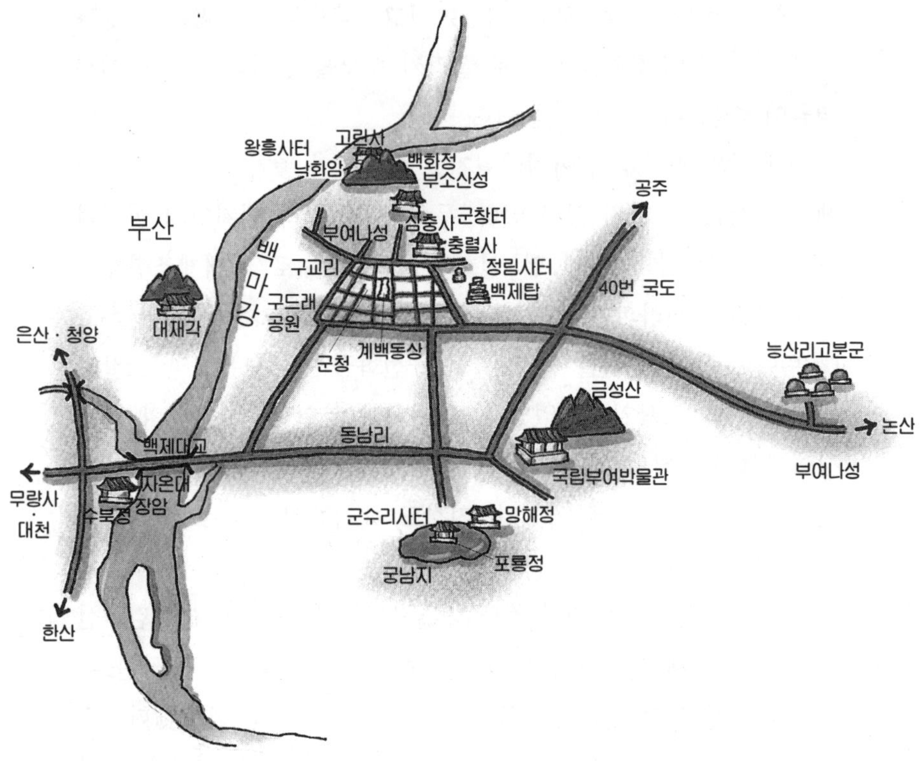

제로 끌려가는 부모 형제 처자의 이름을 목메어 외치며 단장의 생이별을 하던 곳이다.

백마강 물결 따라 바다로, 바다 건너 오랑캐 땅으로 잡혀가는 혈육과 왕과 대신들을 피눈물로 울부짖으며 떠나보낸 망국의 유민은 그 뒤 3년에 걸쳐 나라를 되찾고자 떨쳐일어나 피어린 항쟁을 계속했다. 이 대목도 뒤에 실린 '부안 변산' 편에서 다시 이야기하기로 한다.

돌이켜보건대 의자왕이 정말로 궁녀를 3000명이나 거느리고 황음무도를 일삼다 나라를 망친 얼빠진 임금이었다면 백제유민들이

금강 하구까지 애통해하며 뒤따라가지도 않았을 것이고, 김부식의
말대로 망해야 마땅한 나라였다면 그 뒤 3년 간이나 목숨을 바쳐
피어린 부흥운동을 벌이지도 않았으리라.

영암 왕인박사 · 도선국사 유적
- 월출산을 빛낸 백제 대학자와 신라 대선사의 자취 -

전남 영암 월출산(月出山)은 곡창 호남의 나주평야 한가운데 한 덩이 거대한 수석처럼 솟아오른 영산(靈山)이다. 1988년 6월 11일에 스무 번째 국립공원으로 지정된 월출산은 최고봉인 천황봉(809m)을 비롯하여 구정봉(738m), 향로봉(747m), 도갑봉(375.8m), 주지봉(490.7m) 등이 피라밋형을 이루고 있는 골산(骨山)이다. 월출산은 또한 예부터 지리산·내장산·변산·천관산과 더불어 '호남 5대 명산'의 하나로 꼽히기도 했다.

산 전체가 대부분 화강암의 기암괴석으로 온갖 형상의 절경을 빚어 낸 월출산은 백제시대에는 '달이 나오는 뫼'라는 뜻을 한문자로 적어 달나산(達拏山)으로 부르다가 백제가 망한 뒤 신라가 차지하자 이두식으로 월내악(月奈岳)이라 바꾸었다. 이어서 고려시대에는 월생산(月生山)이 되었다가 조선 초부터 한문식인 월출산으로 고쳐 오늘에 이르고 있는바 이 모두가 달이 나오는 산이라는 뜻에 다름아니다.

이처럼 '달의 산'인 만큼 산 안팎의 지명에도 월(月)자가 붙은 곳이 많으니 월하리·월남리·월대암·월산·월봉 등이 그렇다. 영암(靈岩)이라는 지명 역시 월출산에서 유래되었다고 전해 온다. 먼 옛날 월출산에는 세 개의 움직이는 큰 바위가 있었다. 이 삼동석(三動石) 때문에 이 산에서 큰 인물이 난다는 전설이 중국에까지 전해졌다. 이를 겁내고 시기한 중국인들이 찾아와 동석 세 개를 모두 산 밑으로 굴러 떨어뜨려 버렸는데 그 가운데 하나가 스스로 본래 자리를 찾아 올라가는고로 신령한 바위가 있는 고을이란 뜻에서 영암이라 했다는 것이다.

이 하나의 바위는 아직까지 찾아내지 못했는데, 월출산은 역사적으로 큰 인물인 왕인박사(王仁博士)와 도선국사(道詵國師) 두 성인을 배출했으니 과연 허황한 전설에서 끝나지 않았다고 하겠다. 그렇다면 아직 남은 한 사람의 큰 인물은 언제 이 산에서 태어날까.

왕인박사는 백제의 대학자로서 서기 405년께 왜왕의 초청을 받아 왜국에 건너가 유학(儒學)을 비롯한 백제의 선진 문물을 전해줌으로써 일본에서 학문의 시조로 추앙받고 있으며, 그와 그의 후손들은 일본 고대문화의 개화기인 아스카(飛鳥)와 나라(奈良) 문화 창조의 중요한 역할을 담당하였다.

왕인의 고향인 전남 영암군 월출산 기슭에는 성기동(聖基洞)의 생가터, 그가 학문을 연구하던 책굴(冊窟)과 문산재(文山齋), 제자들을 가르쳤다는 양사재(養士齋), 왜국으로 떠난 배터로 알려진 상대포(上台浦), 왕인박사석상 등 유적이 남아 있어 전설적인 위인의 자취를 더듬게 한다.

일본의 『고사기(古事記)』와 『일본서기(日本書紀)』에 나오는 왕인

호남의 명산 월출산 기슭의 왕인묘. 일본을 깨우친 백제의 대학자 왕인 박사를 모신 사당이다.

에 관한 기록은 대체로 왜 응신왕(應神王) 때 백제의 박사(대학자) 왕인이 논어 10권과 천자문 1권을 가지고 왜국으로 건너가 왜왕의 존경을 받았으며 태자의 스승이 되었고 이후 일본 학문의 시조로 추앙받았다는 내용이다.

반면 국내에는 영암 지역에서 구전되는 왕인에 관한 설화와 조선시대 몇몇 문헌에만 영암군 군서면 구림리 지역의 왕인유적에 관한 내용이 나올 뿐이다. 그 까닭은 왕인 당시 백제의 수도는 오늘의 서울인 한성이었는데 그는 도성에서 멀리 떨어진 남쪽 변방, 근초고왕(近肖古王) 때 비로소 백제의 영역으로 편입된 마한(馬韓) 땅인 영암에서 왜국으로 건너갔기 때문에 정사(正史)에서 누락된 것으로 보는 설도 있다.

왕인의 유적은 영암군 군서면 동구림리 월출산 기슭에 정성껏

영암군 군서면 구림리 구림삼거리에서 동남쪽으로 800m 쯤 들어간 성기동의 왕인 박사 탄생지. 신라말의 고승 도선국사도 이곳에서 태어났다는 설화가 얽혀 있다.

정화 단장되어 현재 전남도 지방기념물 제20호로 지정되어 있다. 왕인유적지는 1974년 왕인박사현창협회가 설립되고, 1976년 9월 30일 이 곳 유적지가 전남지방기념물로 지정되었으며 그 해 11월 11일에는 탄생지인 성기동 생가터에 유허비가 세워진 데에 이어, 1985년부터 1987년까지 1만 4000여 평의 부지에 사당인 왕인묘(王仁廟)를 비롯한 유적지가 대대적인 정화공사를 통해 성역화되었다.

　왕인유적지는 외삼문인 백제문(百濟門)을 들어서면 오른쪽에 전시관이, 왼쪽에 정화기념비가 있다. 전시관에는 왕인탄생도·수학도·오경박사등용도·도일준비도·도일도·제지도·학문전수도 등 그의 생애에서 중요한 업적을 묘사한 기록화가 전시되어 있다. 내삼문인 학이문(學而門)을 지나 계단을 오르면 왕인의 위패와 영정을 모신 사당인 왕인묘 앞이다.

왕인 박사가 마시며 공부했다는 성천(聖泉). 이 고장에는 음력 3월 3일에 성천을 마시고 성천(聖川)에서 목욕하면 왕인 박사같은 성인을 낳는다는 전설이 있다.

이 곳 영암지방에서는 백제 아신왕(阿莘王) 14년, 왜 응신왕(應神王) 16년으로 추정되는 시기에 왕인이 왜국으로 떠난 뒤부터 해마다 음력 3월 3일에 후학들이 책굴·문산재·양사재에서 추모제를 베풀어 왔다고 전한다.

왕인의 탄생지로 전해지는 성기동은 성지골이라고도 하며 영암군 군서면 구림리 삼거리에서 동남쪽으로 약 800m 거리에 있다. 이 생가터 오른쪽으로 성지골짜기를 따라 약 100m를 올라가다 보면 '성천(聖川)'이라고 새겨진 바위에 이어 맑은 계류수를 만나게 되는데 이 개울이 곧 성천이다. 성천을 따라 조금 더 올라가면 '조암(槽嵒)' 즉 구유바위라고 음각된 큰 바위와 샘터에 이르니 이 샘이 곧 성천(聖泉)이다. 이는 왕인이 월출산 주지봉의 정기를 받아 성지골에서 탄생하고 이 곳에서 성장하였으므로 지명을 성기동,

냇물과 샘터를 성천이라고 불렀다는 것이다.

이 고장에서는 성천 구유바위에서 음력 3월 3일에 물을 마시고 목욕을 하면 왕인박사 같은 성인을 낳는다는 전설과 풍습이 지금까지 전해져 내려오고 있다. 한편 이 고을에는 이런 전설도 서려 있다.

왕인이 탄생, 성장한 옛 집터에는 신라 말기에 낭주 최씨(郎州崔氏) 일가가 살았는데 이 집 아가씨가 음력 3월 3일 성천 구유바위에서 물을 마시고 목욕을 하고 나자 임신이 되었다. 처녀의 몸으로 사내아이를 낳자 부끄러움에 못 이겨 아이를 구림동 바위에 몰래 내다버렸다. 그러자 이상하게도 비둘기와 솔개들이 날개로 덮어 보호하므로 다시 데려와 길렀더니 이 비범한 아이가 바로 뒷날의 도선국사(827~898)라는 이야기다. 구림리(鳩林里)라는 지명도 그렇게 해서 비롯되었다고 한다.

또 비슷한 내용이지만『신증동국여지승람』영암군 고적조에 최씨원(崔氏園)에 대해서 다음과 같은 내용이 기록되어 있다.

최씨원은 군(郡)의 서쪽 15리쯤에 있다. 세상에 전하기를 신라 사람 최씨 집 뜰에 오이가 열매를 맺었는데 길이가 한 자 남짓 되어 식구들이 그것을 매우 이상하게 생각했다. 마침 이 집 딸이 그 오이를 따 먹었더니 괴이하게도 임신이 되어 달이 차자 아들을 낳았다. 그녀의 부모는 이 아이가 아비 없이 태어난 것을 미워하여 대숲에 버리고 말았다. 여러 날이 지난 뒤에 그 딸이 찾아가 보니 비둘기와 독수리들이 그 아이를 날개로 덮어 지켜주고 있었다. 집으로 돌아와 그 이야기를 하니 부모도 이상하게 여겨 데려다 기르게 되었다. 이 아이가 자라서 머리를 깎고 중이 되니 도선이다.

왕인 박사 석상. 2.68m 높이의 양각 입상인 이 왕인 상은 자신이 배를 타고 왜국으로 떠난 상대포를 바라보고 있다.

이런 식으로 이 곳 구림리는 왕인박사 이후 도선국사의 출생에 얽힌 비슷비슷한 전설이 많다. 또한 최근 들어 도선국사가 그 동안 일반에 알려진 풍수지리에만 밝았던 도참사상의 원조라는 일방적인 시각에서 벗어나 한국 불교사에서 원효대사(元曉大師)에 못지않은 비중을 지닌 대선사(大禪師)로서 재조명되고 있다. 이에 따라 영암군에서는 도선국사의 출생지인 영암을 널리 알리고 그의 업적을 기념하기 위해 월출산 기슭 도갑사(道岬寺)에 10억 원을 들여 1999년 말까지 도선국사기념관을 건립할 계획이라고 한다.

어쨌든 왕인은 이 곳 성기동에서 태어나고 자랐으며, 공부는 성기동 동북쪽 뒷산인 죽정리 죽순봉 동굴 속에서 했는데, 이 곳이 현재 책굴이라는 곳이며 입구에 석인상이 있다. 높이 2.68m, 넓이 1.7m, 바위면에 높이 2.64m, 어깨폭 70cm의 양각 입상인 이 석상은 종래에는 석불 입상으로 알려졌으나 마을 고로들의 전설과 학

국교원대 교수 정영호(鄭永鎬) 박사의 연구에 따르면 도포 차림인 왕인의 모습을 새긴 석상이라고 한다.

이 왕인박사석상은 그가 일본으로 출항하던 상대포를 바라보고 있다. 석상과 책굴 바로 밑에는 문산재와 양사재가 있다. 인근에는 왕인이 왜왕의 초청을 받아 성기동을 떠날 때 고향을 잊지 않으려고 돌아보고 또 돌아보고 했다는 돌정고개라는 야트막한 언덕길과 왜국으로 건너갈 때 배를 타고 떠났다고 하여 배첩골이란 지명이 생긴 당시의 포구가 있으니 곧 상대포다.

뿐만 아니라 왕인의 태를 묻었다는 산태골, 제자들과 더불어 달맞이를 즐겼다는 월대암, 왜국으로 가지고 갈 종이를 만들었다는 지침바위 등 그에 관한 전설이 서린 곳이 많다.

이번에는 도선국사의 이야기로 되돌아간다.

경주의 남산이 신라 사람들의 불국정토(佛國淨土)였다면 월출산은 백제 사람들의 천불산(千佛山)이요 불국정토였다. 백제시대에 이 산에는 99개의 암자가 있었다는 전설이 있고 지금도 수많은 절터와 석불상이 남아 있다. 왕인석상도 한때는 도선국사의 석상으로 알려지기도 했다. 특히 국보 제144호로 지정된 마애여래좌상이 월출산의 대표적인 불적(佛蹟)이다.

도선국사는 신라 말기인 827년(흥덕왕 2)에 이 곳에서 태어났다. 월출산의 대표적인 명찰인 도갑사는 월출산 서쪽에 자리잡고 있는데, 전설에 따르면 도선국사는 이 절을 창건한 뒤 '먼 뒷날 철모를 쓴 자들이 나타나 도갑사를 불태울 것'이라는 불길한 예언을 남겼다고 한다. 이 예언은 적중하여 도갑사는 임진왜란과 6·25 때 소실되어 현재의 건물은 모두 중창 재건한 것들이다.

도갑사는 도선국사가 898년(효공왕 2) 입적한 뒤 불교를 국교로

국보 제50호 도갑사 해탈문. 월출산의 대표적 명찰인 도갑사는 도선국사가 창건했다.

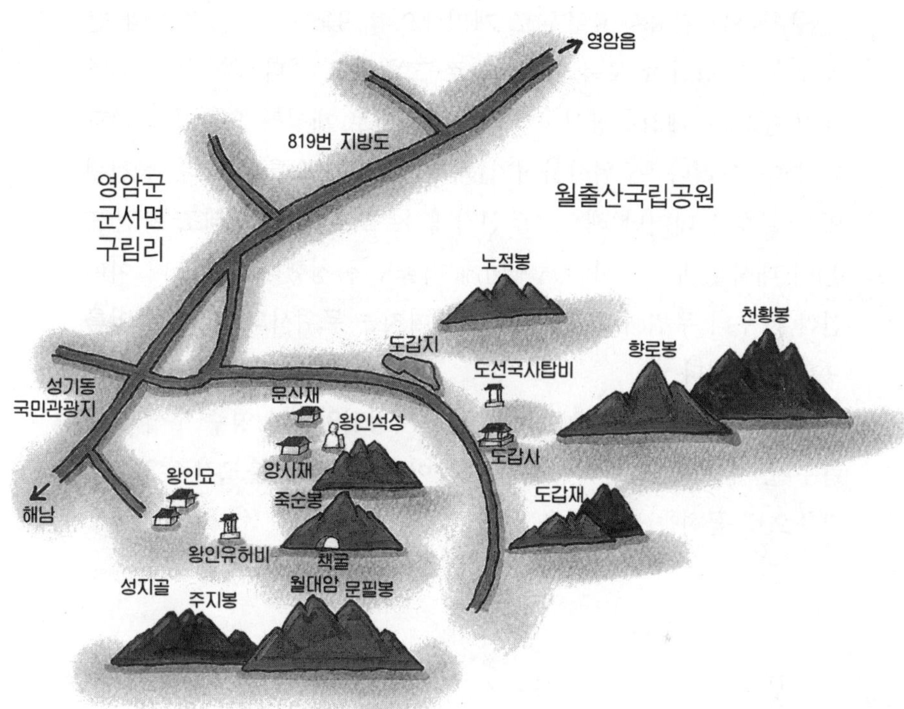

삼던 고려시대에 크게 번창하다가 조선시대로 내려와 1456년(세조
2) 수미대사(守眉大師)와 신미대사(信眉大師)가 중건했고, 1473년(성
종 4)과 임진왜란 이후인 1776년(영조 52)에도 중수했다고 전한다.

성종 때 중건된 도갑사 해탈문은 국보 제50호로 지정되어 있으
며 석조여래좌상은 보물 제89호, 고려시대 오층석탑은 전남도 문
화재 제151호, 수미왕사비는 제152호로 지정되어 있다. 또 도선국
사와 수미대사의 행적을 기록한 도선수미비 등 많은 불교문화재가
있다.

한편 월출산 남쪽 강진군에 속한 무위사(無爲寺)는 617년(진평왕
39) 원효대사가 창건한 관음사(觀音寺)를 875년(헌강왕 1) 도선국사

가 중창하여 갈옥사(葛屋寺)로 개명했으며, 946년(고려 정종 1)에 선
각국사가 3창하여 모옥사(茅屋寺)로 고쳤다고 한다. 그 뒤 1555년
(조선 명종 10) 태감화상이 4창하여 무위사로 개칭해 오늘에 이른다
고 한다. 그러나 「무위사사적기」의 이 기록은 오류가 많다. 창건된
해가 원효가 태어난 해요, 또 선각대사부도비에 고려 태조 왕건(王
建)이 대사를 무위갑사(無爲岬寺)에 머물도록 청했다고 했으니 이미
신라 때부터 무위사로 불려 왔고 나머지는 무위사의 또 다른 이름
으로 추정된다.

　어쨌든 무위사에는 국보 제13호로 지정되었으며 영주 부석사 무
량수전, 예산 수덕사 대웅전과 더불어 우리 나라 불교건축 3대 걸
작품으로 꼽히는 아름다운 극락보전이 있다.

단양 아단성

- 온달 장군 전사한 삼국 혈전사의 무대 -

충북 단양군 영춘면 하리와 백자리 사이 남한강변에 우뚝 솟아 있는 성산(城山)은 해발 427m. 그리 높지도, 험한 편도 아니며 산악인들 사이에 널리 알려진 이름 있는 산도 아니지만 우리 고대사에서는 매우 중요한 의미를 지닌 산 가운데 하나이다.

그 이유는 바로 이 성산 위에 근래 온달산성(溫達山城)이라고 불리는 고구려시대의 석성(石城)이 있고, 산 아래에는 온달굴 또는 남굴(南窟)이라 불리는 동굴이 있기 때문이다. 따라서 이 온달산성 또한 삼국 쟁패사에서 서로 주도권을 쥐고자 혈전을 벌이던 역사의 현장인 것이다.

온달이 누구인가. 그는 고구려의 옛땅을 되찾기 위해 남정(南征)길에 올라 아단성(阿旦城)에서 싸우다가 신라군의 화살에 맞아 한을 남긴 채 장렬히 전사한 고구려의 용장이었다.

오랜 세월 이어온 우리 역사에 빛나는 이름을 남긴 영웅 · 호걸

·기인·재사는 많지만 '바보' 소리를 들으면서도 역사의 무대를 유유히 가로질러 간 인물은 온달밖에 없다.

남루를 걸치고 저자를 헤매며 눈먼 홀어머니를 봉양하던 효자 온달, '바보'라고 놀림당하던 온달을 지아비로 섬겨 무술과 담력 뛰어난 고구려의 용장이 되게 한 평강공주(平岡公主), 신분의 장벽을 뛰어넘은 이들의 사랑은 피로 얼룩진 삼국 쟁패사의 한 장을 풍류의 멋으로 장식하고 지나간 한 줄기 향기로운 바람같았다.

고구려 제25대 임금 평강왕(平岡王 : 平原王)에게는 그의 뒤를 이어 즉위, 뒷날 수(隋)나라의 4차에 걸친 침략을 물리친 태자 고원(高元 : 嬰陽王) 말고도 귀여운 공주가 있었다. 『삼국사기』 열전 「온달편」에는 공주가 어려서부터 잘 우는 버릇이 있었다고 했다. 그래서 "자꾸 울면 바보 온달에게 시집보내겠다"는 말로 달랬다고 했다.

평강공주가 16세가 되자 임금이 상부(上部)의 고씨(高氏)에게 출가시키려고 했는데 공주는 어려서부터 듣던 대로 온달에게 시집가겠노라고 고집을 부려 마침내 부왕의 노여움을 사 대궐에서 쫓겨나 온달에게 찾아갔다는 것이다. 온달의 부인이 된 공주는 온달에게 열심히 무술을 연마토록 하여 온달은 뒷날 국중대회(國中大會)에 나가 뛰어난 무술과 담력으로 무사들 가운데 으뜸을 차지했다. 이 때 후주(後周)의 무제(武帝)가 요동으로 쳐들어오므로 왕은 군사를 거느리고 배산(拜山)의 들에서 맞아 싸웠는데 온달이 선봉이 되어 용감히 싸운 데에 힘입어 적군을 크게 무찌를 수 있었다.

왕이 감탄하여 마침내 온달을 사위로 인정하여 대형(大兄) 벼슬을 내리고 총애를 아끼지 않았다는 것이 『삼국사기』의 이야기이다.

충북 단양군 영춘면 하리 성산의 고성 온달산성. 고구려의 용장 온달이 실지회복의 한
을 품고 전사한 아단성으로 비정된다.

　여기에서 공주를 고씨에게 출가시키려 했다는 것과 후주의 무제
가 쳐들어왔다는 대목은 사실과 다르다. 사대주의 사학관에 얽매
여 중국측 기록을 더 중시한 김부식의 『삼국사기』에는 이처럼 사
실과 다른 부분이 한두 군데가 아니다. 고구려는 부족간의 혼인으
로 유대를 다지기 위해 신라나 고려와는 달리 근친혼은 물론 동성
동족간의 족내혼도 금했으므로 왕성(王姓)인 고씨에게 시집보내려
했다는 것은 틀린 말이다. 또한 후주도 고구려가 망한 뒤인 951년
부터 960년까지 유지한 오대(五代) 최후의 왕조요, 평강왕과 온달
이 물리친 적군은 선비족의 한 갈래인 우문씨(宇文氏)가 세워 556
년부터 581년까지 지탱하다 수 문제(隋文帝) 양견(楊堅)에게 망한
북주(北周)가 맞다.
　어쨌든, 영양왕이 즉위하자 온달이 아뢰기를

　　신라가 빼앗아 가 군현(郡縣)으로 삼은 한북(漢北) 땅은 본디 우리 영토로서 그 곳 백성이 이를 통한으로 여겨 부모의 나라인 우리 고구려를 잊지 못하고 있나이다. 어찌 이를 두고만 보오리까. 대왕께서 소신을 어리석다 마시고 군사를 맡겨 주신다면 반드시 우리 땅을 되찾아 걱정을 덜어드리겠나이다.

했다.

　　임금의 허락을 얻은 온달은 출정에 앞서서 이렇게 맹세했다.

　　내가 이번에 가서 계립현(鷄立峴)과 죽령(竹嶺) 서쪽 땅을 되찾지 못한다면 살아서 돌아오지 않으리라.

　　그리고는 마침내 아단성 밑에서 신라군과 싸우다가 화살에 맞아 전사했다.

　　온달 장군이 실지회복의 한을 품은 채 전사한 아단성은 과연 어디일까. 지금까지는 아단성을 서울 성동구 광장동과 구의동에 걸쳐 1km 정도가 남아 있는 백제의 옛성 아차산성(阿且山城 : 峨嵯山城)으로 비정해 온 것이 사학계의 정설로 되다시피했다.

　　워커힐호텔 뒤의 이 아차산성을 온달의 전사지로 추정해 온 이유는 대체로 아단의 단(且)과 아차의 차(且)자가 비슷하게 생긴 데서 온 착각 내지 견강부회에서 비롯된 것이요, 또 한 가지는 아차산성의 위치가 한강 북쪽에 있기 때문이라고 할 수 있다. 이는 곧 온달의 말 가운데 '신라가 빼앗아 가 군현으로 삼은 한북의 땅은 본디……' 하는 구절을 들어 온달의 마지막 싸움터를 서울 강북의 아차산성으로 추측했던 것이다.

　　아차산성이 바로 아단성이라고 주장한 학자 중 대표적 인물이었던 이병도 씨는 생전에 "기록에는 없지만" 하고 전제한 다음, "온달은 수만 대군을 몰고와 (사실은 이 대목도 아무 기록이 없지만) 워커힐 중턱에서부터 남쪽 장안동 사이에서 신라군과 치열한 격전을 치렀고, 이 곳 지세로 보아 온달은 광장교 입구 근처에서 최후를 맞았던 것 같다"고 추리한 적이 있다.

추리를 하든 소설을 쓰든 지금까지 많은 사람이 아차산성을 아단성이라고 비정한 근거는 '차(且)'자와 '단(旦)'자의 혼동과 아울러 온달의 말 가운데 나오는 '한수 이북의 땅(漢北之地)'이라고 할 수 있다. 한북의 땅을 단순히 한강 북녘, 현재의 기준으로 따져서 서울을 중심으로 한 한강 하류의 북쪽으로만 해석했기 때문에 일어난 결과였다.

그렇다면 아단성은 과연 어디일까.

『삼국사기』를 비롯하여 어떤 사서 어느 지리지를 찾아보아도 아차산성이 일명 아단성이라는 대목은 없다. 아차산성은 백제 책계왕(責稽王 : 靑稽王) 원년(286)에 현재의 송파구 풍납동토성인 사성(蛇城)과 함께 수축한 것이다.

또한 '한북의 땅'을 두고 보더라도 한강 하류인 서울 강북만이 한북이 아니라 남한강 상류를 포함한 한강 유역 전체의 북쪽으로 범위를 넓힐 필요가 있으니, 그 이유는 바로 온달의 나중 말에 나오는 '계립현과 죽령 서쪽(鷄立峴竹嶺以西)' 때문이다.

온달이 죽기를 각오하고 되찾고자 하였던 '한북의 땅' '계립현·죽령 서쪽' 고구려의 옛 영토는 온달이 출정하기 40여 년 전인 551년(고구려 양원왕 7, 백제 성왕 29, 신라 진흥왕 12) 신라에게 빼앗긴 '죽령 이외 고현(高峴) 이내의 10군(郡)'을 가리킨다.

계립현은 충북 충주시 상모면 석문리와 경북 문경시 관음리를 잇는 고개로 당시에는 고구려와 신라의 국경 전초선이었다. 죽령은 충북 단양군과 경북 영주시의 경계, 고현은 강원도와 함경남도를 잇는 오늘의 철령(鐵嶺)이니 이 사이의 10군이라면 현재 강원도 지방의 대부분이다.

강원도 남서부와 충북 동북부와 경계를 이루는 단양군 영춘면은 본래 고구려의 을아단현(乙阿旦縣)이었다.『삼국사기』잡지(雜志) 지리편에 이렇게 나온다.

> 내성군(奈城郡)은 본래 고구려의 내생군(奈生郡)을 경덕왕(景德王)이 개명하였다. 지금 영월군(寧越郡)이다. 영현(領縣)이 셋이다. 자춘현(子春縣)은 본래 고구려의 을아단현(乙阿旦縣)을 경덕왕이 개명하였는데 지금 영춘현(永春縣)이라 부른다.

『신증동국여지승람』영춘현조에도 이와 같은 건치연혁이 기록되어 있다. 옛 지명이 을아단인 단양군 영춘면 하리에 가면 고을 진산(鎭山)인 성산(城山)이 있고, 산상에 오르면 고구려식 축성 방식에 따른 석성이 있으니 근래에 와서 온달성이라고 부르는 고대의 산성이다.『동국여지승람』과『대동지지』, 고산자(古山子) 김정호(金正浩)의「대동여지도」에는 다같이 온달성이 아니라 '성산(城山)' '고성(古城)'으로 표기되어 있다. 사서와 지리지에 아단(阿旦) 두 글자가 붙은 곳은 오로지 여기 영춘면 단 한 곳뿐이다.

영춘이 고구려의 을아단현이요, 성산 고성이 아단성이라는 사실을 증명하기 위해서는 온달 생존 당시 삼국의 혈전사를 상고해 볼 필요가 있다.

고구려는 이 지역—'죽령 이외 고현 이내의 10군'을 빼앗긴 이후 삼국 각축전에서 신라에게 선두주자 자리를 넘겨줄 수밖에 없었다. 고구려와 신라의 관계가 본격적으로 악화되기 시작한 것은 장

온달산성-아단성은 남쪽의 신라를 막기 위해 고구려가 쌓은 성이므로 남쪽은 까마득한 절벽 위에 세워졌고, 북쪽은 비교적 완만한 경사면으로 되어 있다.

수왕의 북수남진(北守南進) 정책과 진흥왕의 팽창정책이 물고 물려 돌아가면서부터였다.

이보다 앞서서 고구려의 후발국인 백제는 근초고왕(재위 346～375) 때인 369년에 이르러 백제사상 최대의 영역을 개척한바 그 판도가 예성강 이남, 낙동강 이서와 전남 남해안 전역에 미쳤다. 백제의 이 같은 강성이 고구려·신라·가야와의 치열한 투쟁 끝에 이루어졌음은 불문가지의 사실이다. 특히 그 해 평양성싸움에서 고구려의 고국원왕까지 패사시키니 이 때부터 고구려와 백제는 불구대천의 원수지간이 되어 버렸다.

그러나 391년 광개토태왕이 즉위하자 사정은 급변했다. 단군 이래 사상 최대의 영토를 개척한 광개토태왕의 북정남벌(北征南伐)에 백제는 위축될 대로 위축되고, 신라 또한 고구려의 비호를 받으며 간신히 버틸 정도였다. 더구나 광개토태왕에 이어 427년에 즉위한 장수왕은 도성을 평양으로 옮기고 남진정책을 펼쳐 백제와 신라를 더욱 압박해 들어갔다. 475년 장수왕의 대대적인 침공을 받은 백제는 수도 한성(漢城)이 함락되고 개로왕이 아차성에서 참살당하는 국가 존망의 위기를 맞기까지 했다.

백제가 웅진(熊津 : 公州)으로 천도한 것은 개로왕의 아들 문주왕에 의해서였고, 그 뒤 538년 성왕 때에는 다시 소부리(所夫里 : 扶餘)로 옮겨 사직을 유지했다.

한편 그 동안 고구려의 위세 아래서 백제에 대항하던 신라는 433년부터 백제와 동맹을 맺고 장수왕의 남진에 공동으로 맞서기 시작했다.

광개토태왕 당시 임진강까지 이르렀던 고구려의 남계(南界)는 장수왕의 남진으로 한수 이북은 물론이요, 그 이남까지 확대되어 서쪽의 아산만에서 동쪽으로 조령, 죽령을 넘어 경북 울진군 평해를 잇는 선으로서 백제·신라와의 국경을 이루고 있었다.

이에 백제의 성왕과 신라의 진흥왕은 나제동맹(羅濟同盟)을 맺고 양원왕 즉위 이후 고구려의 내분을 틈타 공동 북진작전을 펼친 결과 한강 유역 백제의 옛땅을 수복하고 죽령 이외 고현 이내 10군, 한수 이북 강원도 땅 대부분을 점령하였다.『삼국사기』신라본기 진흥왕 12년(551)조에 보면 ‘왕이 거칠부(居柒夫) 등에게 명하여 고구려를 침하고 승세를 타서 10군을 취하게 하였다’는 대목이 바로 그것이다.

그러나 433년부터 100년 이상 지속되던 나제동맹도 신라의 배신으로 파국을 맞게 되었다.

신라는 그 1년 전인 550년 고구려·백제 간의 공방전을 틈타 양국의 성 하나씩을 공취한 데 이어 553년에는 또다시 백제가 수복한 한강 하류 6군을 불시에 탈취하여 신주(新州)를 설치하고, 역시 백제가 선취한 죽령 이내 고현 이외 10군마저 암습으로 탈취했던 것이다.

백제의 분노는 극에 달했다. 1년을 두고 결전 준비를 해 온 백제 성왕은 554년 가을 군사를 이끌고 마침내 신라로 진격을 개시했다. 그러나 신라는 더 이상 전같은 후진 약소국이 아니었다. 옥천전투에서 백제는 성왕을 비롯, 3만 대군이 전사하는 참패를 기록했다. 신라는 이 때의 한수 유역 확보를 발판 삼아 이후 삼국 쟁패에서 결정적 우위에 서게 되었다.

온달군의 남정에는 이러한 배경이 감춰져 있었다. 그래서 온달 뿐 아니라 뒷날 연개소문(淵蓋蘇文) 역시 당 태종(唐太宗) 이세민(李世民)이 신라와의 화친을 권고하자 "철령 이남 죽령 이북의 옛 고구려 땅을 반환하지 않으면 화평은 있을 수 없다"고 한 것이다.

이런 사실에 비춰볼 때 고구려가 남진의 전초기지인 죽령·계립현 일대 한북의 땅을 수복하고자 여러 차례 군사작전을 펼쳤을 것은 분명하다고 보여진다. 따라서 온달의 남정도 그러한 작전 중 하나였을 것이다.

또 한 가지, 온달이 출정할 당시 급박하게 돌아간 동북아 정세도 간과할 수 없다.

잘 알다시피 온달은 평강왕의 사위요 영양왕과는 처남 매부 간이다. 평강왕이 도성을 평양성에서 가까운 장안성(長安城)으로 옮긴 지 3년 뒤인 590년 10월에 재위 32년 만에 세상을 뜨자 태자 고원(高元 : 高大元)이 즉위하니 이가 영양왕이다.

이 무렵 중국에서는 위(魏)와 진(晉) 님북조시대가 끝나고 양씨

(楊氏)의 제국 수(隋)가 대륙을 통일, 그 여세로 주변 여러 나라를 위협하니 고구려 역시 국방을 강화하지 않을 수 없었다. 그런데 서 북 변경의 방어도 문제였지만 젊은 기력을 견딜 수 없다는 듯이 걸핏하면 밀고 올라오는 남쪽의 신라도 다시 한 번 눌러 놓을 필 요가 있었다. 진흥왕 이래로 팽창하는 국력을 주체 못해 북진에 북 진을 거듭, 황초령까지 밀고 올라온 신라였다.

등과 배 남북 양면의 적을 어떻게 대처해야 효과적일까. 갓 즉위 한 영양왕에게는 가장 시급히 해결해야 할 문제였을 것이다.

당시 고구려 조정에는 매부인 온달 외에도 을지문덕(乙支文德) · 강이식(姜以式) 같은 영걸들이 임금을 보필하고 있었다. 왜냐하면 이들이 바로 9년 뒤에 일어난 여수전(麗隋戰)을 승리로 이끈 주역 이기 때문이다.

어쨌든 영양왕 즉위초 국가안보회의의 결론은 북방의 강적 수와 의 결전에 대비해 후방의 안전부터 굳게 다져 두자는 쪽으로 났을 것이다. 그 결과가 온달의 남정이었다.

대형 온달을 총사령관으로 하여 실지회복의 막중한 임무를 지고 수도 장안성을 떠난 고구려의 남정군은 어떤 경로로 남진했을까.

1975년부터 수차에 걸친 충주 · 중원지구 학술조사를 통해 이 지 역의 삼국시대 국경 판도와 고구려의 대 신라 정벌로 등을 연구한 바 있는 한국교원대 정영호(鄭永鎬) 박사는 온달군이 장안성(평양) -개성-서울-원주-제천-영월로 진격, 계립현을 향해 영춘 즉 아단성까지 이르렀으리라고 추정했다.

남한강 상류를 거슬러 올라가며 강을 끼고 늘어선 충주 · 청풍 · 단양 · 영춘 · 영월 등지는 모두가 고구려의 대 신라 방어요충으로 산성이 잇달아 쌓여 있고 봉수대터도 아직까지 남아 있다. 옛 지명이 을아단현인 영춘의 성산 고성도 인근 강변의 태화산성(太華山城)·대야산성(大野山城)·완택산성(莞澤山城)·정양산성 (正陽山城 : 王儉城) 등과 마찬가지로 고구려식 축성 방식에 따른 전형적 고구려식 산성이니 온달군이 40년 전 거칠부에게 빼앗겼던 이 성들을 되찾고 계립현·죽령으로 진격하려 했으리라는 것이다.

반영환(潘永煥) 씨의 『한국의 성곽』에 따르면 '고구려 산성은 대체로 3면이 높은 산이나 절벽으로 둘러싸이고 남쪽만 완만하게 경사가 낮은 곳에 쌓았다. 성 안에 두 개나 그 이상의 골짜기가 있으며 산 능선 또는 골짜기를 따라 성벽을 쌓았으므로 적이 공격하기는 불리하고 방어하기에는 유리하며, 골짜기에 많은 병마를 수용할 수 있고 많은 전투장비 물자를 보관할 수 있다'고 하였다. 영춘의 성산 고성, 아단성으로 추정되는 이 석성도 이런 조건을 그대로 갖추고 있다.

영춘면 하리 498번지의 이 고성은 격전의 흔적인지 세월의 흐름 때문인지 몇 군데 허물어진 곳을 제외하고는 납짝하게 잘 다듬은 돌들을 차곡차곡 치밀하게 쌓아올린데다가, 골짜기의 지형을 따라 우아한 곡선을 그리며 휘감아 돌아간 모습이다. 본디 남쪽의 신라군을 방어하기 위해 쌓은 산성이므로 북쪽−강을 면한 쪽은 비교적 경사가 느린 반면 남쪽은 까마득하게 치솟은 벼랑 위에 또다시 절벽처럼 석성을 쌓아올렸다. 어쨌든 북쪽에서 쳐내려와 이 성을 되찾기 위해 공격했던 고구려군은 매우 혹독한 대가를 치러야 했을 것이다.

길이 1.5km, 높이 8.5m, 너비 3.6m로 동문과 남문터가 거의 원형을 유지하고 있는 이 고구려 석성은 온달이 쌓았다, 또는 죽었다는 이 고장 전설에 따라 온달성이라고 불리며 1975년 8월에 사적

온달산성 밑 남한강변의 온달동굴 내부. 이곳에도 온달 장군이 무술을 연마했다는 전설
이 서려 있다.

제264호로 지정되었다. 또 성산 아래 남굴 또한 온달장군이 무술을 닦았다는 전설이 서려 온달동굴이라고도 불리는데 1979년 6월에 천연기념물 제261호로 지정되었다.

이 밖에도 영춘 일대에는 활고개·진거리·쉬는돌 ·비마루·대진목·군관나루 등 온달과 평강공주의 전설에 얽힌 지명이 많다. 또한 계립현 부근 상모면 미륵리에는 온달장군이 가지고 놀았다는 전설의 공기돌바위도 있다.

『삼국사기』의 기록은 온달이 화살에 맞아 길에 쓰러져 죽었다고 했다. 장사를 지내려고 하니 영구가 움직이지 않아 공주가 와서 관을 어루만지며 이렇게 말했다고 했다. "죽고 사는 것은 결정되었습니다. 아아, 돌아갑시다." 그러자 드디어 관이 움직여 장사지냈다고 했다.

그런데 신채호(申采浩)는 『조선사략』이란 책의 이런 기록을 소개했다.

관이 움직이지 않자 평강공주가 쫓아와 "국토를 못 찾고야 어찌 돌아가랴! 님이 아니 돌아가는데 나 또한 어이 홀로 돌아가리오!" 하고 애통한 나머지 그 자리에 쓰러져 영영 깨어나지 않는지라 고구려 무사들이 두 내외를 그 자리에 합장했다.

이 기록대로라면 온달 장군과 평강공주의 무덤도 이 곳 온달산성 부근 어딘가에 있겠지만, 최근 알려진 바에 따르면 두 사람의 묘가 평양 근교에 있으며 북한 당국에 의해 정화 단장되어 있다고 한다. 장차 통일이 되면 그 곳 또한 찾아가 보아야 할 터이다.

온달이 되찾으려던 한북의 땅이 죽령 이외, 고현 이내인 오늘의 강원도와 충북 일대가 틀림없고, 또 영춘의 고지명이 을아단현이

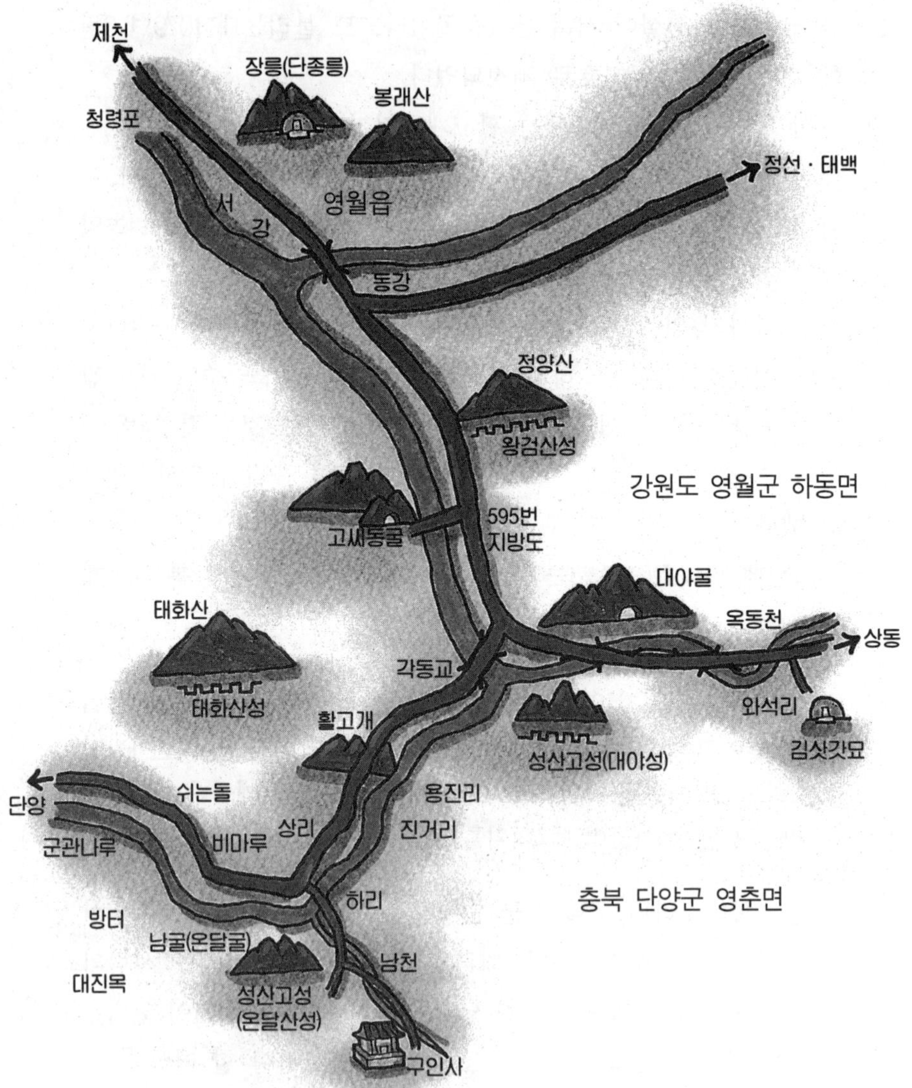
제천
청령포
장릉(단종릉)
봉래산
정선 · 태백
서 강
영월읍
동강
정양산
왕검산성
강원도 영월군 하동면
595번
지방도
고씨동굴
대야굴
옥동천
상동
태화산
태화산성
각동교
활고개
성산고성(대야성)
와석리
김삿갓묘
쉬는돌
용진리
단양
상리
진거리
군관나루
비마루
방터
하리
남굴(온달굴)
남천
충북 단양군 영춘면
대진목
성산고성
(온달산성)
구인사

맞으니 달리 어디에서 아단성을 찾으랴.

온달이 실지회복의 한을 품고 비장하게 전사한 역사의 현장인 아단성－온달성에서는 1996년부터 단양군 주관으로 온달문화제가 베풀어지고 있으며, 온달동굴도 잘 정비되어 일반인에게 공개되고 있다.

논산 황산벌
- 계백장군과 5천 결사대의 장렬한 최후 -

서기 660년 음력 7월 9일, 백제의 달솔(達率) 계백(階伯) 장군이 이끄는 5000결사대와 신라의 대장군 김유신이 거느린 5만 대군은 백제의 서울 소부리(所夫里)의 마지막 방어 요충인 황산벌에서 맞섰다.

김유신은 열 배의 우세한 대군으로 일시에 적진을 짓밟고 돌파하려고 총공격 명령을 내렸다. 하지만 신라군은 백제군의 무서운 기백과 투혼을 당할 수 없어 패하고 물러나기를 네 차례나 거듭했다.

쓰러져 가는 나라의 잔병 5000으로 신라의 5만여 정예군을 맞아 4전 4승의 신화를 남긴 계백 장군은 누구인가.

백제 망국의 비극적 대서사시의 막을 올린 황산벌싸움에서 장렬히 전사한 계백은 백제 최후의 참다운 무장이었으며 사나이 중의 사나이였다.

계백 장군과 5000 결사대가 장렬하게 전몰한 슬픈 역사의 무대 황산벌은 이제 백제의
후예들이 인삼포와 포도밭을 가꾸며 살아가는 터전으로 변했다.

한평생을 전쟁터로 떠돌며 숱한 싸움을 치르고 죽을 고비를 넘
겨 온 백전 용장 계백도 가정에서는 둘도 없는 가장이었으나 출전
에 앞서 그는 사랑하는 처자식의 목숨을 몸소 끊어야만 했다. 전쟁
노예가 당해야 할 비인간적 치욕을 고려할 때 그것은 비정하고 가
혹한 처사가 아니라 당시의 윤리적 가치관에서는 오히려 뜨거운
가족애, 지극한 인간애의 발로였다.

그는 또한 전쟁이라는 절박한 극한 상황중에도 소년 화랑의 기
개와 무용(武勇)을 아껴 관창(官昌)을 두 번씩이나 살려 보낸 도량
넓은 덕장(德將)이었고, 죽을 때와 자리를 알아 비장한 최후를 기꺼
이 맞은 진정한 용장(勇將)이었다.

1300여 년 전 계백 장군과 5000결사대가 장렬하게 전몰한 슬픈
역사의 무대 황산벌은 이제 백제의 후예들이 포도밭과 인삼포를

충곡서원은 문인이 아닌 무장인 계백을 주벽에 모신 유일한 서원이다.

가꾸며 살아가는 삶터로 변했다. 또한 논산시 부적면 신풍리 산4번지 수락산(首落山) 기슭 가장골(假葬谷)에는 계백장군묘가 있어 백제 망국의 한서린 역사와 참 군인의 길을 말없이 일러 주고 있다.

한편 수락산 인근 충곡리 소재 충곡서원에서는 유일하게 문인이 아닌 무인인 계백 장군을 주벽에 모심으로써 그의 충혼을 기리고 있기도 하다.

계백 장군의 출신과 성장 내력에 관해서는 현존하는 어떤 사서(史書)에도 나와 있지 않을 뿐 아니라 그의 성명조차도 분명치 않아서 그의 본성이 백제의 왕성(王姓)인 부여씨(扶餘氏)라는 설도 있고, 백제 귀족으로서 8대 성씨의 하나인 해씨(解氏)가 와전되어 계씨(階氏)가 되었으리라는 설도 있다.

단지 여러 가지 다른 기록으로 미루어 볼 때 무왕 때 태어나서

오랜 세월 잊혀졌던 역사의 무덤 계백장군묘. 충곡리 수락산 기슭에 있다.

신라와의 전쟁에서 두각을 나타낸 것으로 짐작된다.

그러나 1965년 말 백제문화되찾기운동을 꾸준히 벌여오던 고
(故) 홍사준(洪思俊) 전 국립부여박물관장 등의 노력에 의해 충장산
(忠壯山)·충훈산(忠勳山)·충혼산(忠魂山) 등으로 불리는 수락산 기
슭에서 황폐한 계백장군묘가 발견된 데에 이어 1980년에는 현 부
여문화원장(당시 백제사적연구소장)인 임병고(林炳高) 씨 등에 의해
부여군 충화면 천등산에서 계백을 비롯한 성충(成忠)·흥수(興首)
등 백제말 8충신의 출생지 또는 수련장으로 추정되는 건물터 3개
소가 발견되어 이들의 비장했던 생애와 백제 멸망의 한서린 역사
를 재조명할 계기를 마련해 주었다.

한편 단재 신채호는 『조선상고사』에서 그가 인용한 『해상잡록
(海上雜錄)』을 통해 계백이 현재의 충북 괴산인 가잠성(假岑城) 성주
로 있었다고 한바, 당시 백제는 왕족으로 하여금 큰 읍성을 다스리

게 했다니 그의 성이 어쩌면 부여씨가 맞는지도 모르는 일이다. 필자 개인의 소견으로는 계백 역시 흑치상지(黑齒常之)의 본성이 부여씨이듯 그의 성씨가 부여씨라고 생각한다.

백제의 마지막 임금 의자왕이 즉위한 것은 641년 3월. 무왕의 태자였던 그는 어려서부터 결단성 있고 효성이 지극하며 형제간의 우애가 깊어 '해동증자(海東曾子)'라고 불릴 만큼 뛰어난 인물이었다.

즉위 이듬해 김유신이 가잠성을 공격할 때 윤충(允忠) 장군에게 정병 1만을 주어 대야성(大耶城)을 비롯하여 신라의 서쪽 변경 40여 성을 쳐서 빼앗았다. 대야성은 오늘의 경남 합천인데 그 때 대야주 도독은 김춘추(金春秋)의 사위 김품석(金品釋)이었다. 딸과 사위가 백제군에게 잡혀 죽었다는 흉보를 받은 김춘추는 종일토록 기둥에 기대어 눈물을 흘리고 이를 갈면서 기필코 백제를 멸망시키겠노라고 맹세하고는 고구려와 당(唐)으로 돌아다니며 원수 갚을 생각뿐이었다.

647년 선덕여왕이 죽고 사촌인 진덕여왕이 즉위한 데에 이어 654년에 진덕여왕이 죽자 성골이 아닌 진골인 당시 52세의 김춘추가 왕위에 올랐으니 곧 무열왕이다. 김춘추의 부인 문명(文明)은 김유신의 작은누이로서 정권을 잡은 처남 매부 간은 오래 전부터 계획하고 추진해 오던 백제정복에 박차를 가했다.

그리하여 신라가 당과 연합군을 일으켜 마침내 백제정복군을 발진시킨 것은 660년(무열왕 7) 5월 26일이었다. 무열왕은 친히 대장군 김유신, 장군 김진주(金眞珠)·김천존(金天存) 등 5만 대군을 이끌고 서라벌을 떠나 6월 18일에는 현재 경기도 이천인 남천정(南川停)으로 북상했다. 서라벌—소부리 직선코스를 택하지 않고 세 배나 먼 거리를 돌아서 간 것은 고구려 공격으로 위장하려는 양동작전(陽動作戰)이요, 백제의 국경수비군을 피해 배후를 기습하려는 우회전략에서였다.

한편 당 고종의 명령을 받은 소정방도 13만 대군을 이끌고 산동반도를 출발, 황해를 건너 6월 21일 덕물도(德勿島 : 德積島)에 상륙했다.

그러자 현재 충북 음성인 금돌성(今突城)에 머물던 무열왕은 태자 법민(法敏)을 보내 당군을 영접하게 하고, 양군이 동서 수륙 양면에서 협공을 개시, 7월 10일 백제의 도성 사비성을 총공격하기로 약조했다.

그 동안 백제의 사정은 역사의 기록상으로는 오리무중이다. 의자왕은 즉위 이듬해 윤충으로 하여금 신라의 대야성 등 40여 성을 쳐서 빼앗고, 그 다음 해에도 의직(義直)·은상(殷相) 등을 보내 신라를 치고, 655년(의자왕 15)에는 수상인 상좌평(上佐平) 성충(成忠)을 보내 동맹을 맺은 고구려와 합세해 다시 신라의 30여 성을 공략해 영토를 넓히며 성세를 떨쳤다고 했다.

그러나 『삼국사기』에 따르면 바로 그 해인 의자왕 15년부터 만사가 빗나가기 시작한 것으로 되어 있다. 즉 그 해 2월부터 의자왕이 사치와 향락에 빠져 정사를 돌보지 않았으며 목숨을 걸고 충간하는 좌평 흥수(興首)를 오늘의 전남 장흥인 고마미지(古馬彌知)로 귀양보낸 데 이어 성충까지 옥에 가두었다는 것이다.

옥중의 성충이 의자왕에게 "충신은 죽어도 임금을 잊지 않는다 하므로 한 말씀 드리고 죽으려 합니다. 신이 시세의 변화를 관찰한 바 반드시 전쟁이 일어날 듯합니다. 만약 적군이 쳐들어오면 육로로는 숯고개(炭峴)를 막고 수로로는 기벌포(伎伐浦)를 지켜 그 험난한 곳에 의지해 막아 치시기 바랍니다”라는 내용의 글을 올리고 28일 간을 굶다가 한을 남기고 세상을 하직했다.

의자왕은 국가의 위기에 대한 이런 충간과 경고의 소리는 들은 척도 하지 않고 657년에는 41명이나 되는 왕자에게 모두 좌평 벼슬을 내리고 식읍을 주었다고 했다. 그토록 영민하고 총명하던 의자왕이 재위 20년중 무슨 까닭으로 마지막 4~5년 간 갑자기 황음무도한 폭군으로 전락했다는 것인지 궁금하지 짝이 없다. 만일 의자왕이 나라의 안위를 조금도 걱정하지 않고 향락만 일삼다가 나라를 망친 무능하고 무도한 임금이었다면 어떻게 하여 수많은 백성이 당으로 끌려가는 그를 바닷가까지 울며불며 뒤따라가 애통해 했으며, 그렇게 당연히 망할 왕국이었다면 백제 유민이 무슨 까닭에 나라를 되찾기 위해 4년 간이나 피어린 항쟁과 광복운동을 벌였겠는가.

이에 대해서는 단재 신채호가 ‘김춘추·최치원 이래 모화주의(慕華主義)의 결정(結晶)’이라고 매도한 자칭 ‘신라의 후예’ 김부식이 『삼국사기』 백제본기를 끝내면서 덧붙인 말이 참고가 될 것이다.

> 백제는 말기에 이르러 소행이 도리에 어긋남이 많고, 또한 대대로 신라와 원수가 되고, 고구려와 친해 신라를 침략하여 이에 당 고종은 두 번 조서를 내려 그 원한을 풀도록 했으나 겉으로는 따르면서 속으로는 어겨 대국에 죄를 지었으니 그 멸망은 또한 당연하다고 하겠다.

어쨌든 나당연합군 18만 대군이 동서 수륙 양면으로 침공해 온다는 급보를 받은 백제 조정은 임금의 정무소인 남당(南堂)에서 의자왕의 주재로 대책회의를 열었는데 의견이 분분했다.

좌평 의직은 "당나라 오랑캐들은 바다를 방금 건너와 피곤하고 지쳤을 테니 상륙할 때 바로 치면 이내 깨질 것이요, 오랑캐 군사가 무너지면 신라군은 겁을 먹고 저절로 물러갈 것입니다"라고 했고, 좌평 상영(常永)은 "당군이 도착한 지 오래 되지 않아 전의(戰意)가 식지 않았을 것이니 기직맥진할 때까지 기다렸다가 쳐야 하고 만만한 신라를 먼저 쳐야 합니다"라고 주장하였다. 총명했던 판단력이 흐려졌음인지 용단을 내리지 못한 의자왕이 귀양살이하는 홍수에게 신하를 보내 계책을 물었다. 홍수가 대답하기를, "탄현과 기벌포는 국가의 요충이라 장부 1인이 칼을 들고 막으면 만인을 막을 수 있는 곳이니 수륙의 정병을 뽑아 두 곳을 지키게 하고 대왕은 도성을 방비하다가 반격하면 필승할 것입니다"라고 했다. 성충이 죽기 전에 한 말과 같았으나 김춘추와 김유신이 보낸 간첩에게 포섭된 것으로 알려진 간신 좌평 임자(任子)가 이런 말로 극력 반대했다. "홍수가 오랜 귀양살이로 대왕을 원망하며 늘 해치려는 마음을 먹고 있을 텐데 어찌 그의 말을 따르겠습니까? 당군은 기벌포를 지나게 하고 신라군은 탄현을 넘게 하여 치면 항아리 속의 자라를 잡듯이 일시에 양 적을 물리칠 수 있을 것입니다."

의자왕이 들어보니 이 말도 옳고 저 말도 맞는 듯해 갈피를 잡을 수 없었다. 그렇게 결단을 내리지 못하는 사이에 금쪽같은 시간만 허비했다.

국경의 수비군으로부터 급보가 잇달아 들어오고 마침내 신라군이 탄현을 넘어 무인지경을 가듯 소부리로 짓쳐 들어온다는 보고를 받자 의자왕은 계백 장군에게 나아가 적을 막으라고 명령했다. 당시 계백은 백제의 16관등 중 좌평 다음 2품관인 달솔이었다. 임금의 명령을 받은 계백은 도성 안팎에서 가까스로 5000명에 가까

부여군청 앞에 서 있는 참 군인 계백 장군 동상.

운 군사를 모아 출전 준비를 했다. 그리고 마지막으로 집에 들러 처자식의 목숨을 손수 끊어 주고 오늘날 논산시 연산면 신양리 일대인 황산벌로 향했다.

부여에서 동쪽으로 30km쯤 떨어진 황산의 연봉은 탄현을 막지 못한 백제로서는 도성의 마지막 방어선이 되는 전략적 요충이었다. 소부리를 떠나 밤새 행군한 5000결사대는 660년 7월 9일 새벽 황산에 다다랐다. 계백은 노약자와 소년이 대부분인 군사들이 진을 치자 다음과 같은 요지의 일장훈시를 했다.

백제의 싸울아비들아! 우리는 이제 마지막 싸움터에 다다랐고, 더 이상 물러날 곳이 없다. 오늘의 싸움으로 우리 백제의 운명이 달렸다. 적은 우리보다 열 배나 많은 5만 대군이라고 한다. 그대들 각자가 죽기를 각오하고 용감히 싸우지 않는다면 물리칠 수 없을 것이다. 그러나 두려워할 것은 조금도 없다. 옛날옛적 춘추전국시대에 월왕(越王) 구천(句踐)은 지금 우리와 같은 수의 군사로써 오왕(吳王) 부차(夫差)의 70만 대군을 쳐부순 적도 있었다. 그러므로 우리 백제군이 각자 신라병 열 명씩만 당한다면 능히 이 싸움에서 이기고 나라와 처자식을 구할 수 있으리라! 싸움터에서 승리 아니면 죽음이 있을 뿐 결코 물러서지 않는 것이 우리 백제군의 전통임을 명심하고 분발 감투하라!

천험의 요새 탄현을 무난히 통과한 김유신의 신라군이 계백의 결사대가 기다리고 있는 황산의 연봉에 나타난 것은 그로부터 얼마 뒤였다. 황산벌은 300~400m 높이의 야산들로 둘러싸인 20여만 평의 분지로서 북쪽에 황산성, 동쪽에 황령산성과 깃대봉, 남쪽에 국사봉과 산직리산성과 모촌산성이 감싸주고 있는 사비성 외곽 방어의 요충이다.

백제 군사가 불과 수천으로 보잘것없다고 여긴 김유신은 우세한 대군으로 일시에 짓밟고 돌파하고자 했으나 그것은 오판이었다. 계백은 백전연마의 용장이요 탁월한 전략의 명장이라는 사실을 김유신은 67세의 노령 탓에 잊었는지도 모른다. 전후 4차에 걸쳐 총공격을 펼쳤지만 『삼국사기』 곳곳에서 빛나는 김유신의 전공은 어찌된 셈인지 패하고 물러나기만 거듭할 뿐이었다.

이튿날 아침 좌장군 김품일(金品日)과 우장군 김흠춘(金欽春)을 불러 작전회의를 연 결과 소년 화랑들을 특공대로 출전시키기로 했다. 전투가 시작되자 먼저 김흠춘의 아들인 화랑 반굴(盤屈)이 그의 낭도들을 거느리고 백제 진영으로 돌격해 싸우다가 전사했다. 그 다음에 나선 화랑이 김품일의 아들로서 당시 16세인 관창이었다. 관창이 필마 단기로 달려나가 힘껏 싸웠으나 역부족으로 생포되고 말았다.

계백이 사로잡혀 온 적장의 갑옷과 투구를 벗겨 보니 어리디어린 소년인지라 그 용기가 아까워 차마 죽일 수가 없어 살려서 되돌려보냈다.

본진으로 돌아간 관창이 분하고 부끄러워 말을 갈아타고 백제군 진영으로 쳐들어 왔다가 다시 잡히니 계백이 어쩔 수 없이 목을 베어 보냈다. 품일이 피가 줄줄 흐르는 아들의 목을 들고 장병들을 격발시키자 신라군사가 잃었던 용기와 죽었던 힘을 불러일으켜 노도처럼 짓쳐 들어오니 천하의 명장 계백과 5000결사대도 기진맥진한 끝에 산성의 요새로부터 황산벌로 밀려 내려갈 수밖에 없었다. 백제군은 중과부적으로 밀리며 벌판 여기저기에서 피를 뿌리며 죽어 갔다. 그들은 그렇게 그 날 7월 10일 온종일 걸린 싸움에서 처절하게 학살당하고 전멸당했다. 그리고 계백의 전사와 5000결사대의 전몰은 곧 백제의 최후나 마찬가지였다.

이튿날 김유신의 신라군은 기벌포를 지나 의직의 백제군을 인해 전술로 돌파하고 백강(白江 : 白馬江)을 거슬러온 소정방의 당군과 합류하여 사비성을 포위 공격하니 의자왕과 태자 부여효(扶餘孝)는 웅진(熊津)으로 달아났다가 불과 1주일 만인 그 해 7월 18일 항복하고 이로써 백제는 멸망하고 말았다.

도성이 함락되자 신라와 당군이 백제 사람들을 무자비하게 학살했으며 성안의 궁궐과 모든 민가가 7일 낮 7일 밤 동안 철저히 불타고 무너져 버렸다. 지상에 남아 서 있는 것이라고는 소정방의 군공을 새긴 오층석탑 하나뿐이었다. 그 해 8월 17일 소정방은 항복한 의자왕과 왕자 4명, 대신 90여 명, 그 밖에 남녀 2만 명을 전쟁 포로로 이끌고 바다를 건너갔다.

역사는 흘러가도 산하는 남는다. 부소산 아래 백마강은 여전히 흘러갔다. 바다 건너 끌려간 혈육들을 피눈물로 떠나보낸 망국의 유민들은 어찌 같은 하늘 아래 같은 사람으로서 사람을 이토록 무

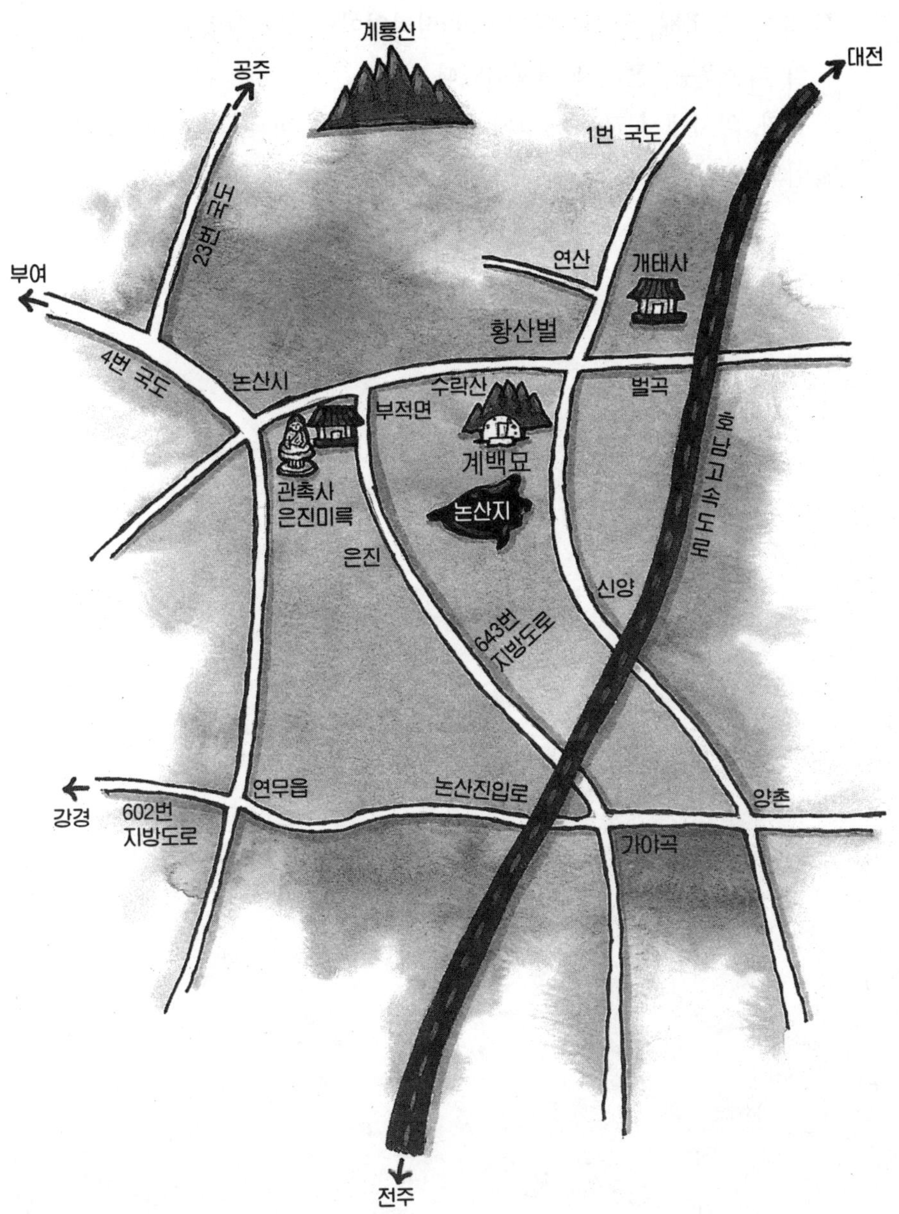
계룡산
공주
대전
1번 국도
23번 국도
부여
연산
개태사
황산벌
4번 국도
논산시
수락산
벌곡
부적면
호남고속도로
계백묘
관촉사
은진미록
논산지
은진
신양
643번
지방도로
연무읍
논산진입로
양촌
강경
602번
지방도로
가야곡
전주

참히 학살할 수 있단 말이냐, 우리도 인간이라고 절규하면서 나라를 되찾기 위해 용감히 무리지어 떨쳐일어났으니 그것이 바로 백제의 다물운동, 곧 광복전쟁이었다.

보라, 역사에서 교훈을 찾지 못하면 이 같은 비극은 언제라도 되풀이되는 법이다.

양양 낙산사

- 의상대사 창건한 동해의 관음도량 -

예부터 '해돋는 광경은 양양(襄陽) 낙산사(洛山寺)가 으뜸이요, 해지는 모습은 변산 앞바다가 제일'이라는 말이 있듯이 관동팔경 가운데서도 절경으로 이름난 낙산사 의상대(義湘臺)에서 바라보는 동해 해돋이는 장엄미와 더불어 황홀경의 극치를 이룬다.

이처럼 해돋는 모습만으로도 전국에서 으뜸가는 명승으로 꼽히는 낙산사는 눈앞으로 펼쳐진 맑고 푸른 동해 바다와 해안 절경이 그림같이 아름다울 뿐 아니라 고개를 돌려보면 등 뒤에 우뚝우뚝 솟구친 설악의 연봉 한계령이 신령스러운 모습으로 또 다른 정취와 감동을 안겨 준다.

강원도 양양군 강현면 전진리의 낙산사는 빼어난 경치로도 유명하지만 멀리 삼국시대부터 관세음보살이 거처하는 불가(佛家)의 성지로 잘 알려져 불자(佛子)들의 발길이 사철 끊임없는 유서깊은 명찰이기도 한다.

관동팔경의 하나로 꼽히는 명승 의상대. 낙산사를 창건한 의상조사가 참선하던 곳에 세워졌다. 현재의 육각정은 1995년에 복원한 것이다.

『삼국유사』는 낙산사의 창건 설화에 대하여 이렇게 전한다.

옛날 의상법사가 당(唐)에서 돌아와 관음보살의 진신(眞身)이 이 해변의 굴 안에 산다는 말을 듣고 그로 인하여 낙산(洛山)이라 했다. 이는 서역(西域)에 보타낙가산(寶陀洛伽山)이 있는 까닭이다. 이를 소백화(小白華)라 했는데, 백의보살(白衣菩薩)의 진신이 머물러 있는 곳이므로 이를 빌려 이름한 것이다.

의상이 재계(齋戒)한 지 이레 만에 좌구(座具)를 새벽 물 위에 띄웠더니 용중(龍衆)과 천중(天衆) 등 팔부(八部) 시종(侍從)이 굴 속으로 그를 인도했다. 공중을 향해 참례하니 수정 염주 한 꾸러미를 내어 주므로 의상법사는 받아가지고 물러나왔다.

동해의 용이 또한 여의보주 한 알을 바치자 의상법사는 받아가지고 나와 다시 이레 동안 재계하니 관음의 용모를 보았다. 관음보살이 말했다. "좌상(座上)의 산꼭대기에 한 쌍의 대나무가 솟아 날 것이니 그 곳에 불전(佛殿)을 짓는 것이 마땅하리라."

　법사가 이 말을 듣고 굴에서 나오니 과연 대나무가 땅에서 솟아나왔다. 이에 금당(金堂)을 짓고 관음상을 만들어 모시니 그 원만한 얼굴과 고운 자질이 마치 천연적으로 나온 것 같았다. 그리고 그 대나무는 없어졌으므로 그제야 관음보살의 진신이 거주함을 알았다. 이로 인하여 그 절 이름을 낙산사라 하고 법사는 그가 받은 두 구슬을 성전(聖殿)에 모셔두고 떠나갔다.

약간 인용이 길었지만 낙산의 본래 이름은 오봉산(五峰山)이었는데 의상대사가 관음보살을 친견한 뒤 낙산으로 바뀌었다. 낙산은 낙가산 또는 보타낙가산이라고 하니 이는 '대자대비한 관음보살이 계신 곳'을 이르는 산스크리트어 포탈라카(Potalaka)에서 비롯되었다. 관세음보살은 불가에서 아미타불을 도와 사바세계의 중생을 자비로 구제하는 현세불의 한 분이다. 때와 장소에 따라 다른 모습으로 나타나 현세의 고통을 해결해 주는 관음보살, 그 이름을 부르며 기원하면 소원을 들어 준다는 관음보살이 상주하는 곳은 이 세상에 여덟 군데밖에 없다고 한다. 그 곳은 인도의 보타락, 스리랑카의 포타란, 중국의 보타산, 티베트의 랏사, 만주의 보타락사, 일본의 보타락과 닛코, 그리고 이 곳 양양 낙산이다. 따라서 낙산사는 세계 8대 관음성지의 한 군데로 꼽히는 뜻깊은 곳이다.

의상대사는 속성이 김씨 또는 박씨, 부친의 이름은 한신(韓信)이라고 했다. 617년(진평왕 39)에 태어난 원효대사보다 8세 연하로서 625년(진평왕 47)에 태어났다. 원효는 645년(선덕여왕 14)에 황룡사(黃龍寺)에서, 의상은 652년(진덕여왕 6)에 역시 서라벌 황복사(皇福寺)에서 머리를 깎고 출가했다. 어떤 기록에는 이 두 사람 모두 석가 모니가 출가할 때와 같은 나이인 29세 때 출가했다고 되어 있는데, 의상이 원효를 따라 처음으로 당으로 건너가려 할 때에 원효가 34세, 의상이 26세였다니 이는 정확하다고 볼 수가 없다.

원효와 의상은 두 차례에 걸쳐 함께 도당(渡唐) 유학길에 올랐었다. 첫번째는 육로를 택해 고구려를 거쳐 요동을 통해 중국으로 건너가려다가 고구려 국경수비군에 붙잡혔다. 첩자로 몰려 수십 일 동안 갇혀 있다가 승려라는 신분 덕분에 풀려나 신라로 돌아왔고, 두번째는 백제가 멸망한 다음 해인 661년 서해안에서 배를 타고 황해를 건너 중국으로 건너가려고 했다. 날씨가 거칠어 포구에서 며칠을 묵으며 배가 뜰 때만 기다리던 어느 날 밤이었다. 다 쓰러져 가는 움막 안에서 밤을 보내던 중 원효가 잠결에 목이 말라 어둠 속을 더듬으니 바가지 하나가 손에 잡혔다. 물이 담겨 단숨에 들이키고 다시 잠에 빠졌는데 이튿날 아침에 보니 이럴 수가! 간밤에 그토록 맛있게 들이킨 물바가지가 알고 보니 사람의 해골이었던 것이다. 다음 순간 원효는 이렇게 노래하며 덩실덩실 춤을 추고 돌아갔다.

"한 생각이 일어나면 갖가지 법이 일어나고, 한 생각이 사라지면 갖가지 법이 사라지도다!"

의상이 처음에 보기에 선배 원효가 실성한 줄 알았더니 사실은 그 때가 바로 원효가 대각오도(大覺悟道)한 순간이었다. 원효가 말했다.

"마음 밖에 법이 없거늘 어찌 따로 구할 것이 있겠는가. 나는 당에 가지 않으려네."

이미 깨달음을 얻었으니 굳이 당 나라까지 찾아가 배울 필요가 없다는 뜻이었다. 그리고 원효는 발길을 돌려 서라벌로 돌아가고,

의상은 처음 뜻한 바대로 당으로 건너갔다.

당으로 건너간 의상은 당시 중국 화엄종의 제2조 지엄대사(智儼大師)에게서 7년 간 화엄경의 오묘한 진리를 배우고 671년(문무왕 11)에 귀국하여 우리 나라 화엄종의 조사(祖師)가 되었다.

사서의 기록에 따르면 의상이 낙산사를 창건한 것은 671년(또는 672년), 화엄종찰 부석사(浮石寺)를 창건한 것이 676년이라고 한다. 또 그 이듬해에는 지리산 화엄사(華嚴寺)를 창건했다고 한다.

어느 날 원효가 후배 의상이 당에서 돌아와 관음도량 낙산사를 세웠다는 소식을 듣고 만나고자 찾아왔다. 오는 길에 논에서 흰옷 입은 여인이 벼를 베고 있기에 웬만한 세간 잡사에 구애받지 않는 원효가 입이 심심했던지 좀 나누어 달라고 농담을 했다. 그러자 여인은 벼가 영글지 않았다고 농담으로 응수하며 주지 않았다. 그 곳을 지나 개울가에 이르렀는데 또 다른 여인이 빨래를 하고 있었다. 원효가 물을 좀 떠 달라고 하자 서답(개짐)을 빨아 불그스레 더러운 물을 떠 주었다. 관음보살을 친견하러 가는 길에 이 무슨 망칙한 꼴인가! 원효가 냇가로 내려가 손수 맑은 물을 떠 마셨다. 그러자 소나무 위에서 파랑새 한 마리가 이렇게 재잘거렸다. "제호(醍醐)스님, 가지 마세요!" 그리고 갑자기 어디론가 날아가 버렸다. 그 소나무 아래 신 한 짝이 벗어져 있었다. 원효가 절에 이르니 관음보살상 밑에 아까 본 신 한 짝이 떨어져 있기에 그제야 앞서 만났던 여인들이 관음보살의 진신임을 깨달았다. 그래서 사람들이 그 소나무를 관음송(觀音松)이라고 불렀다. 원효가 성굴(聖窟)에 들어가서 관음보살의 진신을 다시 뵙고자 했으나 풍랑이 크게 일어나 그대로 떠났다. 제호란 불성(佛性)을 비유하는 뜻이라고 한다.

또 한 번은 양양 낙산사에서 가까운 영혈사(靈穴寺)에 머물던 원

낙산사 홍련암은 의상조사가 해수관음을 친견한 해안 석굴인 관음굴 위에 세운 암자로서 또 하나의 동해 절경을 이루고 있다.

효가 낙산사 홍련암(紅蓮庵)으로 의상을 찾아갔는데 한낮이 지나도 점심 공양이 나오지 않았다. 물어 보니 식수가 없어서 따로 음식을 만들지 않고 하늘에서 내려오는 공양을 받는다고 했다. 원효가 짚고 있던 주장자로 암자 뒤의 바위를 쿵쿵 치니 맑은 샘물이 콸콸 솟구쳐 흘렀다. 이 물은 영혈사의 영천(靈泉) 물줄기를 끌어온 것이라고 했다. 원효가 돌아간 뒤 천신(天神)이 공양을 가져왔기에 의상이 물었다. "왜 이리 늦었는고?" 천신이 대답했다. "아까 원효법사가 계실 때는 화엄신장님이 무섭게 버티고 있어서 감히 들어오지 못했나이다."

관음성지 낙산사가 자리잡은 양양은 동쪽으로는 동해를 바라보고 서쪽으로는 백두대간이 설악 연봉을 이루며 남쪽으로 내려달리는데 북쪽은 속초시, 남쪽은 강릉시와 7번 국도로 이어져 있다.

낙산사 주변 경관에 대해 이중환(李重煥)은 『택리지』에서 이렇게 묘사했다.

바닷가는 모두 반짝반짝 빛나는 흰모래인데 밟으면 사박사박 하는 소리가 나서 마치 구슬 위를 걷는 듯하다. 모래 위에는 해당화가 빨갛게 피었고 드문드문 솔숲이 우거져 하늘을 가렸다. 그 안에 들어간 이는 인간세계가 어떤 곳인지, 또 제 모습이 어떤 것인지 모를 만큼 황홀하여 하늘로 날아오를 듯한 느낌이 든다. 이 곳을 한 번 찾았던 이는 저절로 딴 사람이 되고 십 년이 지나도 그 얼굴에 산수의 기상이 서리게 된다.

하지만 그 뒤에도 세월이 많이 흘렀고 세월의 흐름에 따라 세상도 많이 변했다. 인간의 심성도 전과 같지 않아 이 곳을 한 번 아니라 열 번 백 번 찾아도 그 얼굴에 산수의 기상이 서리는 사람은 만날 수가 없다.

의상대사가 창건한 낙산사는 858년(헌안왕 2) 범일국사(梵日國師)가 중창하였으나 고려 때 몽골군의 침범으로 소실되었다. 그 뒤 조선조로 내려와 1467년(세조 13) 왕명으로 재건한 데에 이어 여러 차례의 보수 중창이 거듭되어 오늘에 이른다.

의상대사가 관음보살을 처음으로 친견한 곳에 법당을 세웠다는 그 자리에는 현재 강원도 지방문화재 제35호로 지정된 원통보전(圓通寶殿)이 있다. 원통보전이란 관음보살의 신통한 법력이 모든 곳에 두루 미친다는 것을 뜻한다고 하며, 낙산사의 중심 법당인 이 원통보전 안에는 동양에서 가장 아름답다는 종이로 만든 관음보살상이 모셔져 있고, 그 뒷면에는 아미타불을 묘사한 탱화가 있다. 의상대사의 조상(彫像)도 원통보전에 모셔져 있다.

초창 당시 의상대사가 조성했다는 관음상도, 두 알의 보주(寶珠)

의상조사상. 낙산사 중심 법당인 원통보전 안에 모셔져 있다.

도 이제는 찾을 수 없으나 현재 낙산사 신선봉 위에는 높이 16m, 둘레 3.3m의 거대한 해수관음상이 자비로운 미소를 머금고 찾는 이들을 반긴다. 이 불상은 조각가 권정환 씨가 전북 익산 호남채석장에서 캐낸 750톤짜리 석재를 다듬어 1972년부터 1977년까지 만든 것이다.

1300여 년의 역사를 지닌 고찰답게 낙산사에는 불교미술사적으로 가치 높은 문화재도 많다.

지방문화재 제33호 낙산사 홍예문(虹霓門)은 세조 때 재건 당시 조성된 낙산사의 관문이다. 26개의 화강석을 장방형으로 다듬어 반월형으로 쌓아올린 아름다운 석문이며, 상부의 문루는 1963년에 세운 건물이다. 이 홍예문 앞에 낙산사 주차장과 매표소가 있다.

낙산사를 빙 둘러 보호하고 있는 길이 36m, 높이 4.2m, 두께 1.5m의 담장인 원장(垣墻)은 지방문화재 제34호. 홍예문을 지나고 사천왕문과 일주문을 지나면 오른쪽에 봉향각이, 그 곁에 보물 제479호로 지정된 낙산사동종을 모신 범종각과, 보물 제499호로 지정된 칠층석탑이 있다. 동종은 1469년(예종 원년)에 주조되었으며,

낙산사 일출. 의상대에서 맞는 해돋이는 우리 나라 어느 곳에서 보는 것보다도 장엄하
고 화려하다.

조선시대 동종 가운데 임진왜란 이전에 만들어진 것으로는 몇 개
안 남은 귀중한 연구 자료로 평가받고 있다.

낙산사 경내에서 언덕길을 내려오다 보면 오른쪽에 연못이 있
고, 연못을 지나면 갈림길이 나온다. 오른쪽으로 가면 의상대, 왼
쪽으로 가면 홍련암에 이른다. 솔숲, 대숲이 해풍과 어우러져 시원
하게 노래부르고 푸른 파도가 쉴새없이 발 아래서 부서지는 절경
속에 자리잡은 홍련암은 의상대사가 이 곳을 참배할 때 파랑새가
보타굴(寶德窟 : 觀音窟) 속으로 자취를 감춰 굴 앞 반석에 앉아 7일
밤낮을 예불하자 바다 위에 홍련이 떠오르고, 그 가운데 관음보살
이 현신했다는 바로 그 곳이다. 이에 의상대사가 법열(法悅)을 얻어
바위 위에 암자를 지으니 곧 홍련암이다. 법당 마루 밑으로 푸른
파도가 출렁대며 들고나는 모습이 비경을 이루는 홍련암은 지방문

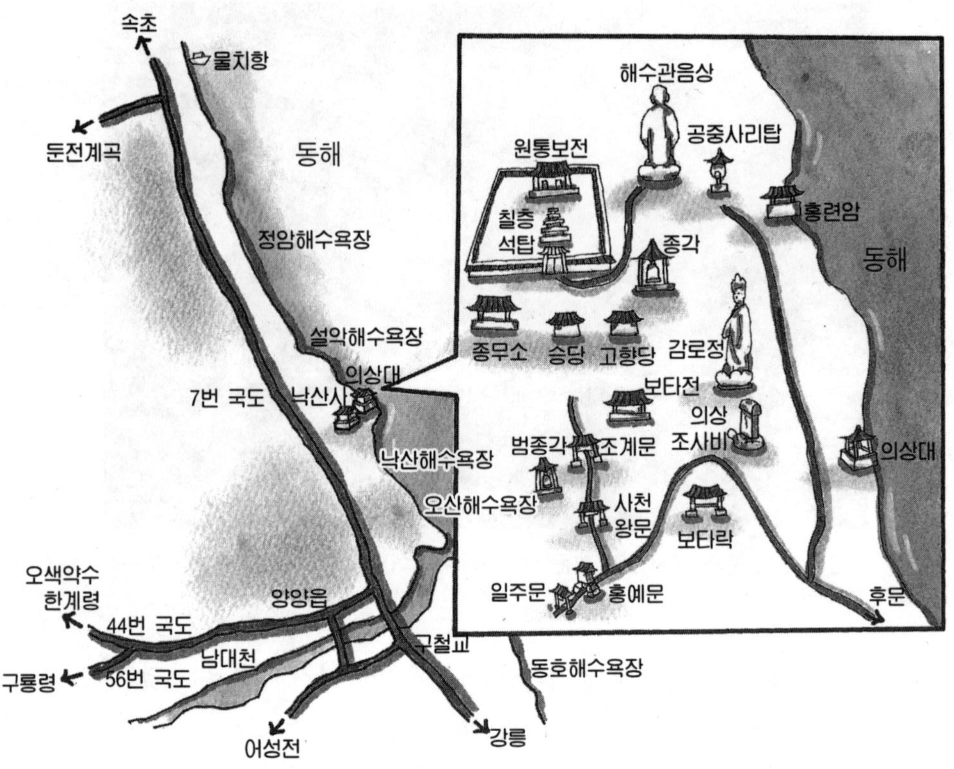

화재 제45호로 지정되어 있는데 의상대사가 창건한 뒤 1869년(고종 6)에 중건되어 오늘에 이르기까지 여러 차례 보수를 거쳤다.

지방문화재 제48호 의상대는 1925년 만해(卍海) 한용운(韓龍雲)이 세우고 의상대라 이름지었다고 한다. 하지만 의상대는 그 옛날 의상대사가 동해를 마주보고 관음보살의 현신을 기다리며 좌선하던 곳이어서 오래 전부터 의상대라고 부르던 곳이다. 의상대는 까마득한 해안 절벽 위에 세워졌는데 맑고 푸른 동해를 배경으로 그지없는 절경을 이루고 있으며, 특히 이 곳에서 맞는 해돋이는 두고두고 잊을 수 없는 황홀경이다.

현재의 정자는 1936년 폭풍으로 무너진 것을 이듬해 재건했다가
1975년에 중건했으며, 1995년에 다시 해체 복원한 것이다.

완도 청해진터

- 바다의 왕자 장보고의 해상왕국 -

해마다 음력 정월 대보름이면 조상 전래의 미풍양속을 이어오는 마을 대부분이 당제(堂祭)를 올린다. 갖가지 제물을 차려 놓고 올 한 해 마을의 안녕과 풍작 풍어, 주민 모두의 건강과 소원 성취를 천지신명과 조상들의 혼령에게 비는 것이다.

이러한 정월 대보름 마을 당제 가운데 전국적으로 이름난 것이 전남 완도군 완도읍 장좌리(長佐里)의 장보고장군제(張保皐將軍祭)이다. 이 곳 장좌리는 그 옛날 바다의 영웅 장보고가 무적함대의 기지로 삼고 동북아 삼국의 해상 항로를 호령하던 청해진(淸海鎭)이 있던 빛나는 역사의 현장이다.

완도는 어떤 고장인가. 완도는 전남 남단에서 동쪽으로 바다 건너로 고흥·여천과 마주보고, 서쪽으로 바다를 끼고 해남반도를 바라보며, 북쪽은 해남·강진·장흥과 경계를 이루고 있다. 남쪽은 장보고와 이순신이 이 고장의 역사를 한껏 빛낸 승리와 영광의

장좌리 사람들은 해마다 음력 정월 대보름이면 장군섬에서 마을 당제인 장보고장군제를 올리고 한 해의 평안과 풍어를 기원한다.

장보고장군제를 마치고 마을로 돌아오는 굿중패. 이들이 두드리는 신명나는 풍물소리에 영광의 바다도 화답하는 듯하다.

바로 그 바다이다.

완도는 삼국시대에는 백제의 영역으로서 새금현(塞琴縣)에 딸렸다가 백제가 망한 뒤인 신라 흥덕왕(興德王) 3년(828)에 장보고가 청해진을 설치한 곳이다. 완도는 장보고 몰락 뒤 오랫동안 황폐한 채 버려져 있다가 고려 현종(顯宗) 때 여러 섬을 세 무리로 나누어 각각 강진·장흥·영암군에 떼어붙였다가 그 뒤 조선 중종(中宗) 때에는 이 곳에 가리포진(加里浦鎭)을 설치하고 첨사를 두었었다.

완도의 여러 섬이 군(郡)으로 한데 묶인 것은 1896년. 군청소재지 완도면은 1943년에 읍으로 승격되었다. 완도군의 상징은 동백이다. 차가운 북풍이 가시기도 전부터 수줍은 섬아가씨 같은 동백꽃이 곳곳에서 무리지어 피어난다. 동백나무 진초록 잎사귀를 흩뿌린 듯 남쪽바다 다도해에 점점이 떠 있는 201개의 크고 작은 섬으로 완도군은 이루어졌다. 이 가운데 사람들이 살고 있는 섬은 55개에 이른다.

그러나 완도군청이 있는 본섬인 완도는 이제 더 이상 '섬'이 아니다.

1969년에 완도군 군외면 원동리와 해남군 북평면 남창리를 잇는 길이 698m의 연륙교 완도대교가 준공, 개통되었기 때문이다. 완도대교를 건너 왼쪽으로 바다를 끼고 해안도로를 따라 완도읍을 향해 약 20분쯤 달리다 보면 완도읍 못미처 5km 지점 바닷가에 아담한 마을이 나오고, 마을 앞에 두둥실 떠 있는 작은 섬 하나가 보인다. 이 마을이 바로 완도읍 장좌리, 전에는 장보고가 있던 곳이라고 해서 장재리(張在里)라고 불렀다.

장좌리에서 170m쯤 떨어진 섬은 장도(將島). 즉 장군섬으로 조금도 또는 조음도(助音島)라고도 부른다. 이 곳이 바로 그 옛날 장보

완도읍 장좌리 장군섬의 청해진 옛터. 그 옛날 바다의 왕자 장보고가 무적함대의 기지로 삼아 동양 삼국의 해상 항로를 장악하던 자랑스러운 역사의 현장이다.

고가 무적함대를 만들어 신라·당·왜 등 동양 삼국의 제해권을 장악하던 청해진 옛터로서 현재 사적 제308호로 지정되어 있다.

지금은 김과 미역의 명산지요, 감성돔이 잘 잡히는 바다낚시의 명소로 알려졌지만, 완도는 『삼국사기』 등 사서에 따르면 지금으로부터 1200년쯤 전인 서기 828년(신라 흥덕왕 3)에 당에서 귀국한 장보고가 청해진을 설치하고 바다를 호령하던 해상왕국의 본거지였다.

장보고는 우리 민족사가 시작된 이래 최초로 무역항로를 개척하고 제해권을 장악한 위대한 바다의 영웅이었으나 841년(문성왕 3) 신라 왕실의 추악한 왕위 쟁탈전에 휘말려 비참하게 암살당하고 말았다. 그리고 다시 10년 뒤 청해진은 폐쇄되고 주민들은 오늘의 전북 김제인 벽골군(碧骨郡)으로 강제 이주당해 찬란하던 해상왕국

청해진 옛터 장군섬 정상부의 신당. 장보고를 신장으로 모시고 있다.

의 영화는 허무하게 역사의 뒤안길로 사라져 버렸다.

그러나 왕조 중심의 편협한 정사(正史)에서는 중앙 정계 진출을 꿈꾸다가 몰락당한 변방의 장수 정도로 무시당했지만, 해양 개척의 신기원을 이룩한 장보고의 위대한 업적과 장한 기상은 청해진 옛터인 완도 땅에 끈질기게 살아 남아 오늘도 민중의 영웅신으로 추앙받고 있다.

그의 위업을 기리는 장보고장군제가 청해진의 후예를 자처하는 완도 군민의 한마당 잔치로 치러지는 것이 그런 까닭이다. 장보고 신당(神堂)이 있는 장군섬에서 당제가 끝나면 굿중패와 주민들은 여러 척의 고깃배에 나누어 타고 마을로 돌아오는데, 그 모습이 참으로 장관이다. 울긋불긋한 고깔 쓰고 바지 저고리에 드림을 받쳐 맨 굿중패가 징징 둥둥 쿵덕쿵덕 쾡쾡 하고 북 장구 꽹과리 징 같은 사물(四物)을 흥겹게 두드리고 덩실덩실 어깨춤 궁둥이춤을 신명나게 추면서 마을로 돌아오는 것이다.

신명나는 풍물소리가 이제 막 잠에서 깨어난 바다와 하늘을 울리면 그 옛날 바다의 영웅 장보고의 무적함대가 힘차게 노저어 나갔을 그 바다 그 뱃길도 이들의 정성에 화답하여 흥겹게 일렁이며 춤추는 듯하다.

바다를 통한 해외 진출이라는 우리의 꿈을 이미 1200여 년 전에 펼쳐 보인 풍운아 장보고, 그가 이룬 해양 개척의 위업은 오래도록 우리 역사에 남아 찬란하게 빛날 것이다.

장좌리에는 청해진 옛터 외에도 장보고가 세운 상황봉 기슭의 법화사(法華寺) 터와 그 당시의 우물인 청해정, '장보네묘'라는 이름으로 장보고 일가의 목없는 무덤이라고 전해 오는 고분 등이 역사의 수수께끼로 남아 있다.

완도에서 장보고와 함께 향토신으로 받드는 이가 송(宋) 장군이다. 그는 삼별초(三別抄) 항쟁 때 이 곳에 주둔하며 선정을 베푼 송징(宋徵) 장군이라고 한다.

또한 이웃 고금면 묘당도에는 사적 제114호로 지정된 이순신 장군의 유적이 있다. 완도군 고금면에 속한 작은 섬 묘당도는 1597년(선조 30) 정유재란 때 충무공이 삼도 수군 본영을 두고 왜군을 크게 무찌른 곳인데 그 이듬해 노량대첩(露梁大捷)을 승리로 이끌고 순국하자 영구를 임시로 안치했다가 충남 아산으로 모셔간 곳이다. 충무사(忠武祠)에 장군의 「전진도(戰陳圖)」와 『난중일기』 등이 보관되어 있다.

역사적으로 중요한 인물임에도 장보고가 언제 태어났는지, 그의 생애가 어떠했는지를 정확히게 알려주는 기록은 없다. 다만 그가 신라 제38대 임금인 원성왕(元聖王 : 재위 785~798) 때 출생한 것으로 추정된다. 왜냐하면 그가 당에서 귀국해 청해진을 설치한 해가 제42대 흥덕왕 3년(828)이요, 그로부터 13년 뒤인 제46대 문성왕 3년(841)에 암살당했으므로 당에서 30대에 돌아와 40대에 죽었건 40대에 돌아와 50대에 죽었건 출생 시기가 그 무렵으로 역산되기 때문이다.

고구려의 온달이나 백제의 계백처럼 장보고의 이름도 정확한 것은 아닌데다가 그에 관한 기록도 우리 나라보다는 중국이나 일본에 더 많이 남아 있다. 『삼국사기』에 실린 경위만 하더라도 김부식 스스로가 '비록 을지문덕이 지략이 있고 장보고가 의리와 용맹이 있다고 하나 중국의 사서가 아니면 그 자취가 없어져 이 사실이 알려지지 못할 뻔했다'고 실토했던 것이다.

그의 이름도 우리 나라에서는 장보고 외에 궁복(弓福) 또는 궁파(弓巴), 중국은 장보고(張保皐), 일본은 장보고(張寶高) 등 네 가지로 표기하여 그의 정확한 본명은 상고할 길이 없다.

장좌리의 향토사학자 곽현구(郭玄求) 씨를 비롯한 주민들의 구전에 따르면 장보고는 소년 시절 가난한 어부인 아버지를 따라 마을 앞바다에 나가 노젓기와 고기잡이를 배우고, 헤엄치기며 무술을 익혔다고 한다. 그렇게 자라 장보고가 15세가 되자 키가 6척에 이르러 기골이 위괴(偉魁)하고 성품이 올곧아 불의를 보면 참지 못하고 의로운 일에는 물불을 가리지 않아 타고난 장수감이라는 소리를 들었다.

장보고에게는 정년(鄭年 : 鄭連)이라는 어릴 적부터 친구가 있었는데 그는 잠수한 채 수십 리를 헤엄칠 수 있을 만큼 물에 익숙했고 무술도 뛰어났지만 장보고보다 몇 살 아래였으므로 장보고를 형이라고 부르며 따라다녔다.

그들이 태어나고 자랄 무렵의 신라는 말기로 접어들어 왕실은 권력다툼에 피바람이 잘 새 없었고, 해마다 흉작이 들어 사방에는 도둑떼가 들끓었다. 게다가 변방의 치안이 형편 없으니 왜와 당의 해적들이 걸핏하면 침범해 살인 방화 강간 납치를 자행했다. 비범한 두 젊은이가 중국대륙으로 건너간 까닭도 암담한 현실의 신라를 등지고 새로운 길, 새 운명을 개척하기 위함이었을 것이다.

『신당서(新唐書)』는 장보고가 서주(徐州)에서 무령군(武寧軍)의 군중소장(軍中小將)이 된 것이 30세였다고 전한다. 서주는 오늘의 강소성(江蘇省) 금산현(錦山縣)으로 신라 이주민이 많이 모여 살던 곳이고, 무령군은 서주절도사 휘하의 주력부대였다. 그런데 장보고가 30세가 되던 810년께부터 귀국하여 청해진을 설치하던 828년까지 계속 당나라 군인으로 있었던 것은 아니다. 왜냐하면 아무 준비도 없이 귀국하자마자 청해진을 설치하고 임금으로부터 신라의 관등 직제에도 없는 청해진 대사(大使)라는 벼슬을 받았을 리는 만무였기 때문이다. 대사란 중국에서 절도사와 같은 호칭이니, 전후 사정을 유추해 보건대 장보고가 당에 있을 때 탁월한 군공을 세워 실제로 대사(절도사) 대우를 받았거나, 또는 신라 거류민의 중심 인물로서 군사적·상업적 기반을 마련하고 해상활동을 통해 강력한 세력을 이룩했기에 가능했을 것이다.

당시 당의 동해안에는 신라인들이 모여 사는 신라방(新羅坊)이 많았고 그 책임자인 압아(押衙)도 신라인이었으며 그들의 주요 생업 수단은 해상 무역이었다.

『삼국사기』와 『삼국유사』, 장보고에 관한 최초의 전기인 두목(杜牧)의 『번천문집』 등의 기록에 따르면 장보고는 흥덕왕 3년 4월에 귀국하여 임금을 배알하고 "중국 도처에서 신라인이 노예가 되고 있사오니 원컨대 청해진을 설치하여 해적들이 사람을 탈취하여 서쪽으로 도망치지 못하게 하겠나이다" 하니 왕이 그 요청대로 군사 1만을 주었다고 되어 있다.

사서에 따르면 당시는 신라나 당이나 왕권이 약화되어 변경의 치안이 허술했고 바다의 뱃길도 해적들이 횡행하므로 안전하지 못했다. 그 때의 해적이라면 왜구를 연상하기 십상인데, 왜구뿐만 아니라 당구(唐寇), 즉 당나라 해적에 심지어는 신라구(新羅寇)까지 생겨나 해안지방을 약탈하고 백성들을 납치하여 당에 신라노(新羅奴)라는 이름으로 팔아먹는 형편이었다.

한편 장보고와 동시대 일본인 승려 엔닌(圓仁)의 『입당구법순례행기』에 따르면 장보고의 본거지가 현재 산동성(山東省) 영성시(榮成市)인 문등현(文登縣) 적산포(赤山浦)였으며, 이 곳에 장보고의 원찰(願刹)인 법화원(法華院)이 있었다고 했다. 1994년 7월 24일 이 곳에 장보고의 위대했던 생애와 업적을 기리는 높이 15m의 기념탑이 세워졌다.

군인 신분을 유지했건 제대를 하고 사업가로 변신을 했건 어쨌든 당에서 귀국한 장보고는 완도에 청해진을 설치하여 신라―당―왜를 잇는 삼국 무역항로의 중심지로 삼았다. 또한 무적함대를 창설하여 해적선은 보이는 대로 격침시킴으로써 항로의 안전을 보장하고 바다의 왕자로 군림했다.

장보고는 교역단의 체제를 군사조직화해 상선단의 지휘자를 병마사(兵馬使)라 이르고 그 아래에 부장(副將)을 두었으니, 이는 어쩌면 그 자신이 실제로 당의 조정으로부터 대사(절도사)직을 받았기에 휘하에 병마사와 부장을 둔 것인지도 모르는 일이다.

이에 대해서 재야사학자 김성호(金聖昊) 씨는 1996년 그의 저서 『중국진출 백제인의 해상활동 천오백년』을 통해 장보고는 삼국시대 초기부터 중국 동해안으로 진출했던 이른바 비류백제계(沸流百濟系) 한반도 이주민 집단의 하나인 '재당신라인(在唐新羅人)' 출신이며, 신라에서 독자적인 해상활동을 위해 청해진을 설치했다가 신라왕실의 흉계로 제거되었다는 새로운 학설을 제기하여 주목받고 있다.

어쨌든 사서는 장보고가 신라의 서울인 서라벌로 가서 임금인 흥덕왕을 만난 것이 828년이라고 전한다. 그 때 흥덕왕은 후사 없이 죽은 형 헌덕왕(憲德王)을 이어 즉위한 지 3년째였다. 『삼국사기』는 두목의 『번천문집』을 인용하여 흥덕왕이 군사 1만을 주어 청해를 진수(鎭守)토록 했다고 기록했지만 이 사실을 그대로 믿기는 어렵다. 왜냐하면 당시 신라 조정은 3년 간에 걸친 김헌창(金憲昌)·범문(梵文) 부자의 반란을 가까스로 진압한 끝이어서 1만이 아니라 100명의 군사라도 이름없는 변방의 수비군으로 내주기 어려운 형편이었기 때문이다.

따라서 1만이라는 군사 수는 두목이 적당히 꾸며낸 것이거나 아니면 그만한 군사를 모을 수 있는 권한을 주었다는 뜻인지 모른다. 실제로 현재 1개 사단 병력에 해당하는 1만 군사를 고대에 말 한 마디로 쉽게 모을 수는 없는 노릇이 아닌가. 또 장보고가 당에서 건너올 때 식솔과 심복, 일부 정예부대 등 적은 무리는 거느리고 왔을지 모르나 1만 명의 대부대를 거느리고 왔으리라는 것도 무리라고 여겨진다. 또 청해진 옛터인 완도 장좌리와 죽청리 일대가 군사 1만이 주둔하기에는 예나 이제나 입지적 조건이 좁다고 보는 것이 학자들의 일반적 견해이기도 하다. 다만, 장보고가 거느린 휘하 군사가 1만 명 정도라고 인식하면 그것으로 족할 것이다.

장보고가 완도를 중심으로 청해진을 설치하고 해적들을 소탕하고 안전한 뱃길을 보장하자 신라-당-왜를 잇는 삼각무역은 한층 활기를 띠게 되었고, 따라서 그의 명성과 권위도 자연히 높아져 갔다. 청해진은 장보고 무역왕국의 본점이요, 먼저 그의 근거지였던 중국 산동성 등주 적산포는 지점 격이라고 할 수 있었다. 장보고의 무역선은 교관선(交關船)이라고 불렀는데 중국에 파견하는 교관선단의 지휘관은 견당매물사(遣唐買物使), 일본에 파견하는 교관선단의 지휘관은 회역사(廻易使)라고 했다.

역사에 길이 빛나는 해상왕국 청해진의 명성은 주인공 장보고의 몰락과 운명을 함께하는데, 그의 비극적 최후에는 일맥상통하는 두 가지 이유가 작용했다고 볼 수 있다. 하나는 역사의 기록대로 장보고가 신라왕실의 추악한 권력투쟁에 말려든 끝에 요즘 유행하는 말로 토사구팽당했다는 것이요, 또 하나는 당의 위세를 업은 청해진의 위세에 정치적 위협을 느낀 신라가 자위권 차원에서 장보고 암살이라는 비열한 수단을 택했다는 것이다. 이유야 어떻든 장보고가 신라의 왕위쟁탈전에 말려들었던 것은 사실인 듯하다.

836년 12월 흥덕왕이 재위 11년 만에 죽었다. 후계자 없이 왕이 죽자 기회를 노렸다는 듯이 왕족 간에 치열한 왕위쟁탈전이 벌어졌다. 이 싸움은 흥덕왕의 종제 균정(均貞)과 다른 종제 헌정(憲貞)의 아들 제륭(悌隆)의 숙질간의 승부로 압축되었다. 각각 사병(私兵)을 이끌고 전투를 벌인 끝에 균정이 죽고 제륭이 임금이 되니 곧 43대 희강왕(僖康王)이다. 균정의 아들 우징(祐徵)은 청해진으로 도망쳐 장보고에게 도움을 청했다. 전에 그에게 도움을 받은 적이 있는 장보고가 의리를 지키고 약자를 돕는 의협심에서 그를 받아들였다.

한편 칼부림 끝에 왕좌를 차지한 희강왕도 오래 못 가고 2년 뒤 같은 파였던 흥덕왕의 조카 김명(金明)이 쿠데타를 일으키자 겁을 먹고 스스로 목매 죽어 버렸다. 김명이 왕위에 오르니 민애왕(閔哀王)이다. 무열왕 김춘추의 후손으로 김균정·우징 부자의 편에 섰다가 부상을 입고 숨어 있던 김양(金陽)이 이 소식을 듣고 청해진으로 찾아와 우징과 더불어 군사를 일으킬 것을 장보고에게 부탁했다.

장보고가 흔쾌히 허락하고 그 때 이미 당에서 돌아와 있던 옛친구 정년에게 군사 5000을 주어 서라벌을 치게 했다. 청해진을 떠난 정년의 부대는 질풍처럼 진격하여 관군을 격파하고 서라벌로 돌입했다. 그리고 민애왕을 죽이고 우징을 왕위에 앉히니 신무왕(神武王)이다. 신무왕은 장보고의 은공에 감사하며 그에게 감의군사(感義軍使)라는 신라사상 전무후무한 벼슬과 식읍 2000호를 내렸다. 그런 그도 임금이 된 지 1년이 못 되어 등창으로 죽고 아들 경응(慶膺)이 뒤를 이으니 문성왕이다.

문성왕도 선왕과 함께 청해진에서 장보고에게 큰 신세를 졌던지라 그에게 진해장군(鎭海將軍)이란 처음 듣는 벼슬과 함께 많은 상을 주었다. 감의군사니 진해장군이니 하는 벼슬이야 명예직에 불과하니 별 의미가 없는 것이고, 문제는 그 다음에 일어났다. 『삼국사기』에 따르면 신무왕이 장보고에게 군사를 빌릴 때 성공만 하면 장군의 딸을 며느리로 삼겠다고 약속을 했는데, 그의 아들인 문성왕이 지키지 않자 반란을 꾀하여 염장(閻長)을 시켜 암살하고 청해진을 없앴다고 했다.

여러 기록을 살펴보건대 염장은 단순한 자객이 아니라 부수(武

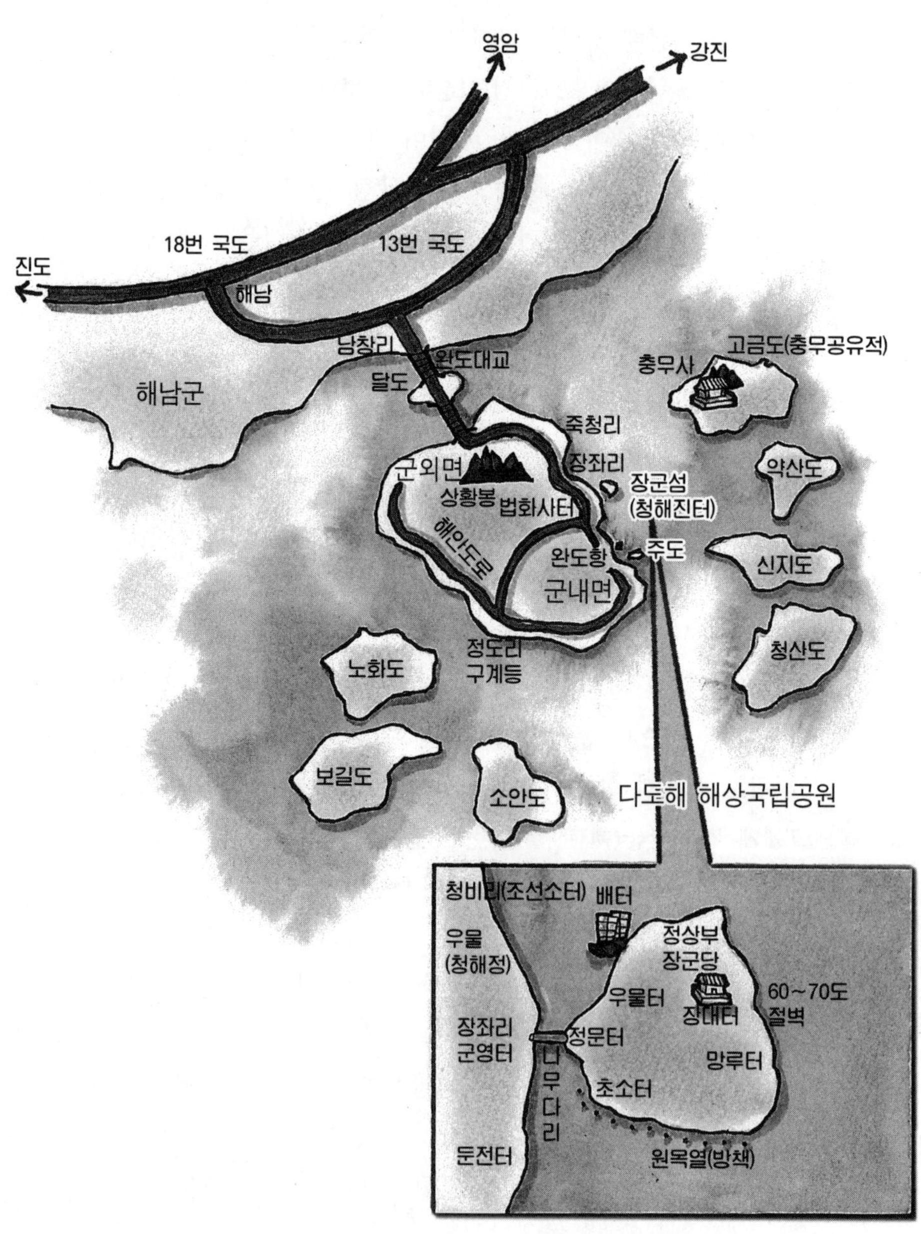
영암
강진
진도
18번 국도
13번 국도
해남
낭창리
완도대교
달도
해남군
죽청리
충무사
고금도(충무공유적)
장좌리
약산도
군외면
상황봉
법화사터
장군섬
(청해진터)
해안도로
완도항
주도
군내면
신지도
청산도
정도리
구계등
노화도
보길도
소안도
다도해 해상국립공원
청비리(조선소터) 배터
정상부
장군당
우물
(청해정)
우물터
장대터
60~70도
절벽
장좌리
군영터
정문터
나무다리
망루터
초소터
둔전터
원목열(방책)

州 : 光州) 출신으로 김양이 무주도독으로 있을 때 발탁한 장수이니 이 모두가 청해진을 없애기 위한 신라조정의 비열한 술수에 지나지 않았다. 경위야 어떻든 841년 11월 바다의 왕자 장보고가 암살당하자 해상왕국 청해진의 영광도 막을 내릴 수밖에 없었다. 『삼국사기』는 그 해가 846년이라고 했지만 이미 김양의 딸을 차비(次妃)로 삼았으므로 장보고의 딸 운운하는 기사는 역사의 조작으로 드러나는 것이다. 뿐만 아니라 846년 이전에 장보고 부하들의 저항과 망명 기사가 중국과 일본측 기록에 나타나기 때문이다.

장보고 암살사건 10년 뒤인 851년(문성왕 13) 청해진은 폐쇄되고 주민은 벽골제로 강제 이주당해 찬란하던 해상왕국 청해진은 역사의 무대에서 사라져 버렸다.

장보고의 죽음과 청해진 몰락 이후 우리 나라는 임진왜란 때 이순신 장군이 해전에서 백전백승하기까지 단 한 번도 제해권을 장악하지 못했으니 이 또한 뼈아픈 역사의 교훈이 아니고 무엇이겠는가.

만주 발해 유적
- 해동성국 발해의 옛 도읍지들 -

최근 두 가지 새로운 사실이 알려져 우리로 하여금 발해(渤海)의 역사를 재조명하게 만들어 주고 있다. 한 가지는 그 동안 정설처럼 굳어져 왔던 발해 멸망의 원인이 단순한 거란의 침략 때문만이 아니라 그 당시에 일어난 백두산 화산폭발이 결정적인 원인이었다는 설이고, 또 한 가지는 발해의 건국시조 대조영(大祚榮)이 첫 도읍지로 삼았던 길림성(吉林省) 돈화시(敦化市) 동모산(東牟山)의 오동성(敖東城) 옛터인 성산자산성(城山子山城)이 흔적도 없이 사라졌다는 소식이다.

국내성과 환도성 등 집안의 고구려 유적도 대부분 그러했지만 이 곳 역시 인근 주민들이 산성의 성돌을 건물 기초석이나 담장용 심지어는 돼지우리를 짓기 위해서 불과 수년 간 거의 다 빼내 가 완전히 폐허로 변했다는 것이다.

대조영은 동명성왕(東明聖王)과 광개토태왕(廣開土太王)의 다물정

한때 발해의 수도로서 해외 진출의 요충이기도 했던 동경용원부는 길림성 훈춘의 팔련성이었다. 지금은 국영농장으로 변해 그 옛날 영화롭던 모습은 흔적도 없다.

신을 이어받아 고구려의 옛 강토를 되찾고 대진국(大震國), 즉 해동성국(海東盛國) 발해를 건국하여 남쪽의 신라와 더불어 우리 나라 역사에서 남북국시대를 열었던 일세의 영걸이었다.

필자가 지금은 중국 땅인 발해의 옛터를 찾아간 것은 광복 50주년을 맞던 1995년 7월이었다. 겨레의 어머니산 백두산 등정과 고구려 유적 답사를 마친 뒤에 연변 조선족자치주의 수도인 연길시(延吉市)를 출발하여 사흘 동안 두만강 하류 훈춘(琿春)의 발해 5경 중 하나였던 동경용원부(東京龍原府)—팔련성(八連城) 터를 답사하고, 도문시(圖們市)와 목단강시(牧丹江市)를 경유하여 흑룡강성(黑龍江省) 영안시(寧安市) 동경성(東京城) 발해진(渤海鎭)의 상경용천부(上京龍泉府) 유적과 발해유물박물관 및 경박호(鏡泊湖) 등을 둘러보았다.

발해 유적 답사에는 연변대학교 발해사연구소장인 방학봉(方學鳳) 교수의 안내를 받았다.

나중에 목단강시에서 하얼빈시를 거쳐 길림성의 성도(省都) 장춘시(長春市)에서 길림성역사박물관을 찾았다가 발해실의 안내문을 읽어보고 다시 한 번 쓴웃음을 지었다. 앞서 발해진의 유물박물관에서 보았던 것처럼 거기에도 이렇게 쓰여 있었기 때문이다. '발해는 우리 나라 당조(唐朝) 때 속말말갈인(粟末靺鞨人)이 기원 698년부터 926년까지 중국 동북과 소련 연해주 지방에 세웠던 지방정권이다.' 중국학자들 대부분은 '발해는 고구려와 마찬가지로 중국 동북 변방의 소수민족이 세운 지방정권'으로 규정하고 있으며, 이러한 왜곡된 역사관은 발해 건국 1300년을 맞는 오늘 현재까지 바로잡혀지지 않고 있는 형편이다.

발해는 고구려의 유민이 중심이 되어 건국한 뒤 약 230년 동안 오늘의 만주 땅을 지배했으며, 독자적인 연호를 사용한 주체적 독립 제국이었다. 하지만 중국인들은 공자(孔子) 이래 중국을 높이고 주변국은 낮추는 이른바 춘추필법(春秋筆法)의 역사 왜곡 악습을 아직도 버리지 못하고 있으니 참으로 딱한 일이다.

발해는 어떤 나라였고, 발해의 건국시조 대조영은 어떤 인물이었는가.

668년 신라와 당의 연합군에 의해 평양성이 함락되고 고구려가 멸망하자 오늘의 만주를 포함한 옛 고구려 지역은 큰 혼란에 빠졌다. 당은 고구려의 부흥운동에 겁을 먹고 수많은 유민을 요서지방과 중국 내륙지역으로 강제 이주시켰다.

대걸걸중상(大乞乞仲象)과 대조영 부자도 이 때 대릉하(大陵河) 중류 요서지방의 요충인 영주(營州)의 치소(治所)인 조양(朝陽)에 강제 이주당한 고구려의 유장(遺將)이었다.

『구당서(舊唐書)』에는 이렇게 기록되어 있다. '발해 말갈의 대조영은 본래 고구려의 별종이었다. 고구려가 멸망하자 그는 가속(家屬)을 거느리고 영주로 옮겨 가 살았다.'

김부식이 『삼국사기』를 편찬하면서 중국에 맞선 발해를 아예 우리 역사에서 제외시켜 버린 탓에 발해와 대조영에 관한 연구도 우리 역사서보다는 중국과 일본측 기록에 더 많이 의존하게 된 것이다.

단지 『삼국유사』만은 실전된 『신라고기』를 인용하여 '고구려의 구장(舊將) 조영의 성은 대씨인데 남은 군사를 모아 나라를 세우고 국호를 발해라 했다'고 기록하였다.

한편 근래 일부 학자들은 대조영의 성씨 대씨(大氏)가 고구려의 왕성(王姓)인 고씨(高氏)와 같은 뜻으로서 대조영 일가가 고구려의 왕족이라는 학설을 내놓기도 하였다.

696년 거란인 이진충(李盡忠)의 반란으로 혼란한 기회를 이용하여 대걸걸중상은 고구려의 유민 수만 명을 이끌고 말갈족의 지도자 걸사비우(乞四比羽)와 더불어 조양을 탈출, 고구려 옛땅으로 돌아가기 시작했다.

당은 처음의 회유책이 실패로 돌아가자 이번에는 무력행사를 시도했다. 장군 이해고(李楷固)로 하여금 군사를 거느리고 이들을 추격하여 섬멸토록 명령했던 것이다.

당군과 쉴새없이 혈전을 벌이면서 고구려 유민과 말갈인들은 계속 요동으로 향했다. 그 동안 이해고와의 싸움에서 걸사비우는 전사하고 대걸걸중상도 행군중에 병사했다.

지도자가 된 대조영은 출중한 용맹에 지략까지 겸비한 낭대의 영웅이었다. 그는 끈질기게 추격하는 당군을 유인, 천문령(天門嶺) 싸움에서 결정적 승리를 거둠으로써 이해고는 간신히 목숨만 구해 도망쳐 버렸다.

무려 5000km의 대장정 끝에 옛 고구려 5부의 하나였던 계루부(桂婁部) 지역을 수복한 대조영은 698년 오늘날 길림성 돈화시 서남쪽 22.5km 지점 송화강 건너편의 해발 600m 지점인 동모산에 오동성을 쌓고 새 나라 대진국을 선포하고 연호를 천통(天統)이라고 세웠으니 이는 구국(舊國) 고구려 멸망 30년 만의 일이었다.

거란과 돌궐의 잇달은 침노로 대진국을 제압할 여력이 없었던 당은 할수없이 진국의 존재를 인정하여 대조영에게는 '발해군왕(渤海郡王)', 그의 태자 대무예(大武藝)에게는 '계루군왕(桂婁郡王)'이란 명예직을 주었는데, 발해라는 명칭은 여기에서 비롯된 것이다.

사실 200여 년 동안 지속된 발해의 영역에는 '발해'라는 지명이 없었다. 발해인들은 자신의 나라를 '동쪽나라'라는 뜻의 '진(震)'이라고 불렀으며 자랑스러운 고구려의 후신으로 자처했다.

고구려의 유민이 집권층을 이루고 그 옛날 고구려의 속민이던 말갈족이 지배층을 이루던 이중 구조의 대진국의 건국 초기 세력권은 사방 2000리, 호수 10여 만, 군사 수만으로 알려졌다.

『신당서』는 이 일을 이렇게 기록했다.

> 백두산의 동북쪽을 확보하고 송화강을 천험으로 삼아 밀림의 벽으로 스스로 견고해했다. ……(중국에서) 먼 곳을 믿고서 나라를 세웠다.

대조영은 건국 즉시 중앙과 지방의 통치기구를 정비하고 주변의 말갈족을 회유하여 결속력을 다지는 한편 밖으로는 멀리 돌궐로 사신을 보내 위상 확보에도 힘을 쏟았다. 이에 발해를 제압할 여력이 없는 당으로서도 외교적으로 나올 수밖에 없었다. 당에서는 사신을 보내 건국을 축하했고 대조영은 둘째 왕자 대문예(大文藝)를 답례사절로 보내 양국은 일시적이나마 평화시대를 맞았다.

뒷날 당에 망명한 대문예는 숙위(宿衛)라는 명칭으로 머물게 되는데, 이는 당으로는 인질인 셈이요 발해의 입장에서는 당의 사정을 알아내는 정보통인 셈이었다.

당이 진국에 사신을 보내 대조영을 발해군왕으로, 태자 대무예를 계루군왕으로 봉한 것은 713년. 그 때는 조공이라는 이름의 무역도 오늘의 산동성인 등주(登州)를 통해 활발히 이루어지고 있었다.

발해가 첫 도읍지 오동성에서 오늘의 흑룡강성 영안시 동경성 발해진 소재 상경용천부로 천도한 것은 754년 3대 문왕(文王) 17년이었다.

그 뒤 발해는 성장 발전을 계속하여 발해의 중흥조로 불리는 9대 선왕(宣王 : 大仁秀) 때에는 고구려 전성기의 강역을 거의 회복하고 5경 15부 62주를 거느린 이른바 해동성국의 영화를 누리기에 이르렀다.

그리하여 남쪽으로는 대동강~강릉 이남은 '통일신라'가 아닌 '후기신라'가 차지하고, 그 북쪽과 만주 땅 전역은 발해가 통치하여 이 시기를 한국사에서 마땅히 '남북국시대'로 불러야 하거늘 발해가 역사교과서에 오른 것만도 불과 수년 전이니 참으로 조상의 혼령들에게 부끄럽고 부끄러운 노릇이다.

그뿐이랴. 1980년에 길림성 화룡현(化龍縣) 서성향(西城郷) 북고성촌(北古城村) 소재 용두산에서 발굴된 문왕의 넷째 딸 정효공주(貞

길림성 역사발물관에 전시중인 정효공주묘비. 길림성 화룡현 서성향 북고성촌 서고성터에서 발굴된 이 묘비명 가운데 부왕을 황상(皇上)이라고 표현한 대목이 나온다.

孝公主) 묘비에 부왕을 황제를 가리키는 '황상(皇上)'이라고 표현한 대목이 나온다. 이것이야말로 발해가 당나라를 두려워하지 않은 당당한 대제국이었다는 확고한 반증이 아니고 무엇이랴.

또한 『속일본기(續日本紀)』에는 문왕이 일본에 보낸 국서에서 자신을 '천손(天孫)' '고구려 국왕'이라고 했으며, "고구려의 옛땅을 회복하고 부여의 유속(遺俗)을 지킨다"고 했으니 어찌 감히 대진국 발해를 가리켜 '말갈족의 나라'라느니 '소수민족의 지방정권'이라느니 하면서 무시할 수 있단 말인가.

어쨌든 일세의 영걸 대조영은 그렇게 발해를 건국하고 200년 왕조의 기틀을 다진 뒤에 719년 세상을 떠났다. 그의 시호는 고왕(高王)이다. 고왕이란 '고구려의 임금'이란 뜻과 더불어 대씨가 고씨와 같음에서 바쳐진 존호라는 설이 있다.

대조영이 세상을 뜬 뒤 왕위는 그의 태자 대무예가 이었으니 곧

2대 무왕(武王)이다. 무왕은 선왕의 웅지를 이어받아 재위시 당이 발해의 지배를 받던 흑수말갈 지역에 관리를 임명하자 즉각 그 정벌에 나섰는가 하면, 아우 대문예가 당에 망명하자 대당(對唐) 교역의 중심지인 등주를 공격하기도 했다.

무왕도 독자적 연호를 사용했으며, 그의 아들 3대 문왕 대흠무(大欽武)도 일본과 교류하면서 국서를 통해 자신을 고구려 국왕이라고 칭했으며, 부여의 후손임을 분명히 했다.

당은 발해와 신라를 이간시키기 위해 등주에 신라관과 발해관을 따로 두었는데 대체로 고분고분한 신라를 더욱 우대하는 정책을 폈다. 이에 따라 발해는 바다 건너 일본과 국교를 트고 신라와 당에 맞서 발해와 일본의 연합이라는 외교전선을 구축했다.

팔련성을 비롯하여 발해 유적이 산재한 훈춘은 연길에서 동남쪽으로 120km나 떨어진, 현재 두만강 하구에서 북한 및 러시아와 국경을 마주하는 지역이다.

팔련성은 훈춘시 중심부에서 서쪽으로 6km, 두만강에서 동쪽으로 겨우 2.5km 떨어진 훈춘하(琿春河) 유역에 위치한다. 지금은 성벽 하나 온전히 남아 있지 않고 '훈춘시 국영 우량종농장(琿春市國營優良種農場)'이란 이름의 논밭으로 변해 버렸다.

방학봉 선생의 말이다. "이 곳 동경용원부는 문왕이 785년 상경용천부에서 천도하여 794년까지 10년 간 도성으로 삼던 곳이며 발해가 신라, 일본과 왕래하던 교통의 요충이었습니다."

영안의 상경용천부는 발해가 건국의 도읍지 오동성에서 문왕 때인 755년에 천도, 동경용원부에서 보낸 10년 간을 제외하고 나라가 멸망하던 926년까지 170년 간 정치·경제·문화의 중심지였다.

영안으로 가기 위해 도문에서 목단강행 직쾌화차(直快火車)를 탔

해동성국 발해가 170년간 도읍으로 삼았던 흑룡강성 영안시 동경성 발해진의 상경용
천부 황성옛터의 남문 부근. 숱한 전란과 오랜 세월의 흐름으로 이제는 쓸쓸한 폐허가
되었다.

다. 중국에서 자동차가 기차, 열차는 화차이니 곧 급행열차라는 뜻
이다. 영안시 서남쪽 35km 지점인 상경용천부는 사면이 산으로 둘
러싸인 분지 한가운데 자리잡고 있으며 경박호에서 흘러내린 목단
강 줄기가 성의 서쪽에서 북쪽으로 감돌고, 동쪽으로는 마련하(馬
蓮河)가 흐르는 교통 편리하고 비옥한 땅이다.

　외성의 규모가 동서 5km, 남북 3.5km, 둘레 16km로 발해 당시
당의 수도 장안성에 버금가는 아시아 제2의 대도읍지였다.

　성터 한쪽의 '흑룡강성 발해상경 유지 박물관(黑龍江省渤海上京遺
地博物館)'도 본래는 발해의 절터였으나 청대(淸代)에 재건된 홍륭사
라는 절을 이용하고 있다. 입구를 들어서면 곳곳에 발해시대의 석
불·석등·비석·돌종·돌사자·돌거북 등이 널려 있고, 투구·사

상경용천부 옛터에 세워진 발해유물박물관 마당의 발해시대 석등과 돌사자.

리함·귀면와·보습 같은 유물과 상경성 모형도 등은 다섯 채의
부속건물에 나뉘어 전시되어 있다.

특히 석등은 높이 6.4m, 석불은 3.3m나 되고, 보습도 길이 31cm,
무게 4.3kg에 이르러 발해가 고구려의 뒤를 이어 만주대륙을 지배
한 대제국이었음을 다시 한 번 소리없이 일러 준다.

발해가 멸망한 것은 건국 229년 뒤인 926년. 14대 애왕(哀王) 26
년이었다. 남쪽에서는 고려 태조 왕건(王建)이 신라와 후백제를 상
대로 통일사업을 마무리할 즈음이었다.

발해는 지금까지 거란의 침범과 지배층의 내분이 겹친 내우외환
으로 망했다는 것이 사학계의 정설로 되어 왔지만, 최근 연구에 따
르면 그 무렵에 일어난 아시아 최악의 천재지변인 백두산 화산폭
발이 원인이 되었다는 새로운 학설이 제기되어 발해사 재조명의
계기가 되고 있다.

흑룡강(아무르강)
하바로프스크
우수리강
송화강
북부여(하얼빈)
목단강
영안
상경(동경성)
흥개호
우스리스크
블라디보소토크
구국
오동성
(돈화)
훌한해
(경박호)
동경(훈춘)
중경(화룡)
연길
두만강
당
집안
백두산
요하
요서
요동
서경(임강진)
압록강
남경(북청)
단동
청천강
신의주
원산
대동강
발해
평양
동해
신라
황해
서라벌

어쨌든 한때는 해동성국의 영화를 자랑하던 발해가 멸망하자 유
민의 대부분은 고려로 망명하고 드넓은 만주벌판은 우리 역사의
무대에서 사라져 버리고 말았다. 이 또한 통렬한 역사의 교훈이 아
니고 무엇이랴.

강화 고려궁터

지금은 인삼과 화문석의 명산지로 이름난 고장인 강화도(江華島)는 고대로부터 근대에 이르기까지 모진 시련과 고난의 세월을 엮어 온 역사의 땅이다. 오늘의 강화군은 경기도 서북부 한강 어귀에서 3개의 큰 섬과 9개의 작은 섬으로 이루어져 있다. 본섬인 강화도는 남북이 28km, 동서가 16km, 둘레가 112km인 우리 나라에서 다섯 번째로 큰 섬이다.

강화는 까마득한 석기시대부터 우리 조상들의 삶터로서 국조 단군의 설화가 서려 있는가 하면, 삼국시대에는 서해 방어와 항로의 요충으로 중요시되던 곳이었다. 백제는 갑비고차(甲比古次), 고구려는 혈구군(穴口郡), 신라는 해구군(海口郡)이라는 지명으로 부르며 이 곳을 서로 차지하려고 수많은 혈전을 치렀다.

강화라는 현재의 지명은 고려 초 왕태조(王太祖) 22년에 현(縣)을 설치하면서 붙여진 것이고, 1995년부터는 행정관할이 경기도에서 인천광역시로 편입되어 오늘에 이르고 있다.

강화는 고려조정이 1232년(고종 19) 6월부터 1270년(원종 11) 5월까지 39년 간 수도를 개경(開京 : 開城)에서 이 곳으로 옮겨 몽골 오랑캐에 대항하며 민족 자주성과 자존심을 지키던 시기의 임시수도였다. 당시의 이름이 강도(江都). 저 용장한 삼별초(三別抄) 사나이들이 비겁한 굴종을 단호히 거부하고 항몽(抗蒙)의 깃발을 힘차게 올린 것도 바로 그 때 이 곳 강화도에서였다.

고려는 39년의 오랜 항몽 투쟁 기간중 이 곳 강화에서 7차에 걸친 몽골군의 대대적인 침략을 당해 전 국토가 유린당하는 일대 재앙 속에서도 한편으로는 팔만대장경을 비롯하여 금속활자, 고려자기 같은 찬란한 문화와 예술의 꽃을 피워 귀중한 민족적 유산을 우리 후손들에게 남겨주었다.

강화도는 그 뒤 1290년(충렬왕 17)에도 거란의 침범을 받아 조정이 2년 간 피란한 적이 있었다.

강화는 조선시대에 들어와서도 고난의 역사를 이어받아 그 아픔은 근대사의 여명기까지 이르렀다. 1627년(인조 5)의 정묘호란과 1636년(인조 14)의 병자호란 당시 강화도는 또다시 여진 오랑캐의 발길에 유린당했고, 왕조 말기에도 쇄국과 개국의 갈림길에서 1868년 프랑스 함대의 침략인 병인양요, 1871년 미국의 통상 압력에 따른 신미양요, 1875년 일제 침략의 서곡인 운양호사건에 이은 1876년의 강화도조약(병자수호조약) 등 한말의 풍운이 끊이지 않았다.

강화군청 소재지인 강화읍은 조선시대에 강화유수부가 있던 부내면으로서 관내 12개 리(里)를 관할하다가 1938년 강화면으로 개칭하였고 1973년에 비로소 읍으로 승격되었다. 1970년에는 강화대

고려시대 임시수도 강화를 지키고자 쌓았던 강화산성 남문루인 안파루. 성벽의 일부 잔해만 남았을 뿐 문루는 최근 복원된 것이다.

교가 개통되어 우리 나라에서 제주도·거제도·진도·남해도에 이어 다섯번째로 큰 섬인 강화도도 연륙이 되어 자동차에 앉은 채 그대로 건너게 되었다. 이 다리는 경제발전에 따라 급증하는 교통량을 따르지 못하다가 1997년 제2강화대교가 신설됨으로써 전보다 훨씬 찾기 쉬워졌다.

하지만 숱한 전란과 오랜 세월의 흐름에 따라 대부분의 유적이 흔적도 없이 사라져 버렸으므로 강화도에 가서도 고려시대 항몽의 자취를 더듬기란 매우 어려운 일이다. 박정희 군사정권 시대인 1977년에 대대적인 공사를 통해 복원된 성곽과 포대 따위의 국방 유적은 옛 모습과 거리가 멀고, 강화산성과 고려궁터 같은 대표적 항몽시대 유적은 겨우 위치만 짐작할 수 있을 정도이니 유적이라기보다는 유허라고 하는 것이 보다 적당한 표현일 것이다.

사적 제132호로 지정되어 있는 강화산성은 본래 고려시대에 몽골군의 침공에 대비하기 위해 현재의 강화읍 일대에 쌓았던 석축 산성이었다. 처음에는 내성·중성·외성의 세 겹으로 쌓았으나 현재 남아 있는 것은 내성의 석축 일부이며, 그나마 1677년부터 1977년까지 300년 간이나 복원·개축·보수를 거듭해 왔으면서도 4대문 가운데 동문인 망한루(望漢樓)는 아예 없어져 버렸고, 최근 복원된 남문인 안파루(晏波樓), 서문인 첨화루(瞻華樓), 북문인 진송루(鎭松樓)도 옛 모습이 아니다.

내성의 둘레는 1.2km였다고 하며, 내성을 지키기 위해 쌓은 중성은 약 9km의 토성으로서 당시의 집권자 최우(崔瑀)가 쌓게 했으며 개경 궁궐의 것과 똑같은 이름의 선인문(宣仁門)·태안문(泰安門)·광덕문(光德門)·선기문(宣棋門)·선의문(宣義門)·북창문(北昌門)·창희문(彰熙門) 등 여덟 개의 성문을 세웠는데 지금은 하나도 남아 있지 않다.

외성은 강화 동쪽의 해안을 따라 쌓은 3만 7070척에 이르는 대규모 토성이었으나 고려가 몽골에게 굴복하고 개경으로 환도할 때 모두 헐어야 한다는 조건에 따라 내성·중성과 함께 쌓을 때와 마찬가지로 수많은 백성의 피눈물나는 강제노역을 통해 모조리 헐려 없어졌다.

사적 제133호로 지정된 고려궁터는 강화읍 관청리 북산(송악산) 기슭에 있다. 고려는 임시수도 강화로 천도한 뒤 이 곳을 개경과 같이 여기기 위해 궁궐의 모습이나 성문의 이름을 개경의 궁궐과 똑같이 만들었고 이에 따라 대궐 뒷산도 개경의 송악산 이름을 따서 그대로 불렀다.

현재 2279평에 이르는 고려궁터에 항몽시대 건물은 흔석도 찾을

고려궁터는 민족의 자주성을 지키고자 몽골과 맞서 싸우던 항몽시대 39년간 고려의 임시수도 강도(江都)의 심장부였으나 지금은 폐허만 남았다.

길이 없고 조선시대 강화유수부에 딸렸던 동헌과 이방청 등 건물 한두 채만 복원되어 있을 뿐이다. 이 고려궁터가 이처럼 폐허로 변한 것은 항몽시대 당시 화재로 많은 건물이 소실된 바 있고, 1270년 개경환도 직후에도 이 곳으로 건너온 몽골군이 삼별초 잔당을 소탕한다는 구실로 궁궐은 물론 도성 내 대부분의 건물을 불태우고 파괴하며 약탈 만행을 벌였기 때문이다.

항몽의 심장부였던 고려궁터 안에는 왕궁인 연경궁(延慶宮)을 비롯하여 강안전(康安殿)·경령전(景靈殿)·건덕전(乾德殿)·장령전(長靈殿)·만령전(萬靈殿)·대관전(大觀殿)·여정궁(麗正宮) 및 궁문인 승평문(昇平門)과 광화문(光化門)·장령문(長寧門) 등이 있었다고 하는데, 지금은 대궐터 입구에 승평문 하나만 소규모로 복원되어 있다.

강화 천도시대의 고려 임금 고종의 홍릉은 국화리 고려산 정상부에 있다.

한편 강도시대의 임금 고종의 왕릉인 홍릉(洪陵)은 사적 제224호로 지정되어 강화읍 국화리 고려산 정상부에 있는데 표지판도 제대로 되어 있지 않고 길도 험해 답사에 큰 애를 먹었다.

강화대교를 건너자마자 왼쪽의 갑곶진(甲串鎭)은 강화의 관문 노릇을 하던 군사적 요새였다. 몽골군은 강화 맞은편 김포 월곶진(月串鎭)과 문수산성까지 이르러 진치고 좁은 물길을 건너오지 못해 발을 동동 구르며 악을 써댔다.

세계의 5분의 4나 되는 광대한 지역을 정복한 몽골군이었건만 그들에게도 약점은 있었으니 그것은 수전(水戰)에 약하다는 사실이었다. 고려조정이 강화도로 건너와 이 곳을 임시수도로 삼은 까닭이 몽골군이 육지에서는 강했지만 이처럼 비교적 좁은 물길도 겁냈다는 데 있었다. 그래서 고려는 39년 간이나 강화도에서 막강한 몽골군과 맞서 한때나마 자주성을 지킬 수 있었던 것이다.

뿐만 아니라 항쟁에 나선 삼별초군이 진도와 제주도를 거점으로 삼아 최후까지 싸울 수 있었던 이유도 몽골군이 바다를 두려워했기 때문이다.

몽골군이 우리 강토를 침범하기 시작한 것은 징기스칸이 죽은 지 4년 뒤인 1231년(고종 18) 8월이었다. 고려의 서북변 국경 요새 함신진(咸新鎭 : 義州)을 점령한 몽골군 총사령관 사리타이(撒禮塔)는 승세를 타고 남하하여 철주(鐵州)를 함락시키고 구주(龜州)에 이르러 성을 포위했다. 구주는 1018년(현종 9) 명장 강감찬(姜邯贊)이 거란의 대군을 철저히 섬멸한 역사적 대첩지였고, 당시에는 서북면 병마사 박서(朴犀)와 정주분도장군 김경손(金慶孫), 삭주장군 김중온(金仲溫) 등이 굳게 지키고 있었다.

적군이 개떼처럼 짖으며 몰려오자 김경손은 결사대 12명을 선발하여 성 밖으로 쫓아나가 눈 깜빡할 사이에 적의 선봉장을 활로 쏘아 명중시키고는 그대로 돌격하여 사납게 베고 찌르고 바람처럼 돌아오니 서전은 고려군의 승리였다. 이튿날 몽골군은 항복한 박문창을 성 안으로 보내 항복을 권했다. 이에 불같이 노한 박서가 문창의 목을 댕강 잘라 대답 대신 성 밖으로 던져 버렸다. 몽골군은 갖은 공성기(攻城機)를 동원하여 본격적으로 성을 공격했으나 박서와 김경손, 김중온 등을 중심으로 군사들은 끈질기고 용감하게 잘 막아 냈다.

다음 달인 9월에 고려는 대장군 채송년(蔡松年)을 북계병마사로 삼아 적을 격퇴하라고 보냈지만 그는 오히려 대패했다. 몽골군은 그대로 남하하여 서경(西京 : 平壤)을 함락하고 개경을 포위한 뒤 평안도에서 황해도·경기도·충청도 일대까지 휩쓸고 다니며 온갖 만행을 저질렀다. 그리고 본보기 삼아 평주(平州)를 함락한 뒤 사람은 물론이요 개 한마리 닭 한마리 남김없이 모조리 도륙을 해 버렸다. 그것은 빨리 항복하지 않으면 모두 이렇게 된다는 무시무시한 협박이었다.

결국 화의에 동의한 고려에게 사리타이는 금은과 좋은 의복을 말 2만 마리에 실어 보내고, 비단 1만 필, 수달피 2만 장 등을 공물로 바치라는 화평조건을 제시했다. 뿐만 아니라 인질로 왕손과 대신의 자녀 남녀 각 1000명을 바치라고 강요했으니 기가 찰 노릇이었다. 고려는 할수없이 우선 황금 70근과 백금 1300근, 옷 1000벌, 말 170필을 모아 사리타이에게 보내고 화친을 청하니 사리타이는 그가 점령한 지역에 감독관 격인 다루하치(達魯花赤) 72명을 배치하고 일단 철수하였다.

이런 식으로 국교가 트였지만 몽골은 도저히 들어줄 수 없는 과중한 요구를 거듭해 옴으로써 고려를 괴롭혔다. 그 해 5월, 더 이상 견딜 수 없게 된 고려는 차라리 앉아서 빼앗기기만 하다가 망하기보다는 끝까지 싸우다 죽자는 각오로 강화도 천도를 단행하기에 이르렀다.

기마병 위주로 육전에는 천하무적이었지만 수전이라면 질색인 몽골에게 그것은 선전포고나 마찬가지였다. 몽골군은 길길이 미쳐 날뛰며 다시 쳐들어왔다. 이번에도 사령관은 사리타이였다. 사리타이는 대군을 이끌고 남하하여 개경을 짓밟고 강화에 사자를 보내 임금의 출륙(出陸)을 요구했지만 고려조정은 대꾸도 하지 않았다. 몽골군은 남경(南京 : 서울)을 함락시키고 무인지경을 가듯 수주(水州 : 水原), 용구(龍駒 : 龍仁) 등을 휩쓸며 분탕질을 쳤다. 그러나 12월 16일에 몽골군 원수 사리타이가 수주에 딸린 처인성(處仁城)에서 용감한 고려 사나이 김윤후(金允侯)의 화살에 맞아 거꾸러지자 부리나케 북쪽으로 도망쳐 버려 제2차 침공은 이렇게 끝을 맺었다.

임금 고종(高宗)과 대신과 백성들을 끌고 개경에서 강도로 천도를 단행한 주인공은 당시의 집권자 최우였다. 나중 최이(崔怡)로 개명한 그는 최씨 무신정권을 세운 최충헌(崔忠獻)의 아들이었다. 최충헌은 1196년(명종 26) 쿠데타를 일으켜 실권자 이의민(李義旼) 일파를 숙청하고 정권을 장악했다. 그리고 이듬해 명종을 내쫓고 신종을 왕좌에 앉히는 한편, 함께 쿠데타를 일으킨 친동생 최충수(崔忠粹)와 조카 박진재(朴晉材)까지 잡아죽이면서 독재정권의 기반을 다졌다.

3대 60년 간에 이르는 최씨 무신정권의 기반을 다지기 위해 최충헌은 선배 독재자 정중부(鄭仲夫)가 문신들을 모조리 쓸어 없앴던 무지막지한 전철을 밟지 않았다. 그 대신 그들을 회유 포섭하여 자기 편으로 만들어 이용했으며, 그 밖의 반대파들은 철저하게 숙청 탄압하면서 국정을 자신의 뜻대로 좌지우지하였다.

칼로 일어선 자는 칼로 망한다는 말을 비웃기라도 하듯이 최충헌은 71세로 늙어 죽을 때까지 천수를 누렸다. 그 사이에 그가 모신 것이 아니라 겪은 임금은 다섯 명이었는데, 그 가운데 둘은 강제로 내쫓고 둘은 제 마음대로 끌어다 앉힌 허수아비였으니 최충헌이야말로 고려왕조의 '국왕 제조기'라고 부를 만한 일세의 괴걸이었다.

하지만 이런 최충헌도 정권 안보를 위해 수많은 사람을 죽이거나 쫓아 낸 탓에 자신도 언제 누구의 손에 죽을지 몰라 하루도 편할 수가 없었다. 그래서 신변경호를 위해 강화한 조치가 바로 육번도방(六番都房)의 설치였다. 도방이란 본래 정중부 일당을 숙청한 경대승(慶大升)이 자신의 경호부대로 창설한 사병(私兵)들의 숙소를 가리켰다. 최충헌이 이 도방을 부활시켜 힘과 무술이 뛰어나고 용기가 출중한 장사들을 선발하여 여섯 무리로 나누어 번갈아 경비를 맡긴 것이 바로 육번도방이었다.

어쨌든 최이는 이 최충헌의 아들로 1219년(고종 6) 아비가 죽자 대를 이어 정권을 장악했다. 최이는 아비보다 한술 더 떴으니 자기 집에 정방(政房)을 차려 조정대신의 인사발령을 마음대로 실시했고, 심지어는 임금까지 정방으로 불러 정사를 논의했던 것이다. 따라서 당시는 최이의 말이 곧 고려의 국법과 같았다. 이 최이가 자신의 전횡을 무력적으로 뒷받침하기 위해 1225년(고종 12)에 창설한 친위대가 바로 마별초(馬別抄), 즉 기마 특수부대였다.

마별초는 최씨 무신정권의 사병 성격이 강했지만 그 뒤에 조직된 야별초(夜別抄)는 정규 관군과 마찬가지로 군사적·경찰적 기능을 수행했다. 뒤에 이 야별초를 좌·우별초로 나눈데다가, 몽골에 포로로 끌려갔다가 탈출 귀환한 장사들을 모아 신의군(神義軍)을 편성하여 함께 부른 것이 바로 삼별초인 것이다.

고려정부가 강화도로 들어가 나오지 않자 몽골 오랑캐도 질소냐 하고 파상공격을 펼치고 나왔다. 그들은 해마다 쳐들어와 강화도를 제외한 전 국토를 돌아가며 짓밟고 노략질했다. 도시와 마을들은 잿더미가 되고 시체들은 산야를 메우니 그 참상을 이루 말할 수 없었다. 신라 천년의 고도 서라벌이 폐허가 되고 국보 황룡사 구층탑, 대구 팔공산 팔만대장경판이 소실된 것도 그 때였다.

몽골군이 멀리 전라도 전주·고부·부안까지 휩쓸고 내려가 분탕질을 치도록 단 1만의 정규군도 갖지 못한 무력한 조정은 고작 백성들에게 될 수 있는 한 깊은 산이나 먼 섬으로 도망쳐 각자 목숨을 유지하라고 한 것이 고작이었다.

특히 1254년(고종 41)과 그 이듬해 몽골 원수 차라타이(車羅大)가 이끈 대군이 쳐들어왔을 때 이 땅의 참상은 극도에 이르렀다. 닥치는 대로 부수고 불태우고 보이는 대로 죽이고 겁탈하고, 그리고도 산 채로 끌고간 백성이 20만 6800명이었다. 몽골 침략 이래 최악의 피해였는데 『고려사』는 이렇게 전한다. '양식이 떨어져 굶어죽은 사람이 많았다. 노약자는 쓰러져 구덩이를 메웠으며 어린아이를 나무에 매달아 놓고 가는 자도 있었다.'

백성 없는 나라가 어찌 있을 수 있으며 또한 그런 나라의 왕후장상이 다 무슨 소용이랴. 국토는 피폐해지고 백성은 멸종의 위기에 이르자 조정도 강·온 양파로 갈리게 되었다. 즉 임금을 비롯한 문신들은 항복을 주장한 반면 무신들은 항전을 계속하자고 맞섰던 것이다.

상황은 1258년(고종 45) 3월 강경파의 중심인물인 최이의 후계자 최의(崔竩)가 김인준(金仁俊)·임연(林衍) 등에게 살해당하는 정변이 일어남으로써 새로운 국면으로 접어들었다. 이로써 정권은 명목상으로나마 60년 만에 권신의 손에서 임금에게 돌아갔다.

고종이 그 이듬해 세상을 뜰 때 태자 전(佛)은 몽골에 가 있었다. 그가 징기스칸의 손자로서 얼마 뒤 원 세조(元世祖)가 된 쿠빌라이를 만나 신복(臣服)을 맹세하고 돌아오는 중 부왕이 세상을 떠 왕위에 오르니 곧 원종(元宗)이다. 원종은 태자 심(諶)을 원에 보낸 데 이어 스스로도 두 차례에 걸쳐 원에 들어가 친조(親朝)를 한바, 이는 국조 단군의 개국 이래 민족사상 전례없는 치욕적인 일대 사건이었다.

이 때는 또한 우리 국토가 역사상 가장 비좁은 판도로 위축된 때였다. 이는 민족반역자 홍다구(洪茶丘)가 몽골군사 3000명을 이끌고 서경에 주둔하면서 동녕부(東寧府)라 개칭하고 자비령 이북은 몽골 영토로 삼았기 때문이다. 삼별초 용사들이 항몽 자주를 외치며 떨쳐 일어난 것이 그 무렵 1271년(원종 11)이었다.

그 지난해 5월 몽골에 갔다 돌아오며 원종은 서경에서 상장군 정자여(鄭子璵)를 강화도로 보내 개경으로 환도한다는 어명을 내렸다. 이에 강화도는 개경으로 돌아가려는 측과 남으려는 측으로 갈려 일대 소동이 벌어졌다.

5월 23일 귀로에 원종은 다시 대신들을 불러 환도를 논의한 뒤 다시 한 번 정자여를 강화도로 보내 명령을 전했지만 그 때는 이미 삼별초를 중심으로 한 항몽파의 저항이 행동으로 옮겨진 다음이었다.

5월 27일 임금은 개경으로 돌아왔고 강도의 비빈들과 귀족들도 개경으로 건너왔다. 원종은 대신들과 의논한 끝에 왕명에 항거하는 삼별초를 없애기로 하고 장군 김지저(金之氐)를 강화로 보냈다. 이틀 뒤에 강화로 건너간 김지저는 배중손(裵仲孫)을 비롯한 삼별초 지휘관들을 불러 왕명을 전하고 삼별초 명부를 회수한 뒤 개경으로 돌아왔다. 이것이 삼별초 항쟁의 직접적인 도화선이 되었다.

삼별초 항쟁의 주역 배중손은 강화군 길상면 출신으로 고유 무술인 택견의 고수였다고 하며, 제2인자였던 김통정(金通精)도 이 곳 교동도 태생이라고 한다. 삼별초 항쟁의 전말은 다음 '진도' 편에서 자세히 이야기한다.

그런 북새통 속에서도 개경 환도는 강화도 천도 39년 만인 6월 5일에 일단 이루어졌다. 그 날 삼별초군은 1000여 척의 크고 작은 배를 농원하여 보다 안전한 곳을 찾아 강화도를 떠나 서해를 남하

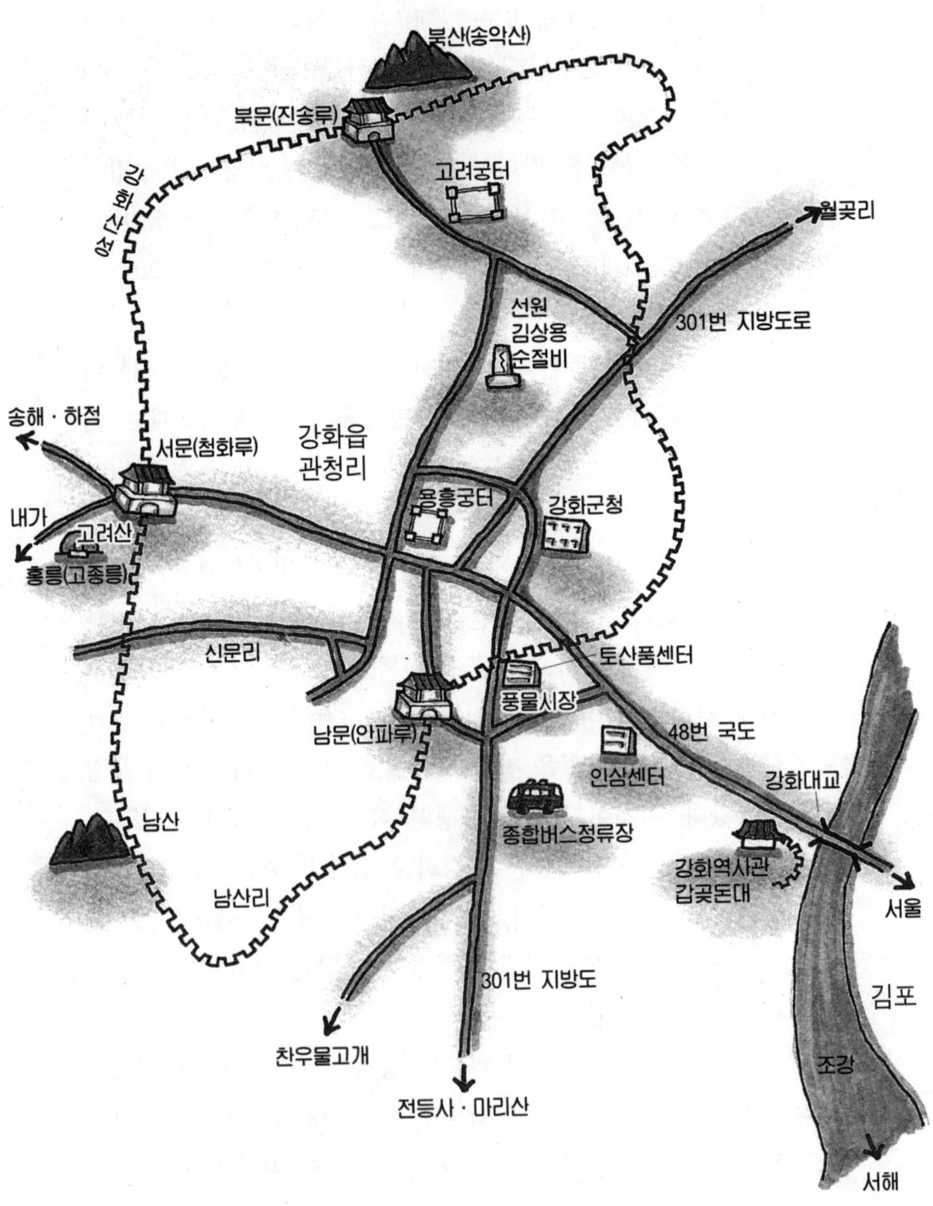
붕산(송악산)
북문(진송루)
고려궁터
월곳리
강화산성
선원
김상용
순절비
301번 지방도로
송해·하점
서문(첨화루)
강화읍
관청리
내가
고려산
용흥궁터
강화군청
홍릉(고종릉)
신문리
토산품센터
풍물시장
48번 국도
남문(안파루)
인삼센터
강화대교
남산
종합버스정류장
강화역사관
갑곶돈대
서울
남산리
301번 지방도
김포
찬우물고개
전등사·마리산
조강
서해

했고, 그 이튿날 기다렸던 2000여 명의 몽골군이 강화도로 건너와 남은 인명을 무자비하게 살상하고 재물을 강탈하는가 하면 건물들을 불태우고 무너뜨려 폐허로 만들었다.

　39년 간 고려국의 자주성과 자존심을 지키던 임시수도 강화는 그렇게 파괴된 뒤 백성들의 삶터로 되돌아가기까지 오랜 세월이 흘러야 했다.

　죽은 고기는 물결의 흐름에 따라 그저 둥둥 떠내려 가지만 산 고기는 힘차게 물결을 거슬러 올라가지 않는가. 삼별초 항쟁이 끝내 실패로 돌아가고 만 뒤 고려는 왕조 말기까지 100여 년 간을 몽골 오랑캐의 식민지로 전락하고 말았던 것이다.

진도 삼별초 유적

- 불굴의 고려혼 불태운 삼별초항쟁의 중심지 -

전남 진도는 제주도와 거제도에 이어 우리 나라에서 세번째로 큰 섬이다. 그러나 진도도 이제는 아름다운 연륙교가 놓여 차에 탄 채 그대로 건널 수 있다. 1984년 10월에 진도군 군내면 녹진리와 해남군 문내면 학동리를 잇는 길이 484m, 너비 11.7m의 진도대교가 준공되었기 때문이다.

이 다리가 가로지른 명량해협(鳴梁海峽)은 우리 말로 울돌목이라고 부르는데, 정유재란(丁酉再亂) 때 이순신(李舜臣) 장군이 불과 12척의 보잘것없는 군세로 133척에 이르는 왜의 대함대를 무찔러 세계 해전사상 유례없는 대승을 거둔 빛나는 역사의 현장이다.

이를 기념하기 위해 진도대교가 놓이기 전까지 해남에서 진도로 들어가는 뱃길의 들머리요, 승리의 바다 명량해협의 길목인 벽파진(碧波津)-진도읍에서 12km 떨어진 고군면 벽파리 옛 나루터에 이충무공 전첩비가 세워져 있다. 또 진도대교 바로 건너편인 해남

진도 용장산성은 무릎꿇고 살기보다 서서 싸우다 죽기로 작정한 삼별초 용사들의 항몽투쟁 중심지였다.

군 문내면 동외리에도 명량대첩 기념공원이 조성되어 이 곳이 자랑스러운 역사의 현장임을 증명해 주고 있다.

진도는 이에 앞서 1270년(고려 원종 11)부터 그 이듬해까지 배중손(裵仲孫)·김통정(金通精)·노영희(盧永禧) 장군 등이 이끈 삼별초군(三別抄軍)이 주체적 독립왕국을 세우고 몽골 오랑캐에 맞서 피어린 항쟁을 벌이던 뜻깊은 곳이다.

벽파리에서 진도읍 쪽으로 약 4km를 들어가면 군내면 용장리(龍藏里). 이 마을 뒤에 사적 제126호로 지정된 용장산성이 있다. 무상한 세월의 흐름에 따라 지금은 대부분 무너져 버렸지만 성벽 일부와 대궐터 및 용장사터가 남아서 무릎 꿇고 살기보다 서서 싸우다 죽었던 삼별초 사나이들의 용장(勇壯)한 기개와 한서린 역사를 말없이 일러 주고 있다.

한편 진도의 가장 남쪽 마을인 임회면 남동리를 둘러싸고 있는 사적 제127호 남도석성(南桃石城)도 삼별초의 비극을 간직한 유적이다. 이 옛성은 여·몽연합군에 맞서 싸우던 배중손 장군이 장렬한 죽음으로 최후를 맞은 곳이다.

삼별초항쟁이 실패로 돌아가자 고려는 자주성을 빼앗긴 채 원(元)의 식민지로 전락해 버렸다. 하지만 배중손을 중심으로 한 삼별초 용사들은 비록 무력(武力)으로는 졌으나 자주·자유·주체를 위한 항쟁의 깃발을 힘차게 높이 휘날린 불굴의 정신으로써 영원한 승리를 거두었다.

고려는 고종(高宗) 12년(1225) 5월 몽골군에 대항하기 위해 수도를 개경(開京 : 開城)에서 강도(江都 : 강화도)로 옮겼다. 기마병이 주력으로 육전에는 강했으나 수전에 약했던 몽골군에게 이것은 선전포고나 마찬가지였다.

고려조정이 강화도에 들어가 있던 39년 동안 우리 국토는 야만적인 몽골군의 거듭된 침략에 미증유의 재앙을 당해 그 참상은 처절의 극에 다다랐다.

고려가 특수부대 삼별초를 창설한 것은 이보다 얼마 전이었다. 『고려사』에 그 설치 연혁이 이렇게 기록되어 있다.

처음에 나라 안에 도둑이 많으므로 용사를 모아 매일 밤 순찰하여 단속함으로써 이를 야별초(夜別抄)라 하였는데, 군사가 늘어나므로 좌·우별초로 나누고, 또 몽골에서 탈출 귀환한 자들로 신의군(神義軍)을 편성, 이를 삼별초라 하였다.

그런데 삼별초의 전신은 마별초(馬別抄) 즉 기마 특수부대였다. 『고려사』에는 고종시대 이전부터 전봉별초(戰鋒別抄) 또는 별초도령(別抄都令)이란 특수부대의 명칭이 자주 나온다. 별초군은 무예가 뛰어나고 죽음을 두려워하지 않는 용사들을 가려 뽑았으며 전투시에는 선봉공격을 맡았다.

마별초는 최씨 무신정권의 사병(私兵)이나 다름없었으나 최우가 마별초와는 별도로 구성한 야별초는 정규 관군과 마찬가지로 군사적·경찰적 조직이었다. 삼별초는 이 야별초를 좌·우별초로 확대 개편하고 신의군을 합친 것이었다.

1270년 5월 몽골에 갔다 돌아던 중 부왕 고종의 죽음으로 임금이 된 원종(元宗)은 강화도에서 개성으로 재천도를 명령했다. 이것은 실질적인 항복조치였다. 왕족과 대신을 비롯하여 많은 백성이 이에 따랐으나 삼별초만은 단호히 거부하였다. 5월 29일 임금이 삼별초를 없애 버리라고 하자 6월 1일 배중손을 비롯하여 김통정·노영희 장군 등 삼별초의 지휘부는 이에 불복하여 목숨을 바쳐 항쟁할 것을 결의했다.

이들은 원종과 개경 조정을 몽골의 꼭두각시 정부로 규정하고 왕족인 승화후(承化侯) 왕온(王溫)을 새 임금으로 추대했다. 그리고 대장군 유존혁(劉存奕)을 좌승선(左承宣)으로, 상서좌승(尙書左承) 이신손(李信孫)을 우승선으로 삼아 새 조정을 구성, 그들의 고려야말로 정통적이며 자주적인 참 고려국임을 선언했다.

하지만 강화도는 지리적으로 개성과 너무 가깝고 물길은 짧아 언제 대대적인 공격을 당해 무너질지 모르는 위험부담이 컸다. 이에 따라 이들은 개성과 멀리 떨어지고 보다 안전한 곳으로 근거지를 옮기기로 결정했다. 그래서 그 해 8월 1일 1000여 척의 크고 작은 배에 백성과 군사와 무기를 나누어 싣고 황해를 남하하여 그 해 8월 19일에 벽파진에 배를 대고 진도에 상륙했다.

불타고 무너져버린 대궐터에 잡초만 우거지고 성벽도 죄다 헐려 바람소리 구슬픈 폐허만 남았지만 삼별초의 용장한 기개는 민족사에 영원히 살아 빛난다.

삼별초군은 현재 진도군청 소재지인 진도읍 쪽으로 고개 하나를 넘은 군내면 용장리 52번지 일대 산기슭의 대찰 용장사를 접수하여 대웅전을 임시 대궐로 삼고, 주변 삼면의 산 위에는 석성을 쌓는 등 새 도성의 면모를 갖추기 시작했다.

나라의 기틀을 어느 정도 정비한 삼별초군은 본토 수복작전을 펼쳐 인근의 완도·남해도·거제도·제주도를 비롯하여 30여 개의 섬을 점령한 데 이어 전라도와 경상도 남해안 일대를 거의 평정함으로써 자신들의 세력권으로 장악했다.

삼별초군은 자신들이야말로 민족 정통의 맥을 이은 자주 독립 주체국임을 안팎에 널리 선포했는데, 그것은 비록 짧은 기간에 불과했지만 이 또 다른 고려국이 '오랑(五浪)'이라는 제왕의 연호를 사용하고 임금을 황제라 칭한 것만 보아도 잘 알 수 있다.

어쨌든 개경 환도의 뒷처리도 끝내지 못한 원종은 진도의 반란에 장군 김방경(金方慶)을 전라도추토사(全羅道追討使)로 임명해 진도를 치게 했다. 그 해 9월 중순에 김방경은 몽골 장수 아하이(阿海)와 함께 군사 1000명을 이끌고 개경을 떠났는데 김방경의 휘하 고려군은 60명에 불과했고 나머지는 모두 몽골 병사였다. 이 괴상한 연합군은 전주·나주를 거쳐 마침내 진도 벽파진이 마주보이는 오늘날 해남군 황산면 옥동리 삼기원에 진을 쳤다.

몽골 장수 아하이도 다른 몽골인처럼 물이라면 질색이었고 건너편 바다 가득히 떠 있는 삼별초군의 크고 작은 배들을 보자 겁이 나서 공격할 엄두가 나지 않았다. 그래서 나주로 군사를 물리려고 하자 김방경이 말했다.

"원수가 물러나면 약점을 보이는 것이니 적이 승세를 타고 몰려오면 그 예봉을 어찌 당할 것이며, 황제께서 듣고 문책하면 뭐라고 대답하리요?"

아하이가 후퇴하지도 전진하지도 못하고 엉거주춤하자 김방경이 자신의 군사를 거느리고 스스로 선봉이 되어 바다를 건너 돌격을 감행했다. 하지만 이미 대비하고 있던 삼별초군이 강한 전함으로 맞받아쳐 오므로 관군은 삽시간에 지리멸렬 도망쳐 버리고 말았다. 김방경도 포위당했다가 구사일생으로 목숨을 건져 초전은 연합군의 대패로 끝나 이후 한동안은 큰 접전 없이 소강 상태를 유지했다.

해가 바뀌어 이듬해 원종 12년 정월, 몽골 장수 아하이는 겁먹고 싸우지 않은 죄로 파면당해 본국으로 송환되고 3월에는 후임으로 힌도(忻都)라는 자가 부임해 전황은 새로운 국면을 맞게 되었다.

그 사이에도 삼별초군은 전함을 파견해 합포(合浦 : 馬山), 김주

(金州 : 金海), 동래 같은 경남 동부지방까지 휩쓸며 개경으로 보내는 공물선까지 나포하는 등 위세를 떨쳤다.

힌도가 저희 본국인 원에 끌려갔던 진도의 임금 왕온의 조카 왕희(王熙)와 왕옹(王擁) 및 데리고 온 몽골군 400명과 고려 각지에서 강제로 모집한 6000명을 증강하니 토벌군은 1만을 넘어섰다. 거기에 반역자 홍복원(洪福源)의 아들로 아비의 뒤를 이어 몽골의 주구로서 장군 벼슬을 얻은 홍다구(洪茶丘)가 깡패와 다름없는 군사 500을 이끌고 합세했다.

1271년 5월에 여·몽연합군은 400척의 전함에 나누어 타고 진도로 건너가 총공격을 개시했다. 상장군 김방경은 몽골 원수 힌도와 중군(中軍)이 되어 벽파진으로 상륙하고, 홍다구와 왕희·왕옹 형제는 좌군(左軍)으로 고군면 원포리 노루목으로, 대장군 김석(金錫)과 만호 고을마(高乙磨)는 우군(右軍)으로서 벽파진 북쪽 군직구미로 상륙했다.

그 때 삼별초군은 수차의 접전에서 승리를 거두어 방심한데다가 물을 두려워하는 몽골군을 얕잡아 보는 어리석음에 빠져 있었다.

적의 주력인 중군이 벽파진에 상륙하여 용장성으로 진격하자 삼별초군도 거의 대부분의 병력으로 정면의 적을 방어하기에 급급했다. 불시의 기습에 당황한 나머지 좌·우군의 공격에는 미처 대비할 겨를이 없었던 것이다.

홍다구가 먼저 노루목에 상륙하여 몽골에서 가져온 신무기인 화포(火砲)와 화창(火槍) 등으로 맹렬한 화공을 퍼부으니 삼별초군의 전열은 이내 무너지기 시작했다. 적은 해안에서 삼별초군의 전함들을 불태우는 한편 속속 상륙하여 우세한 병력으로 용장산성을 삼면에서 포위하여 압박해 들어갔다.

남도석성은 삼별초 항쟁의 주역 배중손 장군이 마지막 힘을 다해 싸우다 전사한 곳이
다.

주력군이 무너지자 삼별초의 수뇌부도 각자 포위망을 뚫고 혈로
를 찾고자 남은 군사를 이끌고 혼신의 힘을 다했다. 그들은 적의
추격을 분산시키기 위해 섬의 서쪽과 남쪽으로 각각 길을 나누어
바다를 향해 탈출로를 찾아나섰다.

임금을 모시고 서쪽으로 가던 배중손은 추격해 온 홍다구의 몽
골군과 치열한 접전을 벌였으나 중과부적으로 패퇴해 오늘날 임회
면 남동리 219번지 일대 남도포구의 남도석성까지 도주했다. 그
사이에 임금 왕온과 왕자 왕환(王桓) 부자는 홍다구에게 생포되어
참혹한 죽음을 당하고 말았다.

그 곳이 현재 논수골이라 불리는 곳이며, 왕온이 참살당해 묻힌
왕무덤은 진도읍에서 의신면 사천리로 가다가 굽이진 고갯길 옆

삼별초에 의해 고려왕으로 추대되었으나 민족반역자 홍다구에게 참살당한 비운의 임금 왕온의 무덤.

솔숲 속에 있다. 또 그 아래 말무덤이란 커다란 고분이 있으니 이는 왕온을 수행하던 신하와 군사들의 원한서린 떼무덤이라 전한다.

지금도 이 고장에서 왕무덤재 산마루를 넘을 때 길옆 돌무지에 돌을 던지고 명복을 빌지 않으면 액운을 당한다는 속설이 전해져 오고 있다.

한편 김통정이 이끈 무리도 의신면 돈지리 앞들에서 악전고투 끝에 숱한 사상자를 내고 또 다른 떼무덤을 남기고 가까스로 금갑진으로 퇴각했다. 하지만 그 뒤를 따르던 궁녀들과 시종들은 더 이상 따라갈 힘을 잃은데다가 살아 남아 오랑캐에게 짓밟히기보다는 죽음을 택하기로 작정하여 모두가 우항천 깊은 수렁에 몸을 던져 아까운 삶을 마쳤으니 오늘날 '여기급창(女妓及唱) 두멍'이라고 부

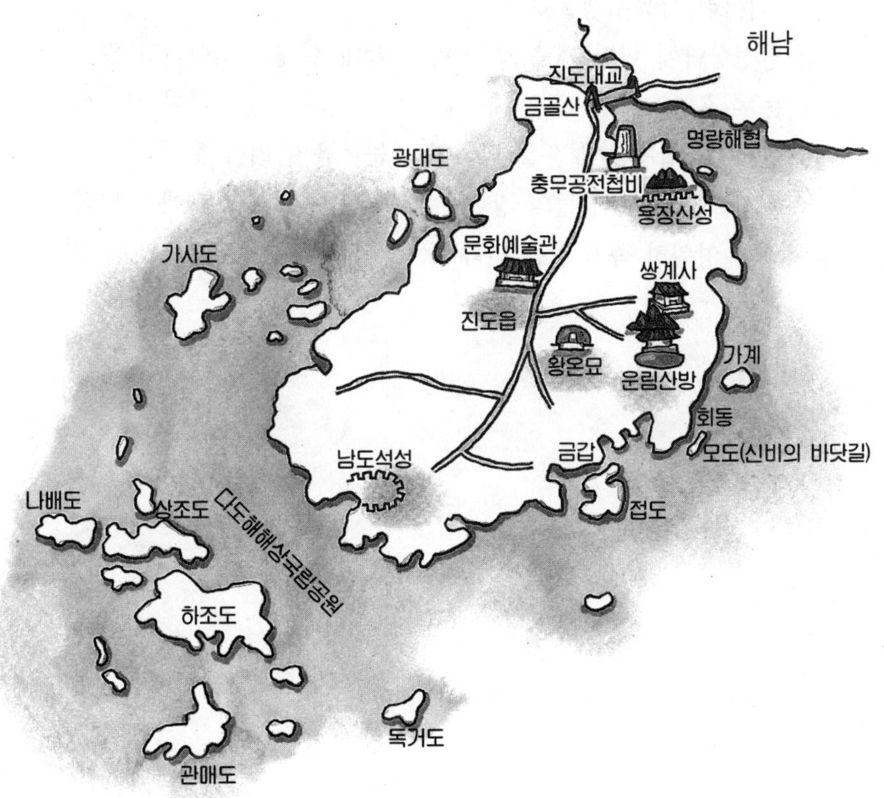

르는 곳이다. 이 곳에서는 요즘도 비오는 밤이면 원한서린 여귀(女鬼)들의 귀곡성(鬼哭聲)이 울린다는 이야기가 전한다.

어쨌든 최고사령관 배중손이 장렬한 최후를 맞을 무렵 김통정은 금갑진에서 가까스로 삼별초 잔병들을 수습하여 제주도로 건너갔다.

그리고 그 때 남해에 웅거하고 있던 유존혁의 부대가 80여 척의 배를 이끌고 그 뒤를 따라 제주도로 건너가 그 뒤 만 2년 간 끈질기고 피어린 항몽투쟁을 계속했다.

용장성함락에 이어 제주도항전마저 끝내 실패로 돌아가고 말자 고려는 이후 100여 년 동안 원 제국의 식민지로 전락하여 자주성을 빼앗기고 압제와 설움을 당하며 피눈물을 흘려야 했다.

하지만 삼별초 용사들의 장한 기개는 민중의 가슴 속에 연면히 살아남아 영원히 죽지 않는 민족정신을 우리 후손들에게 남겨주었다.

영월 단종·김삿갓 유적
- 유배지 청령포와 장릉, 방랑시인의 집터와 묘 -

강원도 영월은 험한 산들이 병풍처럼 사방을 두르고 그 사이로 남한강 상류를 이루는 동강과 서강 두 줄기 강물이 이리저리 굽이져 흘러내리는 경치 빼어난 고장이다.

'대한민국의 산골이 강원도라면 강원도의 산골은 산다삼읍(山多三邑) 영정평(寧旌平)'이라는 말도 있듯이 영월은 이웃 정선·평창과 더불어 산세가 험준하고 교통이 불편한 오지로 이름났었다.

그러나 산업화의 물결을 타고 이런 산간 벽지에도 철도가 깔리고 도로가 넓혀진데다가 말끔히 포장되어 이제는 전보다 훨씬 찾아가기 쉬운 곳으로 변했다.

영월은 아득히 먼 선사시대부터 사람들이 살아왔으며, 삼한시대에는 진한(辰韓)에 속했고, 삼국시대 초기에는 백제의 영역으로서 백월(百越)이라고 불렸다. 그 뒤 고구려 땅이 되어 내생(奈生)이라고 개칭했는데, 나중 신라와의 국경분쟁 끝에 이 남한강 상류의 전략

서강변의 청령포는 앞은 깊은 강, 뒤는 높은 산으로 막힌 창살없는 천연의 감옥으로 어린 단종이 피눈물로 귀양살이를 하던 곳이다.

적 요충은 신라의 내성군(奈城郡)으로 편입되었다. 영월이란 현재의 지명은 고려 의종(懿宗) 때 붙여졌고, 조선시대와 일제강점기를 거쳐 광복 이후인 1960년 1월 1일에 군청소재지가 읍으로 승격되었다.

어쨌든 고을의 지명은 '편안히 넘어간다'는 뜻의 영월(寧越)이지만 옛 시인이 읊었듯이 '칼 같은 산들이 얽히고설킨' 험준한 지형지세를 보건대 옛 사람들이 한 번 이 고을을 들고 나기에는 여간 힘들지 않았을 것이다.

그것은 이 곳으로 유배당했다가 끝내 서울로 돌아가지 못하고 짧지만 한 많은 이승살이의 막을 내린 소년왕 단종(端宗)도 마찬가지였다. 영월이란 깊고 험한 산중의 작은 고을이 충절의 고장으로 세상에 널리 알려지게 된 까닭도 단종이 비극적 최후를 맞은 슬픈 역사의 무대이기 때문이다.

청령포(淸冷浦)는 시퍼런 강물이 굽이져 흐르며 삼면을 감싸돌아 반도의 형상을 이루고, 뒤는 깎아세운 듯 험악한 절벽이 가로막고 있는 창살 없는 천연의 감옥이다. 이렇게 무서운 곳에 갇혀 외로운 귀양살이를 했으니 어린 단종의 하루하루는 피눈물로 얼룩진 고통의 연속이었을 것이다.

서울쪽 하늘을 바라보며 두고 온 왕비 송씨(宋氏)가 그리워 눈물과 한숨을 지을 때 멧새도 구슬피 울던 사연을 아는지 모르는지 무심한 강물은 오늘도 쉴새없이 흘러오고 또 흘러간다. 저 강이 서강이다. 서강은 오대산 서쪽 산기슭의 물줄기가 평창 사천강이 되고, 다시 흘러 주천강과 합류하여 청령포 앞을 감돌아 내린다. 그리고 영월읍내 끝에서 정선 조양강이 흘러 내려온 동강과 어우러져 남한강 상류를 이룬 뒤, 고씨동굴과 충북 단양군 영춘면의 온달산성 앞을 지나 충주호로 흘러 들어간다.

청령포에서 나룻배를 타고 되건너오면 영월읍 방절리. 강언덕에 1984년 11월에 세운 왕방연시조비(王邦衍時調碑)가 눈길을 끈다.

> 천만리 머나먼 길에 고운님 여의옵고
> 내마음 둘데없어 냇가에 앉았으니
> 저물도 내안같아야 울어 밤길예놋다

왕방연은 세조(世祖)의 명을 받고 단종에게 사약을 가져온 금부도사였다. 얼마 전까지만 해도 왕방연은 단종을 이 곳 유배지로 호송해 온 금부도사로 잘못 알려져 있었는데, 이를 바로잡은 사람이 1994년에 작고한 영월의 향토사학자 박영국(朴泳國) 씨였다. 나중에 다시 말하겠지만 박씨는 숨어 있던 김삿갓의 묘와 집터, 그리고 미공개 시화(詩話)들을 찾아내 세상에 알린 사람이기도 하다.

1455년 6월 왕위를 숙부인 수양대군(首陽大君)에게 빼앗긴 단종은 그 해 사육신의 거사가 실패로 돌아가자 이듬해 6월 28일 노산군(魯山君)으로 강봉되어 관리 3명, 군졸 50명의 삼엄한 호송을 받으며 광나루를 건넌 뒤 여주·원주·신림·주천을 거쳐 7일 만에 유배지 청령포에 이르렀다.

원손(元孫)이 태어났다고 할아버지 세종대왕(世宗大王)을 그지없이 기쁘게 했던 단종이었다. 세종대왕은 어느 날 저녁 어린 손주를 안고 집현전(集賢殿)을 찾아갔다. 그 때 집현전에는 성삼문(成三問)과 신숙주(申叔舟)가 함께 숙직하고 있었다. 세종대왕이 그들을 보고 이렇게 당부했다. "내가 죽은 뒤에 너희들이 이 아이를 잘 보살펴다오."

그런데 세종의 뒤를 이은 단종의 아버지 문종(文宗)은 병약한 체질 때문이었는지 재위 2년 3개월 만인 1452년 5월에 39세의 한창 나이로 세상을 뜨고 불과 12세의 어린 세자 홍위(弘暐)가 조선왕조 제6대 임금으로 즉위하니 곧 단종이다.

이에 앞서 문종은 자신이 일찍 죽을 것을 예감했던지 영의정 황보인(皇甫仁), 우의정 김종서(金宗瑞) 및 집현전 학사들에게 여러 차례 세자의 뒷일을 당부했다고 한다. 이는 불과 50년 전에 자신의 할아버지 태종(太宗) 이방원(李芳遠)을 비롯하여 8명의 왕자가 왕위를 놓고 처참한 골육상쟁을 벌이던 전철을 밟을까 두려워서였다. 그런데 문종이 죽자 그의 염려는 현실로 나타났다. 세종대왕의 정비인 소헌왕후(昭憲王后 : 沈氏)의 소생은 8왕자였는데 문종이 죽자 단종보다 모두 나이가 많고 재주도 비범한 7명의 대군이 저마다 노골적으로 야망을 드러내기 시작했던 것이다. 특히 큰숙부 수양대군은 수하에 무인을 많이 끌어들였고, 둘째숙부인 안평대군(安平

大君)은 문인을 많이 모아들였다. 나머지 대군도 각자 자기의 심복을 요직에 중용하려고 눈에 보이지 않는 암투를 벌였다.

그러다가 마침내 일이 터진 것이 1453년 10월 10일에 일어난 계유정난(癸酉靖難)이었다. 수양대군이 선수를 쳐서 일으킨 이 쿠데타는 태조(太祖) 이성계(李成桂)의 위화도회군에 이은 쿠데타나 태종 이방원의 왕자의 난보다도 더 참혹한 유혈극이었다. 김종서·황보인 같은 반대파는 물론 가장 강력한 경쟁자인 안평대군과 이들의 가족까지 모조리 죽이고 정권을 장악한 수양대군은 스스로 영의정·이조판서·병조판서 및 내외 병마도통사를 겸하여 국정을 좌지우지했다. 그리고 자신의 심복인 정인지(鄭麟趾)를 좌의정, 한확(韓確)을 우의정에 임명했고, 자신을 포함하여 쿠데타의 일등공신인 한명회(韓明澮)·권람(權擥)·홍달손(洪達孫)·신숙주 등에게도 공신호와 벼슬을 내렸다.

권력을 독차지한 수양대군은 그 뒤 1년 반 동안이나 이름뿐인 임금인 어린 단종을 들들 볶다가 더 이상 기다릴 수 없어서 그 이듬해인 1455년 6월에 단종을 상왕(上王)으로 쫓아내고 왕좌를 차지하고 말았다. 그러나 단종의 양위를 불법 찬탈로 보고 단종의 복위를 위해 충신들이 들고일어난 일이 벌어졌으니 곧 사육신사건(死六臣事件)이다. 사육신사건의 주요 인물은 승지 성삼문을 비롯하여 그의 부친이며 도총관이던 성승(成勝), 형조참판 박팽년(朴彭年), 직제학 이개(李塏), 예조참판 하위지(河緯地), 사예 유성원(柳誠源), 동지중추원사 유응부(兪應孚) 등이었다.

이들의 거사 예정일은 1456년 6월 경복궁에서 귀국하는 명나라 사신의 환송연이 벌어지는 날이었다. 성삼문은 무관인 부친과 유응부를 운검(雲劍)으로 추천했다. 운검이란 임금의 뒤에 칼을 들고

서 있는 경호원이다. 그런데 무슨 낌새를 챘는지 꾀많은 한명회가 운검을 들이지 말자고 졸랐고 세조도 동의했다. 조짐이 불길하고 일이 묘하게 어긋나자 성승과 유응부는 더 이상 기다릴 필요 없이 당장 거사하자고 주장했으나 신중한 성삼문·박팽년 등은 다음 기회를 기다리자고 했다. 결국 그것이 화근이었다. 배신자 김질(金質)의 밀고로 탄로나 모두 잡혀들어가 세조의 친국을 당했다. 모진 고문 가운데 세조와 성삼문이 주고받은 말을 실록은 이렇게 전한다.

"너는 왜 나를 배반했느냐?"

"본 임금을 복위하려 함인데 어찌 배반이라고 하오? 나으리가 나라를 도둑질해 빼앗으니 임금이 쫓겨나는 것을 차마 볼 수 없어 한 일이오. 나으리는 평소 주공(周公)을 자처했는데 주공도 이런 짓을 했소?"

주공은 중국 주나라 성왕의 숙부로 어린 성왕을 잘 보필한 인물이다. 또한 나으리란 대군에 대한 존칭이니 세조를 임금으로 인정할 수 없다는 뜻이었다. 화가 치민 세조가 발을 구르며 고함쳤다.

"네가 나를 나으리라고 하는데 너는 나의 녹을 먹지 않았느냐?"

"본임금이 계신데 나으리가 어찌 나를 신하로 삼을 수 있겠소? 못 믿겠으면 우리 집에 가 보시오."

세조가 무사를 시켜 불에 달군 쇠로 다리를 뚫고 팔을 잘랐으나 성삼문은 굴복하지 않았다. 나중에 성삼문의 집을 조사해 보니 세조가 등극한 뒤부터 받은 녹미는 한 톨도 축내지 않고 그대로 쌓아두었을 뿐 아니라 남은 것은 침실에 돗자리밖에 없었다. 성삼문에 이어 박팽년·유응부·이개·하위지도 차례로 끌려나와 갖은 악형을 받았지만 아무도 굴복하지 않았다. 박팽년도 세조를 나으리라고 불렀으며, 유응부는 아예 당신이라고 호칭했다. 하위지가

"역적 누명을 씌웠으면 목을 베면 그만이지 이것저것 자꾸 물어서 무엇하오?" 하자 세조도 지쳤는지 고문을 그치게 했다.

이들은 모두 사형선고를 받고 한강변 새남터 형장으로 끌려갔다. 성삼문은 죽으러 끌려가며 옛 동료들에게 말했다. "그대들은 새 임금을 도와 태평성대를 이루시오. 나는 저승에 가서 옛 임금을 모시겠소." 당시 그의 나이 46세, 박팽년의 나이 47세, 하위지는 70이었다. 이개는 목은 이색의 증손자로서 수양대군의 쿠데타에 동참한 이계전의 조카였다. 이들 4명과 무관인 유응부는 함께 참수되고 머리는 모두 저자에 효수되었다. 유성원은 성균관에서 이 일을 듣고 집에 돌아가 부인과 마지막 술을 나누고 사당에 들어가 자결했다. 곧이어 들이닥친 군졸들이 그의 시신을 끌어다 사지를 찢었다. 이들이 곧 사육신이다.

이들의 목없는 시체는 누군가 밤중에 업어다 노들강변에 매장했는데 그가 생육신의 한 사람인 김시습(金時習)이라는 설이 있다. 그 날부터 무서운 검거선풍이 불어 이들의 가족을 포함해 70여 명이 잡혀가 처형당했다. 남자는 모두 죽였고 여자는 모두 종을 만들었다. 그러나 세조의 불의에 맞서 꿋꿋이 싸우다가 죽은 이들의 충절은 시대를 초월하여 역사에 길이 빛나고 있다.

비록 실패로 끝난 반정운동(反正運動)이었지만 사육신의 충절사는 왜 사람이 짧게 살더라도 바르게 살아야 하는가를 극명하게 일러주는 역사의 교훈이 아니고 무엇이랴.

사육신의 거사가 실패로 돌아간 뒤 영월로 유배되어 청령포에 갇혀 있던 단종은 그 해 늦여름에 갑자기 쏟아진 폭우로 처소를 읍내 관풍헌(觀風軒)으로 옮겼다. 그러나 1457년 금성대군(錦城大君)의 단종복위운동에 노한 세조는 후환을 없애고자 단종에게 사약을

장릉은 동을지산 기슭에 잠든 단종의 능으로 사적 제196호로 지정되어 있다.

보냈다. 10월 24일 왕방연이 관풍헌에 당도했으나 차마 강제로 마시게 할 수가 없었다. 그 때 공명심에 눈먼 하인 복득이란 자가 뒤에서 활시위로 목을 졸라 참혹하게 숨을 끊어 버렸다. 그 때 단종의 나이 17세였다. 강에 버려진 그의 시신은 후환이 두려워 아무도 거두려 하지 않았다.

이 때 용기와 의협심을 갖춘 이 고을 호장(戶長) 엄흥도(嚴興道)가 시신을 수습해 동을지산에 모셨는데, 현재 영월읍 서북쪽 3km 지점에 위치한 사적 제196호 장릉(莊陵)이다. 장릉은 사방 100리를 벗어날 수 없는 관례를 깨뜨린 조선왕조의 유일한 왕릉이기도 하다. 1967년부터 영월에서는 비명에 간 단종과 충신들의 원혼을 위로하는 단종제를 해마다 청명(淸明) 날 전야제를 시작으로 사흘간 베풀고 있다.

이들의 명예가 회복된 것은 그로부터 200년이 흐른 1681년(숙종 7). 사육신의 관작이 복구된 데 이어 숙종 24년에는 단종의 복위도 이루어졌다. 서울 동작구 노량진동 185-2의 사육신묘는 오랫동안 잡초만 우거져 황폐한 채 버림받다가 1978년 대대적인 정화작업으로 성역화되어 찾는 이들의 가슴마다 참다운 지조와 정절이 무엇인지 새삼 되새기게 해 준다.

한편 영월에는 청령포와 장릉, 관풍헌 외에도 자규루(子規樓)·낙화암(落花岩)·창절사(彰節祠)·영모전(永慕殿)·금몽암(禁夢庵) 같은 단종의 한서린 유적이 많다. 영월읍내를 관통하여 흐르는 동강의 옛이름은 금강(錦江)이다. 금강 동쪽 벼랑 위의 바위가 단종을 끝까지 모시던 시녀 6명이 깊은 강물로 몸을 날려 그의 뒤를 따른 낙화암이다. 또한 고씨동굴(高氏洞窟)과 어라연(魚羅淵) 같은 영월의 대표적 명승 절경에도 단종의 전설이 서려 있다.

단종이 원통하게 죽어 묻힌 지 400여 년의 세월이 흐른 뒤 영월 땅에는 또 한 사람의 역사적 인물이 불귀의 객이 되어 묻혔다. 그가 바로 방랑시인으로 유명한 김삿갓이다.

김삿갓 하면 평생을 해학과 풍자와 기지로 정처없이 주유천하한 풍류객이요 서민시인이며 기인이라는 사실은 누구나 알고 있지만, 한점 뜬구름 같고 한줄기 바람 같았던 그의 기구했던 삶의 발자취를 똑똑히 아는 사람은 아무도 없다.

그만큼 그의 생애는 널리 알려진 명성과는 달리 신비에 싸여 있어 김삿갓 일가가 숨어 살던 집터와 그의 묘소가 양백지간(兩白之間), 즉 태백산과 소백산 사이 이 곳 영월군 하동면 와석리에서 발견된 것도 근래의 일이었다.

이는 영월의 향토사학자 고 박영국 씨의 오랜 현장답사와 연구

끝에 밝혀진 사실이다. 박씨가 김삿갓 유적을 추적하기 시작한 것
은 1974년부터였다. 1994년 작고할 때까지 필자와 친근한 관계였
던 고인에게 들은 이야기는 이런 내용이다.

김삿갓묘는 박영국 씨가 1982년 10월 17일 당시 영월 창절서원
장인 김영배(金寧培) 씨의 안내로 답사하여 세상에 처음으로 알려
지게 되었다. 김영배 씨의 증언에 따르면 철종 때 한성판윤을 지낸
자신의 증조부 김석봉(金碩奉)이 대원군 집권시 영월로 낙향하였다
가 1872년께 상경했을 때 당시 호조판서 김병기(金炳冀)를 만나 이
런 말을 들었다고 했다.

김삿갓의 묘가 양백지간에 있다. 영춘현감이 김삿갓의 묘가 양
백지간인 영춘과 영월 부근에 있다고 알려왔으니 잘 보살펴주기
바란다.

김병기는 당시 세도가문 안동 김씨의 실력자로서 본명이 김병연
(金炳淵)인 김삿갓과는 같은 문중의 같은 항렬이었다.

그 뒤 이 이야기가 대대로 전해 내려왔고 김삿갓의 묘가 하동면
와석리 노루목에 있는 것으로 알려지게 되었다는 것이다.

이런 이야기를 들은 것이 1974년인데 그 때부터 8년 간 박씨는
영월 땅을 샅샅이 누비고 다니는 것은 물론 사재를 털어 김삿갓과
관련된 자료는 있는 대로 사서 모으고 전국 각지를 헤매며 추적한
끝에 마침내 영월군 하동면 와석리 노루목에서 김삿갓의 묘를, 그
곳에서 2km쯤 더 들어간 어둔리와 선락골에서 김삿갓 일가가 숨
어 살던 집터를 찾아 내기에 이르렀다.

또한 그 동안 알려지지 않았던 김삿갓의 수많은 일화와 44수에
이르는 미공개 시편을 발굴해 내기도 했다. 김삿갓 일가가 처음 영

월 땅으로 숨어 들어와 살던 곳이 동강을 거슬러 올라간 삼옥리라는 사실도 확인할 수 있었다.

박씨가 세상을 뜬 뒤에는 영월향토사연구회 회장인 엄흥용(嚴興鏞) 씨가 뒤를 이어 김삿갓 연구와 유적지 보존운동을 벌이고 있다.

이미 말했거니와 양백지간이란 태백산과 소백산 사이를 가리킨다. 태백산에서 강원도와 경상북도를 가르며 서쪽으로 뻗어내리는 백두대간은 양백지간 강원도와 충청북도 사이에서 마대산과 선달산을 우뚝우뚝 일으켜세웠다.

김삿갓이 한평생의 방랑을 멈추고 영원히 잠든 노루목은 마대산 기슭에 자리잡고 있다. 풍수가들은 이 곳 지형을 가리켜 '유지앵소형(柳枝鶯巢形)', 곧 버드나무 가지의 꾀꼬리집과 같은 형상의 명당이라고 한다.

노루목은 마대산 자락인 선락골·선래골·어둔리에서 흘러내리는 계류수를 경계로 충북 단양군 영춘면 의풍리와 이웃하고 있는 첩첩산중이다.

영월읍에서 동강교를 건너 남한강 줄기를 오른쪽에 끼고 595번 지방도를 달리면 영월화력발전소·고씨동굴을 차례로 지나서 각동교가 나온다. 우회전하여 다리를 건너면 온달산성이 있는 영춘을 거쳐 단양으로 가는 길이다. 이 곳 삼거리에서 좌회전하여 태백으로 향하는 88번 지방도를 타고 옥동천을 따라 대야리 옥동리를 지나면 와석리. 영월읍에서 약 30km 거리이다.

옥동초등학교 주석분교를 지나면 곧 김삿갓계곡 들머리가 나온다. 박영국 씨 생전인 1986년에 영월군청에서 지프를 내주어 이 곳을 처음 답사했을 때에는 온통 울퉁불퉁하고 거친 비포장길이어서

풍자와 해학으로 한평생 주유천하한 방랑시인 김삿갓 집터와 묘역 들머리의 유적비와 기념비들. 오른쪽 산신당 앞으로 난 길이 옛집터로 올라가는 선래골 입구이다.

머리에 혹이 생길 정도였는데 지금은 7km 구간 중 든돌·각시소·싸리골까지 5km는 포장이 되어 있다. 싸리골에서 곡골·대밭 나드리를 지나면 노루목이다.

엄흥용 씨는 이 곳이 조선 명종 때의 학자요 예언가로 이름난 격암(格菴) 남사고(南師古)가 「남격암산수십승보길지지(南格菴山水十勝保吉之地)」에서 가리킨 병란을 피하고 삼재가 들지 않는 이른바 십승지의 한 군데인 '영월 정동(寧越正東)'이라고 주장한다.

노루목에서 그대로 가면 의풍으로 넘어가는데, 실낱같이 가늘게 뻗은 그 길이 바로 김삿갓이 처음으로 방랑길을 떠나던 길이요 뒷날 시신으로 돌아오던 길이다.

작은 개울을 따라 오른쪽으로 올라간 곳이 곧 김삿갓묘를 비롯하여 각종 시비·기념비 들이 벌여 서 있는 김삿갓유적이다. 생전에 그토록 김삿갓을 흠모하다가 김삿갓이 있는 저승으로 떠난 박영국 씨도 가까운 곳에 묻혀 있다.

김삿갓묘 앞의 노루목 성황당 옆길로 선래골 산길을 넘어 30분쯤 들어가면 김삿갓 일가가 숨어 살던 집터가 있는 어둔리 선락동이다. 선래(仙來)니 선락(仙落)이니 하는 지명은 모두 우리의 시선(詩仙) 김삿갓에게서 비롯되었다.

김삿갓유적 입구의 가건물인 삿갓주점은 노루목부인회에서 운영하는데 김삿갓의 시심과 생애를 추앙하여 찾아오는 나그네들에게 동동주를 비롯하여 칡국수·도토리묵·감자전·메밀전 같은 것을 싼값에 팔고 있다.

김삿갓의 묘가 이 곳에 있게 된 것은 그가 오랜 방랑 끝에 몸도 마음도 모두 지쳐 먼 남쪽 전라도 화순 땅에서 파란 중첩했던 한 삶을 마치자 소식을 들은 아들 익균(翼均)이 달려가 시신을 모셔와 이 곳에 장사지냈기 때문이다.

김삿갓은 어떻게 하여 방랑시인으로 고달픈 심신을 이끌고 세상을 떠돌게 되었던가.

안동김씨대동보에 따르면 김삿갓의 본명은 김병연. 1807년(순조 7) 3월 13일 김안근(金安根)과 함평 이씨(咸平李氏) 사이의 둘째 아들로 태어났다. 형은 병하(炳河), 아우는 병호(炳湖). 출생지는 분명한 기록이 없지만 만년에 지은 「난고평생시(蘭皐平生詩)」에 '初年自謂得樂地 漢北知吾生長鄕'이라고 하여 한강 이북이라는 점만 밝혔는데, 근래 들어 양주군 회천읍 회암사(會巖寺) 인근 마을로 추정되고 있다.

당대 제일의 세도가 안동 김씨 문중에서 태어나 잘만 하면 과거에 급제, 높은 벼슬자리에 나아갈 수도 있었으련만 죽장에 삿갓 쓰고 삼천리 방방곡곡을 방랑하게 된 기구한 운명의 사연은 미완의 혁명으로 끝난 홍경래(洪景來)의 반란에서 비롯되었다.

홍경래가 썩은 세상 둘러엎고 새세상을 만들고자 군사를 일으킨 것은 1811년, 김병연이 다섯 살 때. 당시 그의 조부 김익순(金益淳)은 선천부사 겸 방어사였다. 홍경래군이 인근 고을을 휩쓸고 선천에 쳐들어왔을 때 김익순은 혁명군에게 항복하고 목숨을 구걸했다. 그러나 그것은 더 살아보려다 영원히 욕된 이름을 남긴 셈이 되었다. 이듬해 봄 난이 평정된 뒤 김익순은 모반죄로 처형당하고 그의 집안은 풍비박산이 나고 말았다.

멸문지화는 면했지만 역적의 자손이라 고향에서 살아갈 수 없었다. 병하·병연 형제는 김성수라는 종이 데리고 황해도 곡산으로 도망쳤고, 부모는 아우 병호를 데리고 경기도 광주 땅으로 도망쳐 숨어 살았다.

병연이 일곱 살 때 아버지가 홧병으로 죽자 졸지에 과부가 된 어머니는 아들 삼형제를 이끌고 경기도 가평을 거쳐 강원도 두메산골로 들어가 평창에서 조금 살다가 다시 영월 삼옥리로 이사했다.

김병연이 20세 때인 1827년(순조 27) 영월 동헌에서 과거예비고사 격인 백일장이 열렸다. 시제(詩題)는 홍경래란 때 가산군수의 충절사를 논하고 김익순의 하늘에 사무치는 죄상을 한탄하라는 내용이었다. 이 날의 장원은 삼옥리 사는 가난한 선비 김병연이 차지했다. 집에 돌아와 어머니에게 자랑했지만 기뻐할 줄 알았더니 이게 웬일인가. 그제서야 눈물을 펑펑 쏟으며 그 동안 숨겨 왔던 집안의 내력을 들려주는 것이었다. 김병연은 하늘이 무너지는 듯했다. 역적의 자손인데다가 그 할아비를 욕질하는 시까지 지어 상을 탔으니 어찌 머리를 들고 하늘을 쳐다보며 살 수 있으랴.

그로부터 2년 동안 고민하던 김병연은 가출을 결심했다. 1년 연상의 장수 황씨(長水黃氏)와 결혼하고 맏아들 학균(翯均)이 태어난 직후였다. 삿갓 쓰고 죽장 짚고 미투리 신고 방랑길에 나선 김삿갓은 오늘은 이고을 내일은 저마을 이집 저집에서 문전걸식하고 박대를 당하며 정처없이 떠돌아다녔다.

본명은 김병연, 자(字)는 성심(性深), 호는 난고(蘭皐)였지만 누구에게도 가르쳐 주지 않았다. 그래서 세상 사람들은 그를 삿갓 쓰고 다니는 기이한 방랑시인이라고 하여 김삿갓, 한문으로는 김립(金笠), 김사립(金莎笠), 김대립(金蘽笠)이라고 불렀다.

김삿갓은 정 곤란할 경우에는 자신의 이름이 김란(金鑾)이요 자는 이명(而鳴)이라고 둘러댔다. 란은 방울 란, 이명은 그럼으로써 울린다는 해학에 다름아니었다.

홀홀단신 빈털터리로 집을 떠난 김삿갓은 정해진 곳도 오라는 곳도 없이 구름따라 바람따라 발길 닿는 대로 나라 안을 떠돌아다녔다. 그런 신세를 읊은 대표적 작품이 「대시(竹詩)」이다.

> 이대로 저대로 되어가는대로
> 바람치는대로 물결치는대로
> 밥이면밥 죽이면죽 생기는 이대로
> 옳으면옳고 그르면그르고 붙이는 저대로
> 손님접대는 가세대로
> 시정매매는 시세대로
> 그렇고 그렇고 그런 세상 지나가는대로

그렇게 주유천하하던 김삿갓은 2년 만에 잠깐 집에 돌아와 후사 없이 죽은 형 병하에게 자신의 맏이 학균을 양자로 입양시키고

비운의 천재 시인 김삿갓, 민중 속에서 떠돌다 간 서민시인 김삿갓이 고달펐던 방랑의 발길을 멈추고 이곳 노루목에 누워 있다.

둘째 아들 익균이 태어나자 다시 방랑길에 나섰다.

풍류호걸 김삿갓 가는 길에 시와 술뿐만 아니라 여자도 있었으니 그런 까닭에 은근하고 감칠맛나는 다음과 같은 사랑의 시편이 남아 전해온다.

산골처녀 다커서 어른같은데
분홍빛 짧은치마 헐렁하게 입었네
맨살허벅지 다 드러나니 길손이 부끄러워
솔울타리 깊은집엔 꽃향기도 물씬하리

꽃냄새 파고드는 사내 한밤중에 찾아가니
온갖꽃 짙게 피어도 모두 무정터라
홍련을 꺾고 남포(南浦)로 가니
동정호 가을물결에 작은배만 놀라네

‘솔울타리 깊은 집’이니 ‘남포’니 ‘동정호’니 하는 것이 모두 여성의 은밀한 부위를 가리킨다는 사실은 두말 하면 잔소리다.

김삿갓의 모친 함평 이씨는 남편과 맏아들이 먼저 세상을 뜨고 둘째 아들도 집을 나가 방랑하자 충청도 홍성 땅 결성(結城)의 친정으로 돌아가 버렸다. 궁벽한 산골에는 김삿갓의 부인 황씨와 아들·며느리만 남게 되었고, 가장 노릇은 둘째 학균이 맡아서 했다. 이들 일가가 살던 집터에 가면 김삿갓의 어머니·부인·며느리 3대가 고생스럽게 곡식을 찧었을 디딜방아가 아직도 남아 있다.

양자로 간 학균 내신 대를 이은 익균이 아비를 찾으러 수차 집을 나서 풍문이 들려오는 곳마다 찾으러다녔다. 한 번은 안동에서 한 번은 평강에서 또 한 번은 여산에서 김삿갓을 찾아 집으로 모시고 오려 했으나 도망치는 바람에 놓치고, 결국은 전라도 화순군 동복면 구암리에서 세상을 떠났다는 소식을 듣고 달려가 시신을 모시고 왔다.

1863년(철종 14) 3월 29일 파란 많은 이승살이의 막을 내린 김삿갓은 영월군 하동면 와석 1리 노루목에서 외롭고 괴로웠던 육신을 눕히고 영면에 들어갔다. 22세 때 방랑을 떠난 지 35년 만이니 그 때 그의 나이 57세였다.

와석리의 유적 외에 영월읍 영흥리 금강공원과 광주시 무등산공원에 김삿갓의 시비가 있다.

민족의 영산 백두산과 천지의 장엄 웅장한 모습. 최고봉인 백두봉을 포함한 건너편 북한 쪽 연봉은
흰 구름에 싸여 잘 보이지 않는 것이 마치 통일의 그날을 기다리고 있는 듯하다(위).
중국인들이 잘못 붙인 「장군총」이라는 이름으로 널리 알려진 이 거대한 적석총의 주인이
광개토태왕인지 장수왕인지 아직도 밝혀지지 않고 있다(아래).

남산 칠불암 마애석불좌상. 서라벌의 불국정토 남산 곳곳에는 이 같은 불상·불탑·절터가 남아 신라인들의 극락왕생 염원을 전해주고 있다(위). 부여 낙화암에 오르면 백제 망국의 한을 싣고 흐르는 백마강 줄기가 한눈에 내려다 보인다(가운데).
충북 단양군 영춘면 하리 성산의 고성 온달산성. 고구려의 용장 온달이 실지회복의 한을 품고 전사한 아단성으로 비정된다(아래).

온달산성 밑 남한강변의 온달동굴 내부. 이곳에도 온달 장군이 무술을 연마했다는 전설이 서려 있다.

낙산사 홍련암은 의상조사가 해수관음을 친견한 해안 석굴인 관음굴 위에
세운 암자로서 또 하나의 동해 절경을 이루고 있다(위).
낙산사 일출. 의상대에서 맞는 해돋이는 우리 나라 어느 곳에서
보는 것보다도 장엄하고 화려하다(아래).

장릉은 동을지산 기슭에 잠든 단종의 능으로 사적 제196호로 지정되어 있다(위).
풍자와 해학으로 한평생 주유천하한 방랑시인 김삿갓 집터와 묘역 들머리의 유적비와 기념비들.
오른쪽 산신당 앞으로 난 길이 옛집터로 올라가는 선래골 입구이다(아래).

도산서원은 조선왕조시대의 대표적인 성리학자 퇴계 이황이 제자들을 기르던 도산서당 자리에
세워져 그의 위대한 학문적 성취와 고매한 덕행을 기리고 있다.

백제시대에 창건된 고찰 개암사 대웅전. 뒤로 보이는 거대한 암봉이 울금바위이고
그 아래 백제 광복군 최후의 거점인 주류성이 폐허로 남아 있다.

남한산성 수어장대는 본래 서장대였으나 병자호란 때 인조가 이곳에서 군사들을 지휘했으므로
수어장대라 부르게 되었다.

다산초당은 정약용이 고독과 절망을 딛고 학문 연구와 저술로 일관하던 실학사상과 명저의 산실이다.

안동 도산서원
- 위대한 선비 이퇴계 사상과 학문의 전당 -

경북 안동시 도산면 토계리 680번지 도산서원(陶山書院)은 조선조의 위대한 도학자요 교육자였던 퇴계(退溪) 이황(李滉)이 성리학을 연구하고 제자들을 가르치던 학문의 전당이다.

그 동안 퇴락했던 도산서원이 현재의 모습을 갖춘 것은 1969년에 사적 제170호로 지정하고 이듬해까지 보수 정화 사업을 통해 30채의 건물을 포함한 약 10만 평의 경내·외를 성역화한 다음이다.

안동시내로 들어가 시청앞 남부동 사거리에서 좌회전하여 봉화·태백에 이르는 35번 국도를 따라 동북쪽으로 안동호를 오른쪽에 끼고 약 26km를 달리면 도산서원 입구의 주차장이 나온다. 이곳에 차를 세우고 숲길을 300m쯤 걸어 들어가면 퇴계학의 성지 도산서원이다. 이미 연락했던 관리사무소장 김정인(金政仁) 씨의 안내로 경내를 돌아보았다.

도산서원은 조선왕조시대의 대표적인 성리학자 퇴계 이황이 제자들을 기르던 도산서당 자리에 세워져 그의 위대한 학문적 성취와 고매한 덕행을 기리고 있다.

본래 도산서원은 1557년(명종 12)에 퇴계가 벼슬길에서 잠시 물러나 이 곳에 3평짜리 도산서당(陶山書堂)과 8평짜리 농운정사(隴雲精舍)를 지어 학문을 연구하고 제자를 기르던 곳으로서 퇴계 생시에는 이 두 채의 건물밖에 없었다. 당시에는 재력이 부족하여 3평에 불과한 도산서당을 완공하는 데에도 4년이나 걸렸다고 한다.

그 뒤 퇴계가 세상을 떠난 지 4년째 되던 해인 1574년(선조 7)에 제자들과 이 고장 유림이 힘을 합쳐 도산서당 뒤쪽에 선생을 추모하고 학문을 이어받기 위해 도산서원을 건립하였으며, 그 이듬해에 선조가 당대의 명필인 석봉(石峯) 한호(韓濩)의 친필인 '陶山書院' 현판을 보내 이른바 사액서원(賜額書院)이 되었다.

따라서 정확히 말하자면 도산서당은 퇴계 자신이 지은 것이고 도산서원은 제자들이 세운 것으로서 별개이지만 한울타리 안에 있으므로 편의상 아울러 도산서원이라고 부르고 있다.

도산이란 지명은 도산서원을 병풍처럼 두르고 있는 그리 높지도 않은 이 산에 옛날 옹기 굽던 가마가 있어서 유래되었다고 하는데, 퇴계 당시에는 시냇물이 흐르던 서원 앞까지 지금은 안동호 깊고 푸른 물이 들어차 주변 경치가 아름답고 공기도 맑다.

퇴계가 후학 지도를 시작한 것은 그의 나이 49세 되던 해인 1549년(명종 4) 연말에 풍기군수를 사임하고 향리로 돌아온 다음 해부터였다. 현재의 도산서원에서 북쪽으로 3km쯤 떨어진 종가(宗家) 건너편에 조그만 계상서당(溪上書堂)을 세웠는데 그의 가르침을 받기 위해 찾아오는 제자가 늘어나자 장소가 너무 비좁아 이 곳으로 옮긴 것이다. 퇴계가 기거하던 단칸방이 완락재(玩樂齋)요 제자들을 가르치던 마루가 암서헌(巖栖軒)이다. 도산서당에 딸린 것으로는 출입문인 유정문(幽貞門), 앞마당의 연못인 정우당(淨友塘), 정우당 동쪽 산기슭의 샘터인 몽천(蒙泉), 서당 동쪽 기슭의 화단인 절우사(節友社) 등이 있다.

서당 서쪽의 농운정사는 제자들이 머물며 배우던 공(工)자 모양의 건물이다. 제자들이 공부하던 마루를 시습재(時習齋)라 했고, 공부하다가 쉬던 마루는 관란헌(觀瀾軒)이라고 했다. 나이든 제자들은 동쪽 방에, 보다 어린 제자들은 서쪽 방에서 기거토록 했다고 한다.

전교당(典敎堂)은 도산서원의 중심부를 이루는 건물로 진도문(進道門) 안에 있다. 1574년(선조 7)에 세워졌으며 각종 행사시 강당으로 쓰이던 곳이다. 현재 보물 제210호로 지정되어 있다. 전교당 서쪽 온돌방 한존재(閑存齋)는 원장의 거실 겸 사무실이었다. 또 전교당 앞에서 마주보고 서 있는 동재(東齋 : 博約齋)와 서재(西齋 : 弘毅

전교당(典敎堂)은 도산서원의 중심부를 이루는 건물로 진도문(進道門) 안에 있다. 1574년 (선조 7)에 세워졌으며 각종 행사시 강당으로 쓰이던 곳이다.

齋)는 서원의 유생들이 기거하며 학문을 닦던 곳이며, 진도문을 중심으로 동서 양쪽으로 배치된 광명실(光明室)은 서원의 장서고이다. 1930년에 중건된 이 서고에는 퇴계의 문도를 비롯하여 유학자들의 저술 4917권을 소장하여 전국의 서원 가운데 고서와 진본이 가장 많은 곳으로 알려져 있다.

전교당 동쪽의 장판각(藏板閣)은 출판소 역할을 하던 건물로 퇴계의 저술을 비롯하여 2790여 장의 판각이 보관되어 있다.

서원 가장 뒤쪽의 상덕사(尙德祠)는 퇴계와 그의 수제자인 월천(月川) 조목(趙穆)의 위패를 모신 사당으로서 보물 제211호로 지정되었으며, 해마다 2월과 8월에 이 곳에서 두 사람에게 제향을 올린다.

옥진각(玉振閣)은 1970년 정화사업시 신축한 콘크리트 건물로 퇴계의 유품인 문방구·지팡이·매화등·혼천의·투호 및 각종 서적류를 보관한 유물전시관이다.

한편, 서원 맞은편 강 건너 석축 위의 건물은 경상북도 지방문화재 제33호로 지정된 시사단(試士壇)으로 1792년(정조 16)에 임금이 평소 흠모하던 퇴계의 학덕을 기리고 이 고장 사림의 사기를 높여주고자 어명으로 특별 과거인 도산별과(陶山別科)를 치르도록 한 곳이다. 이 때 7228명이 응시하여 임금이 직접 11명을 선발하여 시상했다고 한다.

도산서원 경내에는 이들 건물 외에도 퇴계가 즐겨 산책하던 천연대(天淵臺)와 운영대(雲影臺) 등 곳곳에 퇴계의 자취가 서려 있어 그의 유덕을 기리는 후학들의 발길이 끊이지 않는다.

퇴계 이황은 1501년(연산군 7) 11월 25일에 도산서원에서 서북쪽으로 약 3km 떨어진 현재 안동시 도산면 온혜리 누송정(老松亭)에

도산서원 건너편의 시사단은 퇴계의 학식과 덕망을 흠모하던 정조에 의해 특별 향시가 치러지던 곳이다.

서 시골선비 이식(李埴)과 춘천 박씨(春川朴氏) 사이에서 태어났다. 어머니 박씨는 퇴계를 낳기 전에 공자가 대문 안으로 들어오는 태몽을 꾸었다고 하여 뒤에 대문을 성림문(聖臨門)이라고 불렀는데, 성림문과 퇴계의 태실(胎室)이 아직도 남아 있다.

아버지 이식은 진사시(進士試)에 합격한 해에 퇴계를 두었으나 퇴계의 생후 7개월 만에 40세를 일기로 세상을 떠나니 32세에 청상이 된 어머니가 막내인 퇴계를 포함하여 전실 소생까지 합쳐 7남 1녀를 맡아 농사와 길쌈으로 힘겨운 생활을 꾸려나가야만 했다.

퇴계의 본관은 진보(眞寶 : 眞城), 어릴 때 이름은 서홍(瑞鴻), 자는 처음에 계호(季浩)라고 했다가 경호(景浩)로 고쳤으며, 호는 퇴계 외에 퇴도(退陶)·도옹(陶翁)이 있다.

훌륭한 인물에게는 훌륭한 어머니가 있었으니 퇴계의 어머니 박씨 역시 비록 학문은 몰랐어도 슬기로운 분이었다. 갖은 고생을 다 하면서도 자식들의 공부를 위해 뒷바라지에 애썼으며 늘 이런 말로 자식들을 훈도했다.

"너희는 아버지가 계시지 않으므로 남의 집 아이들과는 달라서 공부만 잘해도 안 된다. 공부는 물론이지만 행실도 각별히 조심해야 하느니라. 그렇지 않으면 애비가 없어서 제대로 배우지 못한 탓이라고 손가락질을 당할 것이기 때문이다."

이런 어머니의 감화를 받으며 자라 퇴계는 어려서부터 효성이 지극했으며 글공부도 열심히 했다. 그는 6세 때 이웃 노인에게서 천자문을 배웠고 12세에는 숙부인 이우(李堣)로부터 논어를 배웠다. 이우는 나중 과거에 급제하여 강원관찰사와 안동부사 등을 지낸 사람인데 어머니와 함께 어린 퇴계에게 깊은 영향을 주었다. 그 뒤에는 정확한 기록이 없지만 20세에는 주역을 배웠다고 한다.

21세에 김해 허씨(金海許氏)를 맞아 성혼하고, 2년 뒤에 첫아들 준(寯)을 낳고 서울로 올라가 성균관에서 공부하기 시작했다. 그러나 그 이듬해에 과거를 보았으나 세 차례 모두 낙방의 쓰라림을 맛보아야만 했다. 이는 어쩌면 일정한 스승이 없이 공부하여 답안지 쓰는 요령이 서툴렀기 때문이었는지도 모른다. 또 뒷날 스스로 말한 바와 같이 그는 어린 나이 탓에 공부하는 방법을 모르고 무리를 거듭하여 건강을 해치기도 했다.

고향으로 내려와 건강을 추스리는 한편 공부도 더욱 열심히 하여 27세에는 향시에 합격했고, 1534년(중종 29) 34세에는 마침내 대과(大科)에 급제했다. 그런데 향시에 합격하던 해에 부인이 둘째 아들 채(宋)를 낳고 먼저 세상을 떴다. 그는 30세에 권씨(權氏)와 재혼했는데, 이 권씨 부인도 16년밖에 같이 살지 못하고 저세상으로 먼저 갔다.

문과에 급제하여 처음으로 벼슬길에 오른 것이 승문원의 최하위 직인 종9품 부정자(副正子)직이었다. 실력을 인정받아 두 달 뒤에는 정9품으로 한 계급 특진하여 예문관 검열 겸 춘추관 기사관이 되었고, 그 해 12월에는 정7품 박사로 뛰어올랐다. 벼슬길에 나선 지 3년 뒤인 37세에 퇴계는 모친상을 당해 사직하고 고향으로 돌아와 3년상을 치렀다. 청상과부가 되어 오로지 자식들을 위해 모든 것을 희생하고 고생만 하다가 돌아가신 어머니였기에 퇴계의 슬픔은 더욱 컸다.

모친상을 치르고 다시 조정에 나아간 퇴계는 45세에 비로소 종3품 승문원 참교(參校)에 올랐고, 2년 뒤 안동부사에 임명되었으나 부임하지 않았다. 당시 조정은 중종(中宗)이 재위 23년 만인 1544년 세상을 뜨고 인종(仁宗)이 즉위했으나 병약했던 탓에 8개월 만에 세상을 뜨고 12세의 이복동생인 명종(明宗)이 왕위에 올랐다. 임금이 어린지라 생모 문정왕후(文定王后)가 정사를 좌우했다. 문정왕후는 을사사화(乙巳士禍)를 일으켜 수많은 인재를 죽음으로 몰아넣었다. 퇴계도 한때 억울하게 연루되어 파면당했다가 복직되기도 했다. 이런저런 이유로 벼슬살이에 환멸을 느낀 퇴계는 고향으로 잠시 내려와 양진암(養眞菴)이란 작은 집을 짓고 독서와 사색으로 한 세상을 보내고자 했다. 지명인 토계(土溪)를 퇴계로 고치고 자신의 아호를 삼은 것도 바로 이 때였다. 퇴계란 '벼슬길에서 물러나 냇가에서 머문다(退居溪上)'는 뜻이라고 한다.

그 뒤 퇴계는 번거로운 벼슬살이와 유유자적의 은둔생활을 몇 차례 되풀이하는데, 49세 되던 1549년(명종 4) 풍기군수를 끝으로 일단 벼슬길에서 물러나 고향으로 돌아와 도산서당을 짓고 학문연구와 후학지도에 나섰다. 돌이켜보면 벼슬살이 15년에 29종의 하위 관직을 전전했으니 어지간히 관운도 없는 편이었다.

48세로 단양군수를 지낼 때에는 둘째 아들 채가 22세의 한창 나이로 세상을 버려 가슴에 못을 박았고, 슬픔이 가시기도 전에 풍기군수로 전임이 되었다. 풍기에는 1542년(중종 37)에 세워진 최초의 서원 소수서원(紹修書院)이 있었다. 이는 퇴계의 전임자인 주세붕(周世鵬)이 우리 나라에 처음으로 성리학을 소개한 안향(安珦)의 집터에 사당을 세워 제향을 올리며 선비의 자제들을 교육하던 곳이었다. 퇴계는 임금에게 상주하여 소수서원에 사액과 전적 하사를 청해 소수서원은 또한 최초의 사액서원이 되기도 했다.

그리고 퇴계는 벼슬길에서 아예 벗어나고자 병을 이유로 상관인 경상감사에게 세 차례나 사직원을 냈으나 회신이 없었다. 그 해 12월에 결재가 나거나 말거나 퇴계는 고향으로 돌아오고 말았다. 뒤에 허락없이 관직을 버렸다고 2계급 강등을 당했으나 그런 것은 아무것도 아니었다.

문정왕후를 업고 악행을 일삼는 윤원형(尹元衡)이 정사를 좌지우지하는 것도 못마땅했거니와, 황해·충청감사를 거쳐 한성부 우윤으로 있던 친형 이해(李瀣)가 그들의 모함으로 귀양길에 죽음을 당해 세상 만사가 허망할 뿐이었다. 퇴계는 도산서당을 세우고 산천을 벗삼아 사색에 잠기고 학문을 연구하고 제자들을 거둬 가르치기에 남은 힘을 쏟았다.

그렇게 49세에 은퇴하여 70세로 세상을 뜰 때까지 퇴계는 도산서당에서 여생의 대부분을 보냈지만 그렇다고 하여 아주 바깥 세상을 버릴 처지도 못 되었다. 여러 차례 벼슬을 주고 부를 때마다 거듭 사양했지만 계속해서 왕명을 거절할 수는 없었다. 그래서 52

세 때에는 서울로 올라가 정3품 성균관 대사성(大司成)을 맡은 것을 포함하여 전후 다섯 차례에 걸쳐 공조판서·예조판서·대제학·이조판서 등을 역임했다.

1568년(선조 1) 68세의 퇴계는 16세의 어린 임금과 마주앉아 성심껏 바른 왕도(王道)에 관해 말씀드렸고 선조(宣祖)는 이를 귀기울여 들어주었다. 일일이 말하기 어려워 글로 써서 올린 것이 「성학십도(聖學十圖)」와 「무진육조소(戊辰六條疏)」이다. 이듬해 8월 도산으로 돌아온 퇴계는 제자들과 학문에 정진하다가 11월에 병이 들었다. 다시는 일어나지 못할 것을 알고 주변을 정리한 뒤 12월 8일 평소 아끼던 화분의 매화를 바라보다가 앉은 자세로 조용히 숨지니 향년 70이었다.

퇴계는 학문이 깊고 행실이 근엄한 도학자였으면서도 심성이 부드럽고 풍류를 사랑한 시인이기도 했다. 그는 아무리 젊은 후배가 어떤 질문을 해도 성실히 답변하고 기꺼이 토론했으며, 나이가 어리거나 신분이 하찮은 사람이라도 정성으로 대한 인격자였다. 특히 제자들을 사랑하여 혹시 꿈에 그 가운데 누군가를 보기라도 한다면 다음 날 꼭 편지를 보내 안부를 확인했고, 몸이 불편해도 제자가 찾아오면 억지로라도 일어나 강의를 할 만큼 따스하고 자상한 스승이었다. 35세 연하인 율곡(栗谷)이 도산서원으로 찾아왔을 때에도 그의 총명한 자질과 비범한 인품을 알아보고 마치 동년배의 지기처럼 마음을 열어 놓고 학문을 토론한 이야기는 유명한 일화로 전해 온다.

퇴계의 저서는 주자학 연구를 정리한 『계몽전의』 『주자학절요』 『성리대전』을 비롯하여 농촌진흥을 위한 『예안향약』, 그 밖에 『종계원명이학통록』 『도산기』 『심경후론』 『심무체용변』 『천명도설』

대학자 이퇴계의 자취가 서리고 그의 유덕을 추앙하는 도산서원에는 20채의 건물이 있으며 찾는 이들의 발길이 끊임없다.

『자성록』 등이 있는데 그의 심오한 학문의 경지에 대해서는 천학 비재한 필자가 뭐라고 말할 처지가 아니다.

퇴계는 감수성이 예민하고 심성이 섬세하여 천생의 시인 자질을 타고난 대로 2000수에 이르는 시를 남겨놓기도 했는데, 다음 시는 19세에 지은 것이다.

숲속 초당에서 만권의 책 홀로 즐기며
똑같은 한가지 생각에 십 년을 보냈네
요즘에 와서야 비로소 근원과 마주친 듯
내마음 전체를 휘어잡아 태허를 보는구나

퇴계도 선견지명이 있어서 서산대사·이토정·이순신·이율곡·소중봉 같이 임진왜란을 예언한 몇 안 되는 사람 가운데 한

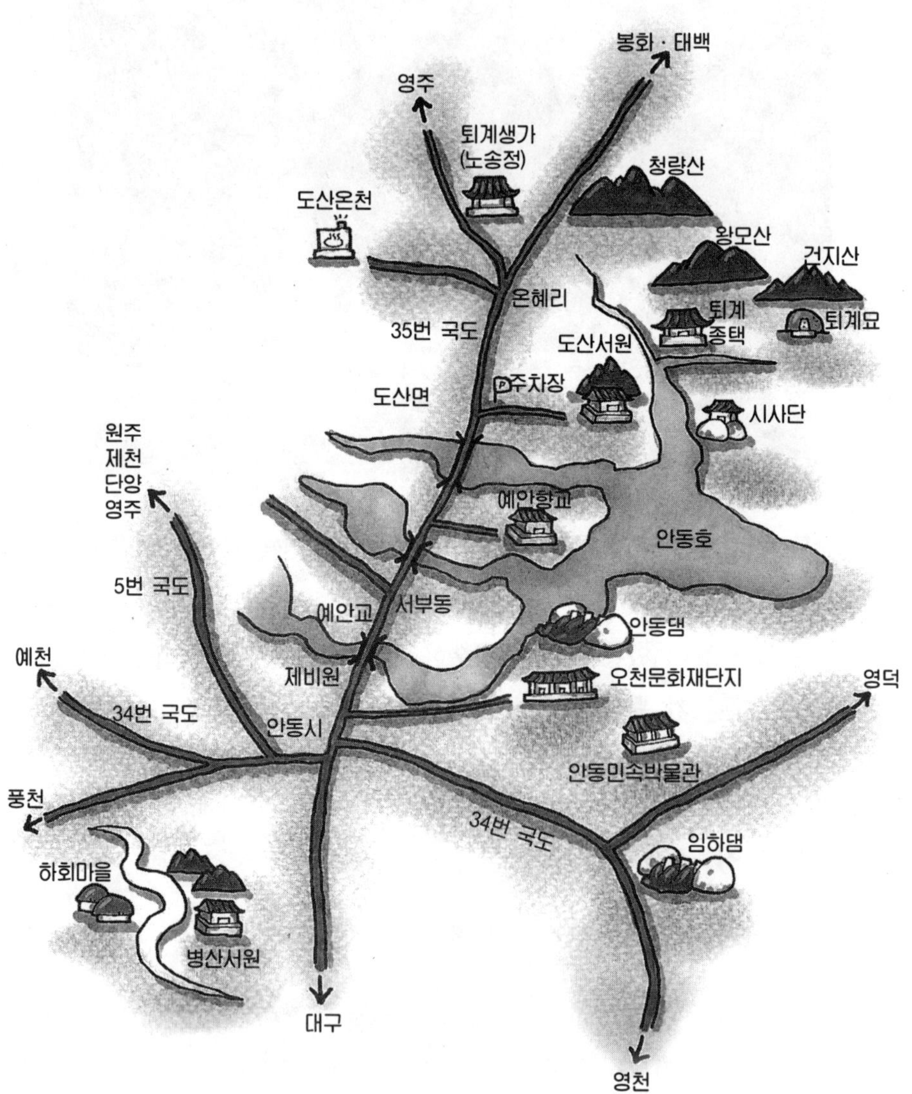
봉화 · 태백
영주
퇴계생가
(노송정)
청량산
도산온천
왕모산
건지산
온혜리
35번 국도
퇴계
종택
퇴계묘
도산서원
도산면
P주차장
시사단
원주
제천
단양
영주
예안향교
안동호
5번 국도
예안교
서부동
예천
안동댐
34번 국도
제비원
오천문화재단지
영덕
안동시
풍천
안동민속박물관
하회마을
34번 국도
임하댐
병산서원
대구
영천

분이었다. 그는 "지금은 평화가 계속되고 있지만 나라의 남쪽과 북쪽에 항상 우리를 넘보는 세력이 있다는 점을 잊어서는 안 된다"면서, "권력자의 수탈과 백성의 곤궁으로 나라의 재정이 문란해지고 국고는 텅 비어가니 불의의 사변이 일어나면 힘없이 무너지고 말 것"이라고 경고했지만 결국 그의 사후 23년 만인 1592년(선조 25)에 임진왜란은 일어나고 말았다.

퇴계의 묘는 도산서원에서 북동쪽으로 약 4km 떨어진 종가에서 다시 1km쯤 남쪽으로 내려간 토계리 건지산 남쪽 야트막한 산기슭에 있으며, 묘비에는 '퇴도만은진성이공지묘(退陶晚隱眞城李公之墓)'라고 간단히 새겨져 있다.

파주 자운서원
- 신사임당·이율곡의 유덕 서린 묘역과 사당 -

경기도 파주시 법원읍 동문리 산 5-1번지 자운산 기슭의 자운서원(紫雲書院)은 조선 중기의 탁월한 사상가요 학자요 정치가였던 율곡(栗谷) 이이(李珥)의 유적이다. 1973년 7월 10일 경기도 지방기념물 제45호로 지정된 이 자운서원 경내에는 같은 날 지방기념물 제14호와 제15호로 함께 지정된 어머니 사임당(師任堂) 신씨(申氏)와 이율곡의 묘소도 있다.

자운서원은 1615년(광해군 7) 율곡의 유덕을 추앙하는 이 고장 유림에서 뜻을 모아 창건했으며, 자운이란 이름은 1650년(효종 1)에 임금이 내린 것이다. 그 뒤 1868년(고종 5) 대원군(大院君)의 서원철폐령으로 헐려서 빈터에 율곡의 묘정비(廟庭碑)만 남아 있다가 1970년부터 2년 간의 공사로 대지 2211평의 경내에 본전인 자운서원과 삼문인 자운문을 복원하고 주변을 정비했으며, 기념관과 율곡교원연수원도 들어섰다.

자운서원은 율곡 이이의 학문과 덕행을 기리고자 이 고장 유림에서 세웠다. 왼쪽 비석
은 묘정비이며, 경내에 부모와 율곡 부부 등 가족 묘역이 있다.

서원은 율곡을 주벽(主壁)으로 하여 좌우에 그의 제자인 김장생
(金長生)과 박세채(朴世采)의 위패를 모시고 해마다 8월에 제향을 올
린다.

정문을 들어서면 매표소 왼쪽 산기슭에 경기도 향토유적 제6호
로 지정된 이율곡의 신도비(神道碑)가, 자운서원 담장 밖 왼쪽에는
경기도 유형문화재 제77호로 지정된 묘정비가 서 있다. 율곡의 일
대기를 새긴 신도비는 1631년(인조 9) 4월에 세웠으며 비문은 백사
(白沙) 이항복(李恒福)이 짓고 글씨는 선조의 사위인 신익성(申翊聖)
이 썼다. 묘정비는 1683년(숙종 9)에 건립했으며 당대의 명필인 김
수증(金壽增)의 글씨로 율곡의 유덕을 추모하는 내용을 새긴 것이
다. 기념관에는 신사임당과 이율곡의 영정, 이들의 서화 작품과 유
물들이 전시되어 있는데 작품 대부분은 복제품이다.

율곡 일가의 묘역은 서원 오른쪽 산기슭에 있다. 잘 정비된 83개

율곡의 신도비. 이항복이 율곡의 일대기를 짓고 신익성이 썼으며, 인조 때 세워졌다.

의 돌계단을 오르면 묘역에 이른다. 그러나 그 순서가 통례와는 달라서 다소 혼란을 느끼게 한다. 가족묘라면 선대부터 위에서 아래로 차례차례 묘를 쓰는 것이 일반적이지만 율곡 일가의 묘역은 그 반대인 역장(逆葬)이기 때문이다.

맨 위에 율곡의 부인 노씨(盧氏)의 묘가 있고 그 아래가 율곡의 묘이다. 합장묘도 아니고 나란히 있는 것도 아니며 더구나 남편의 묘 위에 부인의 묘가 있으니 누구나 의아하게 여길 것이다. 그런데 여기에는 까닭이 있다.

율곡은 임진왜란이 일어나기 8년 전에 49세로 세상을 떠났으나 부인은 그 때까지 살아 있다가 여종과 함께 남편의 묘가 있는 이곳으로 피신했다. 그러던 어느 날 갑자기 왜병들이 들이닥쳐 환갑이 가까운 부인까지 겁탈하려고 달려들자 필사적으로 항거하다가 여종과 함께 칼에 맞아 죽었다. 왜란이 끝난 뒤 후손들이 수습하려고 보니 율곡의 묘 옆에 두 여자의 유골이 흩어져 있었는데 부인과 여종의 것을 구분할 수 없었다. 그래서 율곡과 합장할 수도 없고 쌍분으로 만들 수도 없어 두 유골을 모아 율곡의 묘 뒤에 묻었다는 것이다. 율곡의 부인이 왜병에게 살해당한 것은 기록에도 있고 후손들의 말이나 이 고장 구전과도 부합된다. 또한 율곡의 묘비에도 '문성공율곡이선생지묘 정경부인노씨묘재후(文成公栗谷李先生之墓 貞敬夫人盧氏墓在後)'라고 하여 뒤에 부인의 묘가 있다고 밝혀 놓았다.

율곡의 묘 아래에는 맏형 선(璿)과 그의 부인 곽씨(郭氏)의 합장묘, 그 다음에는 율곡의 어머니 신사임당과 아버지 이원수(李元秀)의 합장묘, 그리고 그 밑에는 율곡의 맏아들 경림(景臨)의 묘가 있다.

우리 역사상 위대한 인물 가운데 율곡이란 아호를 가진 이는 두 분인데, 다른 한 사람은 바로 원효대사(元曉大師)였다. 원효는 자신의 출생지인 경상북도 경산시 자인면의 밤골, 곧 율곡을 아호로 삼았고, 이이는 자신의 고향인 파주시 파평면 율곡리를 따서 아호로 삼은 것이다. 그러나 원효는 율곡이란 호를 거의 쓰지 않았으므로 아는 사람이 적은 반면, 퇴계(退溪) 이황(李滉)처럼 율곡 이이도 본명보다는 아호로 더 잘 알려져 있다.

잘 알다시피 이율곡이 태어난 곳은 현재 강원도 강릉시 죽헌동 201번지의 오죽헌(烏竹軒)이다. 오죽헌은 본래 사임당의 외조부 이사온(李思溫)이 살던 집 별채였다. 율곡이 태어난 방은 어머니가 해산 전날 밤 용꿈을 꾸었다고 해서 몽룡실(夢龍室)이라고 부른다. 오죽헌은 뒷날 율곡이 이종제 권처균(權處均)에게 넘겨주어 안동 권씨(安東權氏) 집안의 소유가 되었다.

율곡의 어머니 신사임당은 우리 역사를 빛낸 훌륭한 여성이 많지만 그 가운데서도 단연 대표적인 분이라고 할 수 있다. '영원한 어머니상(像)'으로 첫번째 인물을 꼽으라면 누구나 주저하지 않고 신사임당을 들 것이다. 사임당은 어버이에게는 효녀, 지아비에게는 정숙한 아내, 자식들에게는 자애로운 어머니였다. 뿐만 아니라 여성은 이름도 가질 필요가 없고 글도 배울 필요가 없다면서 천시하던 고루한 유교적 인습이 지배하던 조선왕조시대에 신사임당은 시문(詩文)과 경전(經典)에 밝았으며, 서화(書畵)에도 빼어난 경지를 이루었으니 참으로 한국 여성사에 빛나는 큰 별이었다.

사임당은 1504년(연산군 10) 10월 29일에 강릉에서 태어났다. 본관은 평산(平山), 아버지는 신명화(申命和), 어머니는 이씨(李氏)로 생원 이사온의 외동딸이었다. 신명화에게 시집을 갔지만 이사온이 외동딸을 떼어놓고 싶지 않아 사위와 딸에게 그대로 한집에서 살게 했으므로 사임당은 외가에서 태어나게 되었던 것이다.

아버지는 연산군의 폭정과 을사사화(乙巳士禍) 등으로 숱한 사람이 목숨을 잃는 것을 보고 어지러운 세상을 개탄하여 과거를 보지 않다가 중종반정(中宗反正)으로 연산군이 쫓겨난 뒤에 진사시(進士試)를 보아 합격했지만 또다시 일어난 기묘사화(己卯士禍)로 피바람이 불자 아예 강릉에 낙향하여 은거하다시피 했다. 부인 이씨에게서 딸만 다섯을 낳았는데 사임당은 셋째였다.

사임당은 어려서부터 재주가 뛰어나 학문에 조예가 깊었고 시문과 서화 같은 예술에 특히 빼어난 자질을 보였다. 사임당은 19세 때 22세였던 이원수에게 시집갔다. 그런데 사임당이 혼인한 그 해에 아버지가 세상을 떠나 3년상을 치르고 서울로 올라가 홀로 된

율곡의 어머니 신사임당과 아버지 이원수의 합장묘. 율곡묘 아래에 있다.

시어머니 홍씨(洪氏)에게 처음으로 인사를 올렸다. 그리고 얼마 안 되어 남편과 함께 그의 고향인 파주 율곡리로 내려갔다. 율곡리에는 조상 대대로 물려온 시댁의 터전이 있었고 유명한 화석정(花石亭)은 이원수의 5대조 이명신(李明晨)이 건립한 정자였다.

사임당은 이원수와의 사이에서 4남 3녀를 두었는데 율곡은 셋째 아들이었다. 모두 재주가 있었지만 맏딸 매창(梅窓)과 넷째 아들 우(瑀)는 어머니를 이어 화가로 이름을 남겼고 율곡은 학자와 정치가로서 대성했다.

사임당이 율곡을 낳은 것은 33세, 친정인 강릉 오죽헌에 머물던 때였다. 율곡은 6세 때까지 외가에서 인자한 외할머니와 이모들의 사랑을 받으며 자라났다. 그리고 어머니를 따라 서울로 올라갔다가 아버지의 고향인 율곡리로 내려갔다. 사임당은 1551년(명종 6) 5

월 17일에 48세를 일기로 세상을 떴다. 그 때 남편은 세곡을 걷어 들이는 종5품 벼슬인 수운판관(水運判官)으로 맏이 선과 셋째 율곡을 데리고 평안도로 출장 갔다가 돌아오고 있었다.

다시 율곡의 이야기로 돌아간다. 앞서도 말했지만 율곡은 1536년(중종 31) 12월 26일 첫새벽에 강릉 오죽헌에서 태어났다. 본관은 덕수(德水), 자는 숙헌(叔獻), 호는 율곡 외에 석담(石潭)과 우재(愚齋)가 있다.

어렸을 때 이름은 현룡(現龍 : 見龍)이라고 했는데 이는 어머니가 해산 전날 밤 바다에서 용이 집으로 날아 들어오는 꿈을 꾸었기 때문이다. 또 사임당이 율곡을 낳기 전에 꿈을 꾸었는데 한 귀신이 나타나 "이 아이는 장차 큰 인물이 될 터이니 미리 죽여 없애야겠다. 그러나 그 대신 오죽헌 뒷산의 밤나무가 천 그루가 되면 하늘의 뜻이니 살려 주겠다"고 했다. 사임당과 귀신은 함께 뒷산에 올라가 밤나무를 세어 보았는데 999그루였다. 귀신은 그것 보라 하면서 뱃속의 율곡을 죽이려고 하였다. 그 순간, 밤나무숲 옆에 있던 한 나무가 "나도 밤나무다!" 하고 소리치는 바람에 귀신은 놀라 도망쳐 버렸다. 그래서 그 때부터 이 나무를 너도밤나무라고 부르게 되었다고 한다.

겨레의 스승인 이율곡은 뛰어난 학자요 정치가이기에 앞서서 조선왕조 500년 사상 과거에 아홉 번이나 장원급제한 신기록을 세운 천재 중의 천재였다. 그는 어려서부터 총명이 뛰어나 3세에 글뜻을 깨우쳤고 5세 때에는 석류를 가지고 놀다가 '石榴皮裏碎紅珠(석류 껍질 속에 붉은 구슬이 부서져 있네)'라는 시구를 지어 주위를 놀라게 했다. 또 율곡리로 이사한 8세 때에는 화석정에 올라 다음과 같은 빼어난 시를 지어 신동의 자질을 드러냈다.

숲속 정자 가을이 이미 깊었으니	林亭秋已晚
시인의 감회 그지없어라	騷客意無窮
멀리 물은 하늘에 닿아 푸르고	遠水連天碧
서리맞은 단풍 햇빛에 붉게 빛나네	霜楓向日紅
산에는 외로이 둥근 달이 떠오르고	山吐孤輪月
강에는 바람만 하염없는데	江含萬里風
먼 데서 온 저 기러기는 어디로 가는지	塞鴻何處去
그 울음소리 저녁 구름 속으로 사라지누나	聲斷暮雲中

천재답게 율곡은 13세에 진사시에 합격하고 계속 학문에만 정진했다. 그러나 16세 때 평생 지울 수 없는 마음의 상처를 받게 된다. 그토록 사랑하던 어머니, 따스한 어머니이면서도 자상한 어머니가 세상을 떴던 것이다. 임종도 못한 한까지 맺혀 율곡의 슬픔은 누구보다도 컸다. 그는 묘 옆에 여막을 짓고 3년 간 시묘(侍墓)살이를 했다. 그러면서 독서에 열중하여 슬픔을 잊으려고 했지만 삶에 대한 허망감과 회의는 더해만 갔다.

율곡은 모친상을 마친 뒤 18세부터 21세까지 3년 간 금강산으로 들어가 유점사의 말사인 마하연에서 의암(義庵)이란 법명으로 불법의 오묘한 진리를 깨우치려 했다. 이 때 불교에 몰두했던 일을 두고 뒷날 율곡은 많은 모함을 당했다. 중 노릇을 하던 자가 과거를 보아 벼슬을 하는 것이 말이 되느냐고 비난했고, 성균관에서 공자의 위패에 절도 못 하게 했다. 하지만 유학과 불경은 물론 노장사상(老莊思想)까지 두루 섭렵한 율곡은 죽을 때까지 아무 변명도 하지 않았다. 율곡이 머리를 깎고 출가했다는 설과 머리는 깎지 않고 참선과 불경만 공부하다가 『논어』를 다시 읽고 돌아왔다는 두 가지 설이 있는데 어느 쪽이 정확한지는 아직 밝혀지지 않고 있다.

참고로 덧붙이자면 율곡이 '십만양병설(十萬養兵說)'을 건의하고 뒷날 임진왜란에 대비하여 화석정에 기름을 먹인 것은 서산대사 (西山大師)의 지시로 사명대사(四溟大師)가 전해준 말에 따랐다는 설도 있다.

어쨌든 다시 세상에 나온 율곡은 한성시(漢城試)에 장원으로 급제하여 세상에 이름이 널리 알려지게 되었다. 이를 계기로 성주목사 노경린(盧慶麟)의 눈에 들어 그의 딸에게 장가를 들었다. 벼슬이 싫어 처가에서 책을 읽으며 보내던 율곡은 외할머니를 뵈오러 길을 떠났다. 성주에서 강릉으로 가는 길에 안동 도산서원(陶山書院)을 찾아 제자들을 가르치고 있는 이퇴계를 만나 인사하고 이틀을 묵었다. 1558년(명종 13), 당시 이퇴계는 59세 이율곡은 23세였다.

율곡이 떠나면서 다시 한 번 가르침을 청하자 퇴계는 이런 글을 써서 주었다. "마음가짐에서 중요한 것은 속이지 않는 것이고, 벼슬을 하면 쓸데없는 일을 만들지 않는 것이 바람직하다."

퇴계는 아들뻘인 율곡이 학문이 정심하고 인격 또한 훌륭한 데에 감명하여 나중에 "후생가외(後生可畏)라는 말이 있지만 율곡이야말로 두뇌가 총명하여 많은 것을 읽고 기억하니 과연 두려운 재능을 지니고 있다"라고 칭찬했다. 율곡도 퇴계의 깊은 학문과 넓은 인품에 감명을 받아 그 뒤 오래도록 서신을 주고받았다.

강릉의 외할머니를 찾아뵙고 서울로 올라온 퇴계는 별시(別試)에 장원급제했으나 여전히 벼슬길에는 나아가지 않았다. 그리고 3년 뒤 26세 때에 아버지가 돌아가 어머니의 묘에 합장하고 3년상을 치렀다.

율곡이 전후 아홉 차례의 과거를 보아 모두 장원으로 급제하니 어린아이에 이르기까지 나라 안에서 그의 이름을 모르는 사람이

대학자요 고매한 인격자였던 이율곡의 묘. 부인의 무덤은 뒤에 있다.

없게 되었다. 벼슬살이를 시작한 것은 29세 때였다. 파격적으로 정 6품인 호조좌랑을 시작으로 이듬해에는 예조좌랑, 31세에는 사간 원정언, 33세에는 정5품 사헌부지평에 승진했고, 이듬해에는 홍문 관교리를 지냈다. 그러나 천성적으로 몸이 허약해 이후 3년 간 관 직을 사퇴하고 황해도 해주 석담(石潭)에서 은거하며 건강을 돌보 았는데 석담이란 아호는 이 때 지은 것이다.

36세에 청주목사로 관직에 복귀했다가 병으로 사직했으며, 병이 낫자 다시 조정에 들어가 이후 당상관인 대사헌·이조판서·형조 판서 등을 역임했다. 탁월한 학자요 유능한 관리이기도 했던 율곡 은 또한 비범한 교육자이기도 했다. 율곡은 어린이로부터 일반 백 성, 임금에 이르기까지 배우고 익히도록 『소아수지(小兒修知)』『격 몽요결(擊蒙要訣)』『학교모범(學校模範)』『향약해설(鄕約解說)』『성학

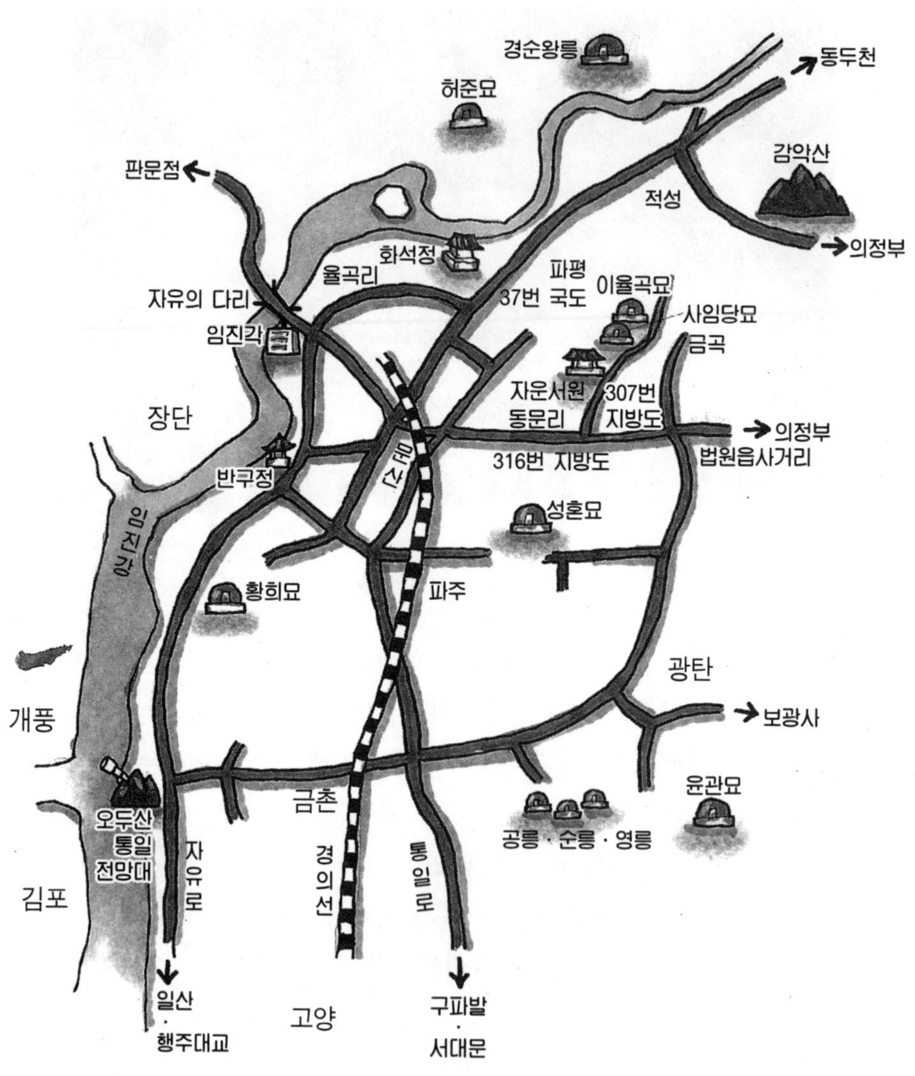

집요(聖學輯要)』『동거계(同居戒)』 등을 지었다.

학문이 깊을 뿐만 아니라 천성이 너그러운 대인격자였던 율곡은
조정에 있을 때 날로 치열해져 가는 동인과 서인 간의 당쟁을 없

애려고 애를 썼다. 그러나 오히려 양쪽으로부터 자기네 편을 들어 주지 않는다는 비난을 당할 뿐 당파싸움은 심해져 가기만 했다. 이에 율곡은 환멸을 느껴 벼슬을 버리고 강릉으로, 또는 율곡리로 낙향하여 실의의 세월을 보냈다. 건강도 자꾸만 악화되었다.

이따금 찾아오는 제자들과 학문을 연구하고 풍월을 즐기던 화석정은 파평면 율곡리 임진강변에 있다. 임진왜란 때 백성들 몰래 피란가던 못난 임금과 대신들을 위해 불을 질러 거대한 횃불 노릇을 했던 화석정은 1703년(현종 10)에 복원했으나 6·25 때 다시 소실됐고, 현재의 정자는 1966년에 재건한 것으로 지방문화재 제61호로 지정되어 있다.

인생을 달관하여 물욕을 버린 율곡은 처가에서 사 준 집도 팔아 가족, 친척, 제자 들을 먹이느라 자신은 굶은 적도 많았다. 유난히 술을 좋아하는 계모의 이상한 성벽 때문에 마음고생도 심했다. 그렇게 저렇게 세상사에 부대끼다가 48세 때 벼슬길에서 완전히 벗어났다.

율곡리로 낙향했으나 병이 깊어 치료를 하려고 서울로 올라왔다가 이듬해인 1584년(선조 17) 1월 16일 새벽에 이승살이의 막을 내리고 말았다. 그 때 나이 49세였다. 수의조차 마련하지 못할 만큼 청빈한 살림살이였기에 친구들이 천을 구해 수의를 만들었다고 한다.

자운서원 경내 묘역 입구의 문성문(文成門)은 그의 시호에서 비롯됐으며 시호는 사후 40년 되던 1624년(인조 2)에 내려진 것이다.

밀양 표충사(表忠祠)
- 사명대사 법력과 충혼 기리는 사당 -

　정감어린 민요 「밀양아리랑」으로 유명한 경남 밀양(密陽)은 예로
부터 경북 안동과 더불어 영남 유학(儒學)의 본고장으로 이름 높던
유서깊은 고장이다. 고려말과 조선초의 명현 춘정(春亭) 변계량(卞
季良)과 성종 때의 대학자이며 영남학파의 종조(宗祖)로 추앙받는
점필재(佔畢齋) 김종직(金宗直)이 바로 이 곳 사람이다. 또한 임진왜
란 때 승병을 이끌고 미증유의 국난 극복에 앞장섰던 사명당(四溟
堂) 송운대사(松雲大師)도 이 곳 무안면 고라리에서 태어났다.

　밀양은 삼한시대에는 변한(弁韓) 땅이었고 뒤에 가락국(駕洛國)에
딸렸다가 신라 법흥왕이 가락국을 병합한 다음에는 추화군(推火郡)
이 되었다. 그리고 757년(경덕왕 16) 신라가 중국의 군현제도를 본
떠 행정구역을 개편할 때 밀성군(密城郡)이 되었으며, 고려조에 접
어들어 995년(성종 14)에 밀주군(密州郡)으로 개칭되었다가 1018년
(현종 9)에 다시 밀성군으로 되돌아갔다. 밀양이라는 현재의 지명으

로 바뀐 것은 1390년(공양왕 2)의 일이었다.

1989년 1월 시로 승격된 밀양은 진주 촉석루, 평양 부벽루와 더불어 우리 나라 3대 누각으로 꼽히는 영남루, 아랑(阿娘)의 애절한 전설이 서린 영남루 아래 밀양강변의 아랑각, 이 고장의 명산인 재약산(載藥山) 기슭의 표충사(表忠寺) 등을 3대 자랑거리로 삼고 있다.

밀양시에서 동북쪽으로 27km 떨어진 단장면 구천리 재약산의 표충사는 임진왜란 때 승속(僧俗)을 초월하여 구국에 앞장섰던 사명당의 충혼이 깃든 역사적 명찰이다.

밀양의 진산인 재약산은 전국에서 으뜸가는 억새의 명산이다. 밀양시 산내면과 단장면에서 울주군 상북면에 걸쳐 우뚝 솟은 재약산은 특히 수미봉에서 정상인 사자봉에 이르는 평균 해발 800m, 넓이 150만 평에 이르는 광활한 사자평고원의 키를 넘는 억새밭이 겨울을 재촉하는 가을바람이 불 때마다 황금빛으로 일렁대는 모습이 다른 산에서는 좀처럼 찾아보기 힘든 일대 장관을 이룬다.

재약산은 대부분의 지도와 등산안내서에 천황산(天皇山)으로 표기되어 있어서 아직도 그렇게 부르는 사람이 많다. 그러나 천황산이란 이름은 일제강점기에 일본인들이 우리 고유의 산줄기 명칭인 백두대간(白頭大幹)을 태백산맥(太白山脈)이라고 뜯어 고쳤듯이 제멋대로 바꾸어 버린 것이고 본래 이름은 재약산이다.

재약산은 『신증동국여지승람』 밀양도호부편과 『대동지지』 밀양편 등에는 재악산(載嶽山)으로 기록되어 있기도 한데, 어쨌든 재약산이 본명을 되찾은 것은 광복 50주년을 맞던 1995년 8월이었다.

표충사 경내에서 쳐다보이는 사자봉과 수미봉의 경관도 빼어나지만 그 기슭의 보이지 않는 골짜기인 금강동친과 옥류동천은 각

표충사(表忠寺) 경내의 표충사(表忠祠)는 본래 사명대사의 향리인 무안면에 있던 그의 사당을 이리로 옮긴 것이다.(오른쪽 건물)

각 금강폭포·은류폭포·층층폭포·홍룡폭포·화계용추와 같은 탈속의 비경을 간직하고 있어 한 번 들어서면 세속의 번거로운 잡사를 한때나마 잊을 만하다.

『밀양지』와 『재약산영정사고적』에 따르면 재약산과 표충사의 내력이 이렇게 기록되어 있다.

829년(흥덕왕 4)에 한 범승(梵僧)이 서역에서 왔는데 사람들이 얼굴이 노란 대머리 노인이라고 해서 '황면노독(黃面老禿)'이라고 불렀다. 그런데 마을에 괴질이 돌자 황면노독이 샘 하나를 가리키며 저 물을 마시면 나을 것이라고 했다. 사람들이 그가 시키는 대로 그 샘물을 길어다 마시니 과연 병이 나았으므로 감사의 표시로 재물을 거두어 절을 지어 주었다. 그래서 절 이름을 영정사(靈井寺), 산 이름을 재약산(載藥山)이라고 부르게 되었다는 것이다.

그러나 또 다른 설에 따르면 표충사는 본래 654년(진덕여왕 8)에

재약산 기슭의 표충사는 신라 때 창건되어 고려 때의 일연선사, 조선조의 사명대사 같은 고승들의 자취가 서린 유서깊은 명찰이다. 경내 유물관에 사명대사의 유품 300여 점이 보관되어 있다.

원효대사(元曉大師)가 창건한 죽림사(竹林寺)가 전신이라고 한다. 그 뒤 홍덕왕 때 왕자의 난치병을 이 곳 영정약수(靈井藥水)로 고쳤다고 하여 재물을 내려 대가람으로 중창하고 영정사라 불렀다고 하니 『밀양지』 등의 기록과는 다소 차이가 난다.

그 뒤 고려시대에는 『삼국유사』를 지은 일연선사(一然禪師)가 승려 1000여 명을 모아 수도했고, 조선 선조 때 사명당의 고향 무안면에 세워 준 사당 표충사(表忠祠)를 이 곳으로 옮기면서 절 이름도 표충사(表忠寺)로 고쳐 부르기 시작하여 오늘에 이르고 있다.

양지바른 재약산 기슭에서 시전천을 바라보는 배산임수(背山臨水)의 지세에 자리잡은 표충사에는 국보 제75호 청동함은향완, 보물 제467호 삼층석탑을 비롯한 많은 불교문화재가 있다. 청동함은

향완은 선조가 사명당에게 내려준 것이고, 삼층석탑은 부처의 진신사리를 모셨다고 알려진 신라시대 불탑이다.

표충사 유물관에는 사명당의 호국 충혼과 전설적인 불력(佛力)이 서린 가사·장삼·청룡언월도·방패·활·수저·탱화·병풍 같은 유품 300여 점이 경상남도 지방기념물 제17호로 지정되어 있어 생생한 역사교육장이라 할 만하다. 사명당의 유물 가운데 특히 눈길을 끄는 것은 대사가 쓰던 직경 1m에 이르는 거대한 박달나무 목탁과 일본에 사신으로 갔을 때 당시 최고 권력자인 도쿠가와 이에야스(德川家康)가 선물했다는 연엽바리 두 가지이다.

사명대사는 1554년(중종 39) 이 곳 무안면 고라리 삼강동에서 태어났다. 속성은 임(任), 어릴 때 이름은 응규였다. 13세 때까지 유학을 공부하다가 김천 황악산 직지사(直指寺)에 들어가 신묵화상(信墨和尚)에게 가르침을 받아 삭발하고 불문에 들어갔다. 법명은 유정(惟政), 자는 이환(離幻), 호는 송운(松雲) 또는 사명당이라 하였다.

그는 1561년(명종 16) 선과(禪科)에 급제하고 당대의 이름난 학자 문인들인 박순(朴淳)·이산해(李山海)·고경명(高敬命)·허봉(許篈)·이달(李達) 등과 폭넓게 교유하여 사림(士林)에서도 이름이 널리 알려지게 되었다. 32세 때인 1575년(선조 8)에는 묘향산에 들어가 청허당(淸虛堂) 서산대사(西山大師) 휴정(休靜)에게 배우고 그의 법통을 이어받았으며 그 뒤 금강산 보덕사를 거쳐 팔공산·청량산·태백산·오대산 등을 두루 다니며 불도에 정진했다.

43세 되던 해에 그는 옥천의 동암(東庵)에 자리잡고 제자들을 모아 불법을 가르쳤다. 어느 봄날이었다. 새싹이 돋고 꽃이 다시 피어나는가 했는데 그 날 밤 별안간 몰아친 풍우에 꽃잎이 죄다 떨어져 복숭아나무는 빈 가지만 앙상하게 남았다. 사명대사는 제자들을 불러 나무를 가리키며 이렇게 말했다. "어제 핀 꽃이 오늘은 빈 가지만 남았구나. 보라. 인간의 적멸(寂滅)도 저와 같으니 부생 (浮生)은 하루살이처럼 사라지는 법이니라."

또한 이르기를,

"헛되이 광음(光陰)을 버리는 것은 실로 가련한 노릇이다. 너희 모두도 각자 성령(性靈)을 지니고 있으니 그 또한 여래가 아니고 무엇이랴. 여래가 내 마음 속에서 생겨나니 어찌 마음 밖에서 달리 구하리오."

더 이상 제자들에게 설법할 필요가 없다고 판단한 대사는 제자들을 모두 떠나보낸 뒤 홀로 좌선(坐禪) 정진(精進)하기 시작했다.

율곡(栗谷) 이이(李珥)와 얽힌 사연도 빼놓을 수 없다. 이율곡이 임진왜란을 예견하여 조정에 십만양병설을 건의했던 것이 서산대사의 지시를 따른 사명대사의 권유에 의해서였다고 한다. 율곡은 사명대사보다 8년 연상이다.

1592년(선조 25) 임진왜란이 일어나자 사명대사는 승병을 모아 서산대사의 휘하에서 왜적을 무찔렀고, 서산대사가 노쇠하여 물러나자 그 뒤를 이어 승군의 총지휘를 맡아 크게 활약하였다.

임진왜란 때 사명대사는 많은 전설적인 일화를 남겼다. 특히 울산에 주둔하고 있던 왜장 가토 기요마사(加藤淸正)의 진영에 당당히 들어가 가토가 "귀국에서 제일 가는 보물이 무엇인가?" 하고 묻자 서슴지 않고 "그대의 머리에 천금의 상금과 만호 벼슬이 걸렸으니 가장 큰 보물이 아니랴" 했다는 이야기는 유명하다. 그 때 대사의 나이 51세였다.

그는 1597년 정유재란 때에도 승군을 지휘하여 큰 공을 세웠으며, 왜란이 끝난 뒤인 1604년(선조 37)에는 일본에 건너가 강화조약

무안면 진중산 기슭의 사명대사 표충비. 3·1운동, 8·15광복에서 최근의 국가경제위기에 이르기까지 큰 일이 있을 때마다 땀을 흘리는 신비로운 이적의 비석으로 유명하다.

을 맺고 포로로 끌려갔던 우리 백성 3500여 명을 데리고 돌아왔다.

사명대사는 일본에서 돌아온 다음에 이미 입적한 스승 서산대사의 뒤를 이어 묘향산 보현사 주지를 2년 간 맡았다. 그리고 노쇠해지자 합천 가야산 해인사 앞에 홍제암을 짓고 만년을 보내다가 1610년(광해군 2) 열반에 드니 그 때 세수(歲壽) 67세였다.

다비(茶毘)를 하니 사리 1과가 나왔고, 3년 뒤 그 장소에 자통홍제존자사명송운대사석장비(慈通弘濟尊者四溟松雲大師石藏碑)를 세웠다. 자통홍제존자는 그의 시호이다.

한편 밀양시에서 창녕으로 통하는 국도를 따라 12km를 들어간 무안면 무안리 진중산 기슭에는 1742년(영조 18) 사명대사의 공훈과 유덕을 기리기 위해 세운 표충비(表忠碑)가 서 있다. 사명대사비

무안면 고라리 사명대사 생가터의 유허비.

라고도 불리는 이 비석은 나라에 큰 일이 생길 때마다 '땀을 흘리는' 신비로운 기적의 비석으로 유명하다. 경남도 지방유형문화재 제45호로 지정된 이 비는 지금까지 역사적 대사건 전후에 적게는 세 말에서 많게는 일곱 말이 넘는 땀을 흘려 그 때마다 화제를 불러일으키고 있다. 표충비가 땀을 흘린 것은 동학혁명, 3·1독립운동, 8·15광복, 6·25전쟁, 4·19혁명, 5·16쿠데타, 10·26사건, 12·12쿠데타 등 수십 차례나 이른다.

최근에는 이른바 국제통화기금(IMF) 사태가 일어나기 직전인 1997년 11월에 한 말 다섯 되나 되는 비교적 많은 양의 진땀을 흘렸고, 1998년 1월 24일에도 땀을 흘렸다는 것이 표충비 관리를 맡은 홍제사 측의 증언이다.

표충비가 있는 무안리에서 더 들어간 무안면 고라리 삼강동은 사명대사가 태어난 생가 마을이다. 마을 뒷산 기슭에 1997년 12월

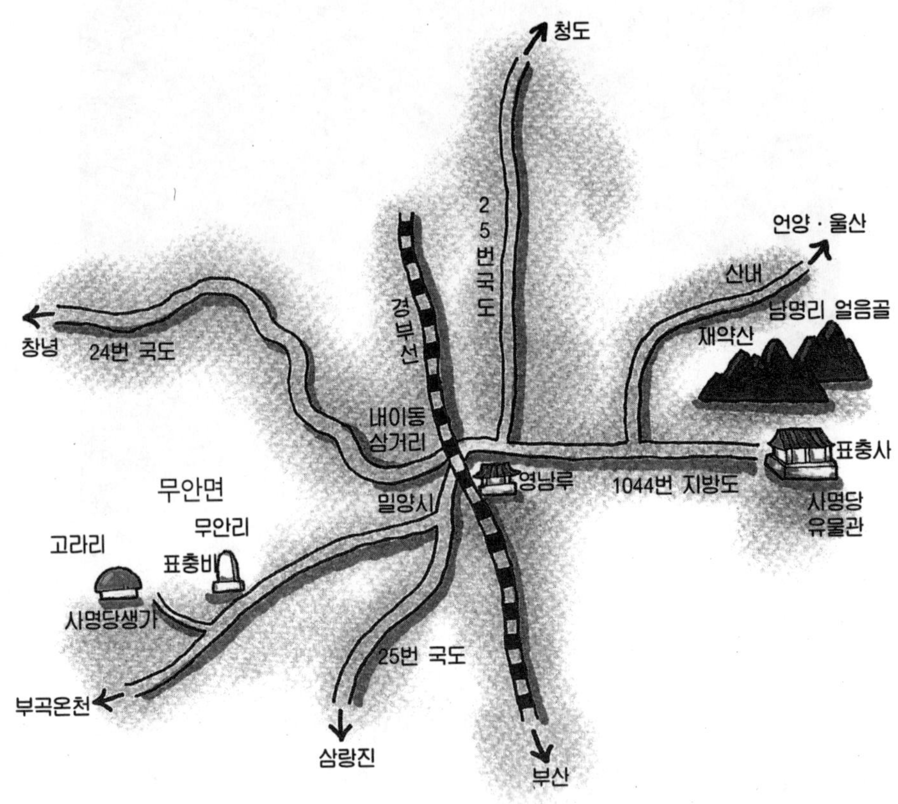

에 목조 기와지붕의 5간짜리 사명대사 '생가'를 복원해 놓았는데, 그 곁에 사명대사생가유허비가 있다.

한편 밀양시 내일동 남천강(밀양강)가의 영남루는 보물 제147호로 지정되어 있는 밀양의 상징과도 같은 건물이다. 이 영남루 부근에는 밀양 박씨(密陽朴氏) 시조인 밀성대군(密城大君)을 모신 단전(壇殿)이 있으며, 영남루 아래에는 아랑각이 있다. 아랑의 본명은 윤동옥(尹東玉). 조선 명종 때 밀양부사의 외동딸이었으나 죽음으로써 처녀의 순결을 지켜 만세토록 고운 이름을 남겼다. 그녀의 전설이 지금은 「밀양아리랑」의 가사로 전해지고 있다.

또 일제 때 판사 출신인 고승으로 근대 불교사에 큰 발자취를 남긴 효봉(曉峰) 스님도 출생지는 평양이지만 이 곳 표충사에서 만년을 보내다가 1966년에 입적했다.

한편 재약산 북쪽 능선길을 따라 남명리로 하산하면 천연기념물 제224호로 지정되어 있는 얼음골이 나온다. 이 밀양 얼음골은 『동의보감』의 저자 허준(許浚)이 스승 유의태(柳義泰)의 시신을 해부하여 더욱 정심한 의술을 연마했다고 알려진 곳이다.

금산 칠백의총

- 조헌·영규대사 의병부대 장렬한 전몰지 -

칠백의총(七百義塚)은 대전광역시에서 37번 국도를 타고 금산읍(錦山邑) 쪽으로 30km쯤 남쪽으로 내려간 충남 금산군 금성면 의총리 216번지 경양산(景陽山) 기슭에 자리잡고 있다.

임진왜란이 일어나자 아무 대비책도 없던 임금과 책임 있는 높고 낮은 벼슬아치들은 다투어 도망치기에 바빴으나 붓 대신 칼, 삽과 괭이 대신 죽창과 몽둥이를 들고 떨쳐일어난 지사(志士)들이 있었으니 이들이 바로 국난 극복의 귀감이 된 의병이었다.

칠백의총은 의병장 중봉(重峰) 조헌(趙憲)과 영규대사(靈圭大師)를 비롯한 700여 의병과 승군이 수십 배의 왜적과 맞서 싸우다 장렬히 전몰한 비극적 역사의 싸움터 연곤평(延昆坪)을 발아래로 내려다보고 있다. 이 칠백의총은 1592년(선조 25) 8월 22일 연곤평싸움이 끝난 지 나흘 뒤에 중봉의 제자 전승업(全承業)·박정량(朴廷亮) 등이 시신들을 수습하여 한 무덤에 모신 것으로 비롯되었다. 그 뒤

경양산 기슭에서 옛 싸움터 연곤평을 내려다보고 있는 칠백의총. 조헌과 영규대사 아래에서 싸우다 전몰한 700의사의 합장묘이다.

1603년(선조 36) 이 고장 유림에서 일군순의비(一軍殉義碑)를 세웠고, 사당인 종용사(從容祠)는 1647년(인조 25)에 건립되고 1663년(현종 4)에 사액된 것이다.

그러나 일제 때 금산경찰서장인 이시카와 미치오(石川道夫)라는 자가 항일 유적을 하나라도 더 없애고 민족정신을 말살하고자 칠백의총을 헐고 순의비를 깨뜨려 버리는 만행을 저질렀다.

그 뒤 칠백의총은 1952년부터 보수 재건되기 시작하여 1963년에는 사적 제105호로 지정되었으며, 그 해부터 네 차례에 걸쳐 대대적이고 본격적인 정화 단장 공사를 거쳐 현재와 같은 모습의 국난극복의 생생한 역사 교육장으로 성역화되었다. 4만여 평에 이르는 칠백의총 경내에는 의총을 비롯하여 일군순의비·종용사·취의문·의총문·순의탑·기념관 등이 자리잡고 있다. 기념관에는 조헌이 받았던 교지(敎旨)·교서(敎書)와 그의 문집 가운데 『조천일기(朝天日記)』 같은 문서, 의병전쟁시 중봉이 연락서류를 넣어 보내던

칠백의총 경내. 취의문을 들어서면 사당인 종용사, 그 뒤에 칠백의총이 있다.

전서통(傳書筒), 금산전투의 기록화 등이 전시되고 있는데 특히 이 가운데 조헌의 유품은 보물 제1007호로 지정되어 있어 눈길을 끈다.

칠백의총 밖에도 충남 금산군과 충북 옥천군·보은군 일대에는 조헌의 유적 및 이 곳에서 왜적과 싸우다 전사한 의병장 고경명(高敬命)의 순절비, 영규대사의 의병승장비(義兵僧將碑), 권율(權慄) 장군의 이치대첩비(梨峙大捷碑) 등이 있어 처절했던 당시의 참상을 전해 주고 임진왜란의 교훈을 다시 한 번 되새기게 해 준다.

금산군 복수면 곡남3리 252번지 수심대(水心臺)는 중봉이 한때 머물던 집터로서 지금은 그의 사당 표충사(表忠祠)로 바뀌었다. 보은군 수한면 차정리 차령고개 기슭의 충북 지방기념물 제15호 후율사(後栗祠)도 중봉의 제향을 모시는 사당이다. 후율이란 율곡(栗

谷)을 스승으로 여기며 흠모하던 중봉이 율곡의 후인이라는 뜻에서 붙인 그의 또 다른 아호였다. 이 후율사는 숙종 때 청주·보은·회인·옥천의 유림에서 중봉의 유덕을 기리기 위해 건립했는데, 1870년 대원군의 서원철폐령에 따라 헐려 없어졌다가 1928년에 재건되었다. 사당 곁에는 1982년에 중수한 교서비각(敎書碑閣)이 있다. 중봉과 그의 제자 20위를 배향한 이 후율사에서는 해마다 3월과 9월에 제향을 올린다.

옥천군 안내면 도리리 183번지에는 충북 지방기념물 제13호 후율당(後栗堂)이 있다. 중봉이 은퇴하여 어지러운 나라의 앞날을 걱정하며 제자들을 기르던 후율당은 후율정사(後栗精舍)라고도 불렸으니 이 역시 율곡의 후학이라는 뜻에서 붙인 이름이다. 이 곳 밤티마을에는 후율정사와, 중봉의 옛집터와 우물이 남아 있고, 용촌초등학교 옆에는 중봉이 하늘의 별자리를 관찰했다는 관천석(觀天石)과 그 옆에 중봉선생유상지석(重峰先生遊賞之石)이 있다.

또한 옥천읍에서 서북쪽으로 5km쯤 떨어진 군북면 이백리에 가면 중봉이 한때 머물며 선비들과 학문을 논하던 지방문화재 제42호 이지당(二止堂)이 있다. 이지당에는 중봉의 친필 '覺信書堂'과 그의 후학인 우암(尤庵) 송시열(宋時烈)의 친필 '二止堂' 두 현판이 마루 벽에 걸려 있다. 각신서당은 본래의 이름이요, 이지당은 우암이 각신서당을 개칭한 것이다.

중봉이 임진왜란 때 제자들을 모아 의병을 일으키던 후율정사는 왜란 당시 불타 없어졌으나 1854년(철종 5) 안내면 백양동에 재건하였고, 10년 뒤 현재의 위치로 옮겼으며, 1977년에 보수 정화를 마쳤다. 경내 왼쪽에 중봉의 충신문이 있고 오른쪽에 함께 전사한 그의 맏아들 완기(完基)의 효자정려문이 있다.

옥천군 안남면 도농리 양지바른 산기슭의 조헌 묘. 격정의 우국열사는 아직도 지하에서 나라 걱정 때문에 편한 잠을 이루지 못하고 있을지 모른다.

"장부가 세상에 태어나 마땅히 한 번 죽음이 있을 뿐 어찌 구차하게 살 길을 찾으랴!" 하는 한 마디를 남기고 700여 의병과 함께 힘껏 싸우다 죽은 중봉의 무덤은 옥천군 안남면 도농리 도성마을 61번지에 있으며 충북 지방기념물 제14호로 지정되어 있다. 100평쯤 되는 묘역은 봉분 앞에 2기의 묘비가 있는데, 하나는 우암이 중봉의 묘를 이 곳으로 옮기며 그의 공적을 기록한 것이다.

본래 중봉의 묘는 그의 아우 범(範)이 금산벌 싸움터에서 거두어 옥천으로 돌아와 그 해 8월 23일 옥천군 안읍(安邑), 현재 안내면 도리리에 장사지냈다가 1636년(인조 14) 10월 2일 안남면 박달재 서쪽 현재의 자리로 이장했다. 묘소에서 100m쯤 밑으로 길가에 서 있는 중봉의 신도비는 청음(淸陰) 김상헌(金尙憲)이 글짓고 동춘(同春) 송준길(宋浚吉)이 글씨를 써 세웠다. 중봉의 묘가 있는 옥천군

에서는 1976년부터 해마다 중봉충렬제를 베풀어 그의 위대한 나라
사랑, 겨레사랑의 정신을 기리고 있다.

한편, 중봉과 함께 싸우다 전몰한 영규대사를 기리는 지방문화
재 제23호 의병승장비는 금산군 남이면 석동리 709번지 보석사 입
구에 있다. 1839년(헌종 5) 당시 금산군수가 세운 이 비석도 일제
때 파괴당해 땅 속에 묻혀 있다가 광복후 다시 파내어 세운 것이
다.

지방문화재 제28호 고경명선생순절비는 금성면 양전리 산70번
지에 세워져 있는데, 이 곳은 바로 고경명이 왜적과 싸우다 장렬히
전사한 눈벌싸움터 바로 그 현장이다. 지방문화재 제25호 이치대
첩비는 진산면 묵산리 79-34번지 이치(배티)에 있다. 임진왜란 당
시 권율이 이 곳에서 왜군을 크게 무찌른 기념비이다.

중봉 조헌의 49년에 걸친 생애는 죽을 자리를 찾아 헤맨 고행에
다름아니었다. 내세울 만한 문벌도 없는 가난한 시골 선비의 아들
로 태어나 주경야독으로 독학하여 과거에 급제한 수재였으나 그는
대쪽같이 곧고 서릿발처럼 매서운 성품 탓에 파란의 벼슬길에서
부침할 수밖에 없었다. 전후 열두 차례에 걸친 상소로 자초한 두
번의 귀양살이, 네 번의 파직과 사직으로 얼룩진 벼슬살이를 버리
고 낙향했으나 그의 뜨거운 나라사랑과 겨레사랑의 피가 식은 것
은 아니었다. 초야에 묻혀 어지러운 나라를 걱정하던 중봉은 임진
왜란이 일어나자 마침내 죽을 때와 장소를 찾아 분연히 떨쳐일어
섰던 것이다.

조헌은 1544년(중종 39) 음력 6월 28일에 김포시 감정동 492번지
우저산 기슭에서 태어났다. 해발 200m의 야트막한 우저산은 조헌
의 아호를 따서 중봉이라고도 부르는데, 현재 그가 태어난 자리에

김포시 감정동의 우저서원은 중봉 조헌의 생가터에 세워진 그의 사당이다.

는 경기도 지방문화재 제10호 우저서원(牛渚書院)이 세워져 있다. 1636년(인조 14)에 건립되고 1670년(현종 11)에 사액된 우저서원은 중봉의 위패와 영정을 모신 사당이며, 경내의 지방문화재 제90호 조헌선생유허추모비는 월사(月沙) 이정구(李廷龜)가 지은 비명(碑銘)을 새긴 것이다.

가난한 시골 선비 조응지(趙應祉)와 용성 차씨(龍城車氏) 사이에서 태어난 조헌의 관향은 황해도 배천(白川), 자는 여식(汝式), 자호는 중봉 또는 도원(陶原)이라고 하였다.

그는 어려서부터 총명이 뛰어나 다섯 살 때부터 글을 익혔으며, 또한 타고난 효자였다. 철모르는 어린 나이였음에도 부모의 말씀은 꿇어앉아 듣고 대답했다. 장성하여 부모에게 편지를 쓸 때에도 꼭 손을 씻고 의관을 바로 갖춘 다음에 편지를 썼다고 한다. 열 살이 되던 해에 어머니를 여의었는데 어린 조헌의 통곡이 얼마나 구슬펐는지 듣는 사람마다 옷깃을 적셨다고 한다.

가문도 볼품없고 살림도 가난한 중봉은 뚜렷한 스승도 모시지 못한 채 마을 서당에서 천자문을 떼고 농사짓는 틈틈이 독학으로 사서삼경을 깨우친 다음, 12세 되던 1555년(명종 10)에야 비로소 어촌(漁村) 김황(金滉)의 문하에서 시경과 서경을 배울 수 있었다.

중봉은 18세 때 영월 신씨(寧越辛氏)를 맞아 성혼했다. 그리고 2년 뒤 서울로 올라가 성균관에 들어갔다. 1567년(명종 22)에 과거에 급제하여 종9품 최하위직부터 벼슬살이를 시작했다. 선조가 즉위한 이듬해 25세 때는 종6품으로 승진했고 3년 뒤에는 파주목 교수로 옮겼다. 우계(牛溪) 성혼(成渾)을 찾아가 가르침을 청한 것이 그 무렵이었다. 그러나 중봉보다 9세 위인 우계는 그의 인품을 존중하여 스승의 예를 사양하고 벗으로 대하기를 바랐다고 한다. 이는 그 이듬해 스승으로 모시고자 찾아간 토정(土亭) 이지함(李之菡)도 마찬가지였다. 중봉의 학문과 인격에 탄복한 토정이 이렇게 말했다고 『토정집』과 『중봉집』이 똑같이 전해주고 있다.

> 그대의 덕기(德器)는 내가 가르칠 바가 아니니, 내 벗들 가운데 이숙헌(李叔憲 : 율곡 이이), 성호원(成浩原 : 우계 성혼), 송운장(宋雲長 : 龜峰 宋翼弼) 세 사람은 학문이 고명하고 지행(至行)이 가히 세상의 모범이 되며, 내 제자 서기(徐起)나 조카 산보(山甫)는 모두 충신(忠信)이 돈독하여 이 5인과 교유하면 가히 성현의 지위에 도달할 수 있으리라.

참고로 말하자면 토정은 중봉보다 27세, 그의 제자 서기는 21세, 구봉은 10세, 우계는 9세, 율곡은 8세 연상이었다. 중봉은 토정의 말을 좇아 우계와 율곡을 스승처럼 섬기고 구봉 등도 반드시 절하고 뵈었다고 한다. 한편, 중봉이 『주역』에 통달하고 앞날을 예측할 수 있었음은 오로지 일세의 기인이사(奇人異士) 토정의 가르침을 받았기 때문으로 보인다.

미관말직을 전전하며 소신껏 올린 상소로 괘씸죄에 걸려 파직도 당하고 귀양살이도 하던 중봉은 어느새 38세 장년이 되었다. 임종도 못한 채 부친이 돌아가고 스승처럼 모시던 토정이 세상을 떠난 것도 귀양살이 3년 사이였다. 보령으로 내려가 토정의 묘에 참배하고 해주로 올라가 석담에서 정양중이던 율곡을 모시고 몇 달을 보내던 중봉은 그 해 1580년(선조 13) 공조좌랑을 거쳐 전라도사로 임명되었다. 그런데 뒤이어 전라감사로 부임한 사람이 바로 유명한 송강(松江) 정철(鄭澈)이었다.

그 때까지 송강을 헐뜯는 말만 들어온 중봉은 송강이 성미가 괴이한 소인배인 줄 잘못 알고 있었다. 중봉은 “그런 사람이 감사로 온다니 그 밑에서는 도저히 못 있겠다!”면서 벼슬을 팽개치고 전주감영을 떠나 삼례로 내빼고 말았다. 송강도 일세를 독보하던 풍류 남아인지라 간다는 중봉을 그냥 두지는 않았다. “남의 말만 듣고 어찌 사람을 평가한단 말이요? 일단 함께 일해 보다가 그래도 싫으면 그 때 가서 그만두어도 늦지 않으리다” 하고 사람을 보내 간곡히 타일렀지만 중봉은 고집을 꺾지 않았다. 송강은 그럴수록 중봉이 마음에 들었다. ‘야, 이 친구 좀 봐!’ 그래서 자신의 벗이며 중봉에게는 스승 같은 율곡과 우계까지 동원하여 제자리로 불러들였다. 그렇게 해서 한동안 같이 일해 보니 송강이란 사람이 듣던 것과는 다르지 않은가. ‘공연히 그자들의 말만 듣고 내가 사람을 잘못 봤구나’ 하고 중봉은 송강을 다시 보게 되었다.

그런데 송강은 비범한 천재 시인이었던 만큼 격정적인 면이 있었고, 특히 임금도 알아주는 술고래였다. 당시는 크게 문제될 일이 아니었지만 근무중에도 경치좋은 곳을 찾아가 술마시고 시읊고 노래하며 놀기 일쑤였으니 고지식한 중봉은 그것만은 딱 질색이었다.

2년 뒤 임기가 끝나 보은현감을 자청해 나갔다가 소인배들의 모함에 걸려 또다시 벼슬자리에서 쫓겨났다. 그러지 않아도 존경하던 율곡마저 세상을 뜨고 조정은 당쟁으로 어수선하니 만사가 귀찮았다. 환멸뿐인 벼슬길에서 벗어난 중봉은 옥천으로 낙향 은둔하여 후학들을 지도하고 선비들과 학문을 논하며 세월을 보냈다. 1586년(선조 19) 중봉은 43세였다. 그 해 10월부터 머지않아 왜란이 일어날 것을 예견하고 저 유명한 만언소(萬言疏), 글자 수가 1만 자에 이르는 상소문을 지어 전후 12차에 걸쳐 올렸으나 그에게 돌아온 대답은 터무니없는 유배형이었다. 충청도 옥천에서 함경도 길주까지는 2000리가 넘는 먼 길이었지만 어려서부터 농사로 단련된 몸인지라 그는 꿋꿋이 걸어서 유배지에 다다랐다. 귀양살이는 그 해 연말에 풀렸지만 옥천으로 돌아온 중봉의 머리는 온통 나라 걱정뿐이었다. 유배중에도 상소를 멈추지 않았던 그는 이듬해 3월 또다시 도끼를 짊어지고 상경하여 상소문을 올렸으나 아예 광인 취급을 하며 받아주지도 않았다. 대궐문에 머리를 찧으며 중봉은 울부짖었다. "두고봐라! 내년에는 모두 살 길을 찾아 산으로 들로 도망치며 후회할 터이니, 그 때는 후회해도 소용 없으리라!"

1592년(선조 25) 중봉은 49세였다. 그 해 4월 14일 왜군 20만이 부산포에 상륙함으로써 임진왜란이 시작되었다. 왜적이 국토를 마구 유린하며 무인지경을 가듯 북상하자 멍청한 임금과 대신들은 백성을 버리고 도망치기에 바빴다. 지방의 벼슬아치들도 마찬가지였다.

왜군이 도성에 입성한 5월 3일, 그는 청주에서 격문을 띄우고 의병을 모으려고 했지만 호응하는 사람이 적어 실패하고 말았다. 제2의 고향인 옥천으로 돌아온 중봉은 문하생인 전승업·김절(金節)·박충검(朴忠儉)을 비롯하여 수백 명을 모아 비로소 의병의 대오를 갖췄다. 그러나 무장이라고는 몽둥이와 죽창, 낫과 도끼 따위가 고작이었다. 하지만 그 달 중순 중봉은 보은 차령에서 첫싸움을 벌여 승리를 거두었다. 차령—수레티는 보은군 수한면과 회북면을 잇는 해발 400m의 가파른 고갯길로 당시 청주로 통하는 국도였다. 중봉은 이 길목을 지키고 있다가 회인에서 청주로 진격하는 왜군 부대를 무찌른 것이었다.

그는 첫싸움을 이기고 6월 12일 청주로 올라가 다시 호서와 영남에 격문을 띄우고 본격적인 의병모집에 나서 공이나 탐내고 시기나 하는 썩어빠진 관리들의 훼방에도 1600여 의병을 모아 7월 4일에는 곰나루에서 하늘에 토적멸왜(討敵滅倭)를 맹약하는 제사를 올렸다. 그리고 홍성을 거쳐 7월 29일에는 회덕으로 진군했다. 호남의병장 고경명과 합류해 청주의 왜군을 치기로 했는데 애석하게도 고경명은 이미 금산 눈벌싸움에서 전몰한 뒤였다.

그 때 청주는 관군이 모두 패퇴하고 승병장 영규대사 홀로 적군과 대치하고 있었다. 중봉은 영규대사의 승병과 합세해 8월 1일 청주성공략전을 펼쳐 이틀 간의 필사적인 혈투 끝에 마침내 1만여 왜군을 몰아내고 청주성을 탈환했다. 청주성싸움의 승전기념비인 조헌과 영규의 전장기적비(戰場紀跡碑)가 현재 청주시 남문로 2가 중앙공원에 서 있다.

청주성에서 북진하여 임금의 행재소(行在所)로 가려던 중봉과 영규의 의병부대는 관군이 무기와 식량을 나누어 주지 않는 바람에 절반도 더 흩어져 버리고 겨우 700명밖에는 남지 않았다. 8월 16일 영규대사와 함께 중봉은 곡창 호남을 지키고자 금산으로 남하했다. 그 때 금산에는 왜장 고바야카와 다카카게(小早川隆景) 휘하의 왜군 1만 5000이 진치고 있었으니 죽을 자리로 찾아간 셈이었다. 더군다나 합공을 약속했던 전라순찰사 권율이 공격을 연기하자고 보낸 편지를 받아보지 못하고 이미 금산벌에 다다라 경양산에 진을 쳤던 것이다.

8월 18일 이른 새벽부터 왜군은 삼면에서 파상적으로 선제공격을 해오기 시작했다. 의병대장 중봉은 새까맣게 달려드는 왜군을 바라보며 이렇게 군령을 내렸다. "오늘 싸움에서는 다만 한 번의 죽음이 있을 뿐이다! 생사와 진퇴에 있어서 의자(義字)에 부끄러움이 없도록 하라!" 그리고 그 날 해질 무렵까지 세 차례나 적을 물리쳤지만 왜적 무리는 야차나 악귀처럼 수도 없이 밀려왔다. 전세가 완전히 기울자 맏아들 완기가 화려한 옷으로 갈아입고 단기로 말을 달려 적진으로 뛰어들어 힘껏 싸우다 죽었다. 그 때 완기는 23세 한창 나이였다. 중봉이 의병을 일으킬 때 "너는 돌아가 집안을 보살피라"고 하자, "아버님께서 사지(死地)를 찾아가시는데 어찌 따르지 못하게 하십니까?" 하고 내내 곁을 떠나지 않았다. "부자가 어찌 함께 죽겠느냐"고 중봉이 재차 돌아가라 하자, "아버님은 충신이 되거늘 소자는 효자 노릇도 못 하오리까?"하며 비오듯 눈물을 흘리던 맏아들이었는데, 마침내 부자가 한들판에서 나란히 장렬한 최후를 맞았던 것이다.

함께 전몰한 승병장 영규대사는 서산대사의 제자로 속성이 박씨요, 호는 기허당(騎虛堂)이다. 공주 청련암과 금산 보석사에서 수도

옥천
대전
635번 지방도
37번 국도
17번 국도
대둔산
복수면
수심대
추부면
군북면
권율 이치 대첩비
전주
17번 국도
금성산
690번 지방도
칠백의총
제원면
진산면
37번 국도
눈벌
고경명순절비
금성면
진악산
금산읍
인삼시장
영동
795번 지방도
37번 국도
보석사
부리면
의병승장비
무주
남이면
남일면

했는데 신력(神力)을 타고났으며 선장(禪杖) 무술에 뛰어난 승장이었다. 악몽같은 그 밤이 지나자 연곤평에는 중봉과 영규대사 이하 700의사가 하나같은 주검으로 변해 있었다. 의병이 전몰했지만 왜적의 타격도 컸다. 사흘 간이나 저희 군사 시체를 모아 불태우고 무주의 주력부대와 함께 달아나 버리니 이로써 호서와 호남은 당분간 안전할 수 있었다.

이튿날 중봉의 아우 범이 싸움터에 들어가 형의 시신을 업고 옥천으로 돌아가 빈소를 차렸는데 여름철에 죽은 지 사흘이 지났건만 얼굴빛이 생시와 다름없었다. 성난 수염은 빳빳이 섰으며 부릅뜬 두 눈이 금세라도 벌떡 일어나 분노의 고함을 칠 듯했다.

의병이란 무엇인가. 불굴의 저항정신이다. 민족의 자존심과 주체성을 지키고자 피흘려 온 민족사의 전통이요, 또한 그 맥을 연면히 이어온 원동력인 것이다. 한말 항일의병으로 이어진 민족 자주, 민중 주체의 빛나는 전통을 세운 용장한 사나이들이 바로 임진왜란 때의 조헌 · 고경명 · 곽재우(郭再祐) · 김덕령(金德齡) 같은 의병장이었다.

명량해협

- 이순신 장군 불멸의 승리 거둔 영광의 바다 -

1597년 음력 9월 16일은 정유재란(丁酉再亂) 당시 충무공(忠武公) 이순신(李舜臣) 장군이 보잘것없는 12척의 배로 133척이나 되는 왜적의 대함대를 무찔러 우리 역사는 물론 세계 해전사상 가장 빛나는 승리인 명량대첩(鳴梁大捷)을 거둔 날이다.

승리의 바다 명량해협이 내려다보이는 전남 해남군 문내면 동외리에는 1986년 국민관광지로 지정된 이후 첫 사업으로 착공한 명량대첩기념공원이 1990년 12월에 완공을 보아 임진왜란 승전의 분기점을 이룬 그 날의 역사를 생생히 일러주고 있다.

조선 수군의 용장한 기개를 떨친 명량해협을 바라보노라면 여전히 빠르게 흐르는 물살 위로 그 날 나라와 겨레를 지키고자 피흘리며 싸우던 이순신 장군과 휘하 장병의 눈물겨운 모습이 금세라도 눈앞에 되살아나는 듯하다.

그 해협에 지금은 어선과 여객선이 오가고, 그 위로는 진도대교

해남과 진도 사이의 울돌목-명랑해협. 이순신 장군이 불과 12척의 보잘 것 없는 전선으로 133척이나 되는 왜적의 대함대를 무찔러 세계 해전사상 가장 빛나는 승리를 거둔 역사의 현장이다.

가 가로질러 해남과 진도를 이어주고 있다. 충남 아산시 현충사를 비롯하여 이순신 장군의 장엄한 생애의 자취가 서리고 빛나는 승리를 거둔 역사의 현장은 많지만 명랑해협-울돌목을 대표적인 곳으로 선정하여 찾아보기로 한다.

해남읍에서 서남쪽으로 30km 떨어진 문내면은 이순신 장군이 조선 수군을 지휘하던 당시의 이름인 우수영(右水營)으로 더 잘 알려진 곳이다. 우수영이란 전라우도수군절도사의 함대사령부인 전라우수영을 줄인 말이다.

해남군 문내면과 진도군 군내면 사이의 명랑해협은 평균 너비 325m, 가장 깊은 곳의 수심 20m, 유속(流速) 11.5노트, 굴곡이 심한 안초 사이를 소용돌이치며 달리는 조류가 마치 울음소리를 내듯 급하고 거칠다고 해서 우리 말로는 '울돌목'이라고 부른다.

하루 네 차례 밀물이 들 때마다 소용돌이치며 흐르는 물길이 너무나 사나워 지금도 목포에서 완도나 제주도로 가는 대형 여객선들도 지름길인 이 울돌목을 지날 때에는 잔잔한 썰물 때를 기다렸다가 빠져나가고 있다.

밀물 때 진도대교에 오르면 물보라를 날리며 사납게 흐르는 거센 물줄기에 다리 난간까지 진동하는 것을 느낄 수 있었다. 그러나 '바다가 우는 소리'는 진도대교를 건설하면서 큰 철망에 바위들을 매달아 여러 물목을 막아 버린 탓에 이제는 거의 잦아들어 듣기 힘들게 되었다.

해남군 문내면 학동과 진도군 군내면 녹진을 잇는 길이 484m, 너비 11.7m의 진도대교는 1984년 10월에 완공된 교각없는 아치형 사장교(斜張橋)이다. 다리의 해남 쪽 끝에는 거북선 모형이, 진도 쪽 끝에는 진돗개상이 세워져 있는데 여기에는 재미있는 사연이 서렸다.

처음 다리를 세웠을 때 해남 사람들은 명량대첩을 기념하여 명량대교라 부르자고 했고, 진도 사람들은 진도대교라고 불러야 한다고 하여 두 주장이 팽팽히 맞섰다. 오랜 논란 끝에 관계 당국에서는 다리 이름은 완도대교, 남해대교, 강화대교 등과 같이 섬 이름을 따는 것이 원칙이라며 진도 사람들의 손을 들어 주었다. 그러나 해남 사람들은 진도에서 세운 다리 양쪽 들머리의 진돗개상 가운데 해남 쪽의 상은 진도로 돌려보내는 대신 그 자리에 거북선 모형을 만들어 앉혔던 것이다.

명량대첩기념공원은 해남군 우수영국민관광지 관리사무소에서 관리하고 있다. 우수영국민관광지는 보물 제503호로 지정된 명량대첩비를 보존한 충무사, 전남도 지방기념물 제139호 우수영성터,

해남군 문내면 전라우수영이 있던 자리에 조성된 명량대첩기념공원. 명량대첩탑과 충무공어록비 등이 있다.

명량대첩기념공원 등 3개 권역으로 구분된다.

공원에는 높이 17m의 명량대첩탑이 우뚝 서 있는데, 탑신 양면에는 이순신 장군과 휘하 수군 장병, 의병 들의 역전 분투하는 장면을 새긴 부조벽이 붙어 있다. 탑 앞에도 충무공과 다섯 장수의 나라를 위해 죽기를 각오하고 싸우겠다는 장한 결의 모습, 전함 수리 군상, 의병 참전 군상 등을 새긴 조각상이 있다.

또 명량대첩의의비와 '若無湖南 是無國家(호남이 없다면 어찌 나라가 있을 수 있겠는가)'를 비롯한 다섯 기의 충무공어록비가 세워져 있으며, 공원 가장 높은 곳에는 전망대가 있어서 빛나는 옛 싸움터를 한눈에 내려다보며 참다운 나라사랑, 겨레사랑의 길을 다시 한 번 되새겨보게 한다.

충무공유물전시관에는 명량해전에서 사용했던 천자총통·지자

총통과 거북선 모형 등이 전시되어 있고, 당시의 활약상을 그린 슬라이드도 상영한다.

명량해전을 승리로 이끈 이순신의 생애는 어떤 궤적을 남겼으며, 명량대첩의 자초지종은 어떠했던가. 뼈저린 역사의 교훈을 되새기기 위해 되짚어본다.

이순신은 1545년(인종 1) 3월 8일(양력 4월 28일) 서울 건천동ー마르네골에서 가난한 선비 이정(李貞)과 부인 초계 변씨(草溪卞氏)의 4형제 중 셋째 아들로 태어났다. 본관은 덕수(德水), 자는 여해(汝諧). 건천동은 지금 중구 인현동 1가의 한가운데이고, 그 이웃은 오늘의 필동 2가인 묵사동ー먹절골인데 그 동네에서는 이순신보다 세 살 위인 서애(西厓) 유성룡(柳成龍)이 자라고 있었다. 어려서부터 재주가 빼어난 두 소년은 곧 동무가 되어 자주 어울려 놀았다. 뒷날 그를 장수감으로 적극 추천한 유성룡은『징비록』에서 이순신의 사람됨에 대하여 이렇게 표현했다.

　　순신은 말수가 적고 잘 웃지 않는 사람이었다. 얼굴은 수려하면서도 근엄한 선비와 같았다. 그러나 가슴 속에는 대담한 기운이 있어서 한몸을 버리고 나라를 위해 갔으니 이는 본래부터 수양해 온 결과라고 하겠다.

이순신이 어렸을 때 가세가 너무나 곤궁하여 부친은 처가가 있는 현재의 충남 아산시 염치면 백암리로 낙향했다. 이 곳에서 8세부터 32세로 무과에 급제할 때까지 보냈으니 현재 현충사(顯忠祠)가 있는 방화산 기슭 백암리야말로 그의 고향이나 다름없었다. 두 형을 따라 서당에 다니면서 글공부를 했으나 이순신의 꿈은 어려서부터 장수가 되는 것이었다. 20세에 상주 방씨(尙州方氏)를 아내로 맞아 두 아들을 낳았지만 무과(武科)에 급제하여 관직에 나아간 것은 1576년(선조 9) 32세 때였다.

함경도 국경지대에서 근무하던 이순신은 그 뒤 훈련원봉사·발포수군만호·선전관·정읍현감 같은 미관말직을 전전하다가 임진왜란이 일어나기 14개월 전인 1591년(선조 24) 2월에 비로소 정3품 당상관인 전라좌도수군절도사가 되었다. 벼슬살이 15년 만이요, 그의 나이 47세였다.

그 이듬해 4월에 일본의 최고권력자 도요토미 히데요시(豊臣秀吉)의 명령에 따라 20만이 넘는 왜군이 조선침략을 개시했다. 마침내 임진왜란이 터진 것이었다. 조총이라는 신무기를 앞세운 왜군은 당대의 명장이라는 이일과 신립을 가볍게 물리치고 무인지경을 가듯 북상하여 6월 2일에는 서울을, 6월 13일에는 평양까지 점령했다.

이순신이 첫 승리를 거둔 것은 5월 7일부터 시작된 옥포해전이다. 거제도 남쪽 옥포에 적선 30여 척이 있다는 첩보를 받은 그는 출전에 앞서 이렇게 명령했다. "가볍게 움직이지 말고 산처럼 무겁고 조용하게 행동하라(勿令妄動 靜重如山)."

이 날 첫 싸움에서 이순신의 함대는 적선 26척을 격침하고 계속 적을 추격하여 마산항 입구 합포에서 5척, 통영시 광도면 적진포에서 11척 등 도합 42척의 왜선을 무찌르는 대첩을 기록했다.

5월 29일부터 벌어진 두번째 해전인 당포해전부터는 이순신이 임진왜란에 대비하여 만든 세계 최초의 철갑선인 거북선이 출동하여 대활약을 펼친 결과 적선 72척을 격침했으며, 7월 8일 3차로 출전한 한산대첩에서는 유명한 학익진을 구사해 59척의 왜선을 물리쳤다. 또 9월 초에 벌어진 부산해전에서도 100여 척의 왜 함대를 불태우고 격침시키는 등 연전연승을 거둠으로써 남해 바다는 동쪽 일부를 제외한 80% 이상을 우리 수군이 제해권을 장악하기에 이르렀다.

육군과는 달리 해군은 이순신함대만 만나면 여지없이 대패했다는 보고를 받은 도요토미는 마침내 조선 수군과 마주치면 싸우지 말고 도망치라는 명령을 내리는 한편 전국 각지에 대대적인 전함 건조를 지시했다.

한산도로 진영을 옮겨 적을 무찌르던 이듬해 8월 49세의 이순신은 전라좌수사 겸 삼도수군통제사로 임명되어 조선 수군의 총사령관이 되었다. 그러나 이순신은 1597년(선조 30) 정유재란이 일어나고 얼마 안 되어 왜군의 간계와 여기에 말려든 멍청한 임금과 조정 대신들 때문에 억울한 누명을 쓴 채 파직당하고 만다.

이순신이 바다를 지키고 있는 한 일본 함대가 마음대로 조선의 바다를 유린할 수 없었던 왜군은 '이순신이 바다를 지키지 않는 사이에 가토 기요마사(加藤淸正)가 조선에 재상륙했다'는 이간책을 썼고 여기에 놀아난 조정은 임금을 속이고 적을 치지 않았다는 죄목으로 이순신을 파직하는 한편 서울로 잡아올려 온갖 고문을 했다.

가까스로 죽음을 면하고 풀려난 이순신은 두번째로 백의종군을 하게 되었는데, 그 사이에 후임 통제사 자리를 차지하고 있던 원균(元均)이 그 해 7월 14일 칠천량전투에서 대패하고 자신도 전사함으로써 이순신이 피땀 흘려 육성해 온 막강한 조선 수군은 하루아침에 전멸당하고 말았다.

수군이 궤멸하자 바다는 왜군의 독무대가 되었고 전라도도 더이상 안전할 수가 없었다. 사천·하동·구례에 이어 남원·전주까지 함락당했다. 나라가 다시 존망의 위기에 빠지자 어리석은 임금

진도군 고군면 벽파나루에서 승리의 바다 울돌목을 바라보며 서 있는 이충무공전첩비.
1956년에 세워졌다.

과 대신들은 백의종군하던 이순신을 다시 삼도수군통제사로 임명
했다.

그래도 선조는 자신의 멍청했던 판단에 미안한 마음이 있었던지
이렇게 사과의 말을 교서에다 써 보냈다.

……지난번에 그대의 직함을 갈고 백의종군토록 했던 것은 사
람의 모책이 부족한 탓이었거니와, 그리하여 오늘 이같이 패전의
욕됨을 당한 것이라 무슨 할 말이 있으랴. 이제 특히 그대를 상복
입은 대로 기용하는 것이며…….

하지만 불타고 부서지고 남은 배는 겨우 12척, 그리고 9명의 장

독립기념관에 전시되고 있는 민족기록화 가운데 명량대첩도.

교와 그보다 적은 6명의 병사뿐이었다.

8월 29일 진도 벽파진으로 이동한 이순신은 진도와 해남 사이의 물목인 명량해협을 최후의 방어선으로 삼고 작전을 구사했다. 그는 틀림없이 적군이 이 곳을 통과하여 서해로 북상할 것을 예상, 울돌목의 물길을 조사하고 해전에 대비하여 왜선을 뒤집어엎기 위해 수중에 철망을 치는 등 여러 가지 방비책을 강구했다.

그 해 음력 9월 14일 새벽, 왜의 수군 대함대가 밀물을 타고 어란포를 지나 울돌목으로 들어오고 있다는 척후의 보고를 받은 이순신 장군은 이튿날 본진을 해남 우수영으로 이동한 다음 부하 장수들에게 이렇게 유시했다. "병법에 이르기를 죽기를 각오하고 싸우면 산다고 하였다. 또 한 사람이 길목을 잘 지키면 천 명도 당할 수 있다는 말도 있다. 지금 우리의 형세가 이와 같다. 제장이 조금이라도 군령을 어기면 군율대로 시행할 것이니 작은 잘못이라도 용서하지 않을 것이다."

그리고 다음 날인 9월 16일 명량해협에서는 동서고금을 통해 전무후무한 대혈전이 벌어졌다. 왜적이 133척의 대함대인 반면 조선 수군은 겨우 12척, 게다가 전멸하다시피 대패한 뒤라 장수나 군사나 겁을 먹고 제대로 싸울 생각도 없었다. 이순신이 겹겹이 포위한 적선 사이를 뚫고 손수 활을 쏘고 기를 휘두르며 독전했다.

"안위야! 네가 군율에 죽겠느냐? 도망치면 살 줄 아느냐?" "김응함아! 너는 중군으로서 대장을 구하지 않으니 네 죄를 어찌 면할 것이냐? 당장 싸워서 우선 공을 세워야 하리라!" 이 같은 악전고투 끝에 마침내 왜적의 대장선을 비롯하여 31척을 격파하니 나머지는 먼바다로 도망치고 말았다.

이 대첩으로 울돌목을 거쳐 서해로 북상, 서울을 포위하려던 왜적의 기도는 무산됐고 조선 수군은 비로소 재기의 발판을 마련하여 전쟁을 승리로 이끌 수 있게 되었다.

승리의 바다 울돌목, 명량대첩기념공원과 진도대교가 바라다보이는 문내면 학동리 1467번지의 충무사(忠武祠)는 이순신 장군의 영정을 모신 사당으로 1964년에 건립되고 1975년에 성역화를 위한 조경사업을 마쳤다. 숙종 14년 예조판서 이민서가 글을 짓고 판돈령부사 이정영이 쓰고 홍문관 대제학 김만중이 전자를 쓴 명량대첩비가 모셔져 있다. 일제 때 일인들이 비각을 헐고 비석마저 없애려다가 인부들이 죽는 등 불가사의한 일들이 잇따르자 매우 두려워하여 경복궁 근정전 뒷뜰에다 비석을 파묻어 버렸다.

그 뒤 광복후 우수영 유지들이 온갖 노력 끝에 본래 자리로 다시 옮겨 놓은 것이다. 이 비석도 경남 밀양 표충사의 사명대사비와 마찬가지로 나라에 비상한 일이 생길 직마다 '검은 눈물', 또는 '땀'

을 흘리는 영험을 보이는 것으로 알려져 있다. 가까운 경우만 해도 1950년 6·25와 1980년 5·18 때 두 차례나 검은 눈물을 흘렸다는 것이 이 곳 사람들의 이야기이다.

문내면 동외리와 선두리에 걸친 우수영 성터는 임진왜란 초기 전라우수사였던 이억기(李億祺) 장군이 쌓은 것을 이순신 장군이 삼도수군통제사가 된 뒤 보완했다고 전해진다. 또 이 곳 우수영 강강술래는 이순신 장군이 병력의 열세를 의병(疑兵)으로 보완하려고 수십 명씩의 부녀자 무리에게 군복을 입혀 주변 산봉우리들을 돌게 했다는 유래설이 있다. 우수영 강강술래는 1966년 중요무형문화재 제8호로 지정되고 1976년 제17회 전국민속예술경연대회에서 대통령상을 받으며 전국적으로 널리 알려지게 되었다.

한편 정유재란이 끝나 가던 1598년 양력 12월 16일 이순신 장군이 마지막 싸움인 노량해전을 승리로 이끌고 장렬히 순국하자 그의 영구는 경남 남해 노량 현재의 충렬사 자리에 잠시 안치되었다가 곧 본진이 있던 완도 고금도로 옮겨졌다. 그리고 다시 고향인 아산으로 운구되었다. 이듬해 2월 아산에 당도한 영구는 금성산 밑에 장사지냈다가 16년 뒤 현재의 자리인 아산시 음봉면 삼거리 어라산 기슭으로 이장되었다. 이순신 장군의 묘소는 1956년 사적 제112호로 지정되었다.

아산시 염치면 백암리 방화산 기슭의 현충사는 장군이 순국한지 108년 뒤인 1706년(숙종 32)에 건립되어 그 이듬해 숙종의 친필이 사액되었다. 그 뒤 200여 년 간 추모의 향화가 끊이지 않다가 일제 강점기에는 헐릴 위기를 당하기도 했다. 이에 1932년 충무공유적 보존위원회가 앞장서서 사당을 재건하고 영정을 봉안했으며 1945년 광복 이후 해마다 4월 28일 장군의 탄신일에는 제향을 올리고

있다. 1967년에는 대대적인 성역화 작업을 마치고 사적 제155호로 지정되었다.

충무공의 사당 현충사에는 국보 제76호인 『난중일기』를 비롯하여 보물 제326호인 장군의 장검 두 자루 등이 보관 전시되어 충무공의 나라사랑 겨레사랑의 참다운 정신을 일러 주고 있다.

돌이켜보건대 우리 민족사가 시작된 이래 수많은 외침이 있었고, 구국의 영웅도 많았지만 이순신 장군이야말로 그 숱한 영웅·호걸·충신·열사 가운데서 으뜸 가는 민족의 구세주라고 하겠다. 그는 전쟁터에서는 백전백승한 탁월한 명장이었고, 가정에서는 효성 극진한 효자였으며, 부하들을 너그럽게 감싸주고 참다운 나라사랑의 길, 삶의 길을 제시해 준 겨레의 큰 스승이었다.

광주(光州) 충장사
- 무등산 호랑이 김덕령 장군의 묘와 사당 -

호남의 명산이며 광주의 진산인 무등산 서쪽 기슭 광주광역시 북구 금곡동 1023번지 배재[梨峙]의 충장사(忠壯祠)는 임진왜란 때 육전에서 왜적의 간담을 서늘하게 만들었던 의병대장 김덕령(金德齡) 장군의 위패와 영정을 모신 사당으로서 경내에는 그의 묘소도 있다.

사당 이름 충장사와 광주시내의 거리 이름인 충장로는 모두 김덕령 장군의 시호 충장공에서 비롯된 것이다.

1974년 4월 사단법인 충장공김덕령장군 유적보존회가 중심이 되어 장군의 고향 인근인 이 곳 배재에 약 2만여 평의 부지를 마련하고 공사를 시작하여 그 동안 역적의 누명을 쓰고 억울하게 죽은 까닭에 선영하에도 묻히지 못한 그의 무덤을 현재의 장소로 이장했으며 1년 만에 성역화 공사를 마무리지었다.

솟을대문인 외삼문(外三門)인 충용문(忠勇門)과 내삼문인 익호문

무등산 기슭의 충장사는 임진왜란 때 의병장으로 용맹을 떨친 익호장군 김덕령을 모신 사당이다.

(翼虎門)을 지나면 장군의 위패와 영정을 모신 사당인 충장사 앞이다. 그의 묘소는 이 충장사 바로 뒤쪽 선영 아래에 모셔져 있다. 충용한 기개를 떨친 익호장군(翼虎將軍)의 사당과 천추의 한을 남긴 채 억울하게 목숨을 빼앗긴 그의 묘소에는 광산 김씨(光山金氏) 후손들뿐만 아니라 장군의 뜨거운 우국 충정을 추앙하는 후생들의 발길이 사철 끊이지 않는다.

1974년 11월 19일 500m쯤 떨어진 배재마을의 김덕령장군묘를 이 곳으로 이장하기 위해 팠을 때 관을 열자 378년이나 오랜 세월 전에 돌아간 장군의 시신이 생시의 모습과 표정을 그대로 간직하고 있어서 세상을 크게 놀라게 했다. 당시 발굴된 장군의 관곽과 의복이 전남도 문화재 민속자료 제1호로 지정되었으며, 또한 이 가운데서도 장군이 입던 저고리 1점, 철릭[天翼] 2점, 백무명 직령포(直領袍) 4점 등 의류 8점은 일괄하여 1980년 4월 1일에 국가로부

충장사와 김덕령 장군 묘역 전경. 외삼문인 충용문, 내삼문인 익호문을 들어서면 충장
사가 있고, 그 뒤가 무덤이다.

터 중요민속자료 제111호로 지정되었는데, 이들 유품은 모두 현재
충장사 입구 유물관에 보관 전시되고 있다.

또한 무등산 곳곳에는 장군이 어린 시절에 삼을 심어 놓고 높이
뛰기 훈련을 했다는 삼밭실, 담력을 길렀다는 지왕봉의 뜀바위, 몸
소 칼을 만들었다는 주검동(鑄劍洞), 말 달리며 활쏘기 연습을 했다
는 백마능선 등이 있어서 김덕령 장군은 민족사의 영웅일 뿐만 아
니라 광주 사람들에게 있어서도 무등산의 수호신과 같은 존재로
영원히 살아 남아 있다.

김덕령 장군은 1567년(명종 22) 11월 29일에 광주 석저촌(石底村)
에서 유서깊은 가문 출신이지만 하찮은 벼슬도 없고 가난하기만
했던 김붕섭(金鵬燮)의 세 아들 가운데 둘째로 태어났다. 자는 경수
(景壽).

충장사에서 동쪽으로 4km쯤 떨어진 석저촌은 현재 광주광역시 북구 충효동 성안 마을이며 그의 생가터는 우거진 대숲을 등진 비교적 높은 언덕에 있다.

이 곳에서 태어난 김덕령은 형 덕홍(德弘), 아우 덕보(德普)와 함께 나주목사를 지낸 뒤 고향으로 돌아와 유유자적하며 후학들을 기르던 종조부(從祖父) 사촌(沙村) 김윤제(金允悌)에게서 글을 배웠다. 김윤제는 높은 벼슬도 지냈고 재산도 넉넉한 편이어서 아버지를 일찍 여읜데다가 궁핍했던 김덕령의 집안은 도움을 많이 받았다.

18세 되던 해에 흥양 이씨(興陽李氏)를 부인으로 맞아 장가를 간 김덕령은 20세 되던 해부터는 당대의 유명한 학자인 우계(牛溪) 성혼(城渾)의 문하에 들어가 본격적으로 학문을 닦기 시작했다. 당시에 학문이라면 공자와 맹자, 사서삼경 따위를 익히는 유학(儒學)을 가리키는 것이 보통이요, 유학을 배움은 곧 과거에 급제하여 벼슬길에 나아가려는 것이 목적이었다.

하지만 타고난 장수감이었던 김덕령은 문장에도 능했지만 과거에는 별 뜻이 없었던 것으로 보인다. 그가 지은 시들 가운데 문약한 서생들을 대단치 않게 여기고, 장수로 국난을 극복한 뒤 강호에서 유유자적 노니는 것을 동경한 내용들이 있는 것으로 미루어 짐작할 수 있다. 키는 작았지만 다부진 체격에 용력 또한 빼어난 장사였던 그는 글공부를 하는 틈틈이 활쏘기와 말타기도 익히고 무등산 등성이와 골짜기 이곳저곳을 돌아다니며 무술도 익혔다.

뿐만 아니라 그는 참으로 이름난 효자였다. 그의 나의 22세 때였다. 홀어머니가 몸져 누웠는데 삼형제가 아무리 지극한 정성으로 병간호를 해도 차도가 없었다. 그런데 누군가가 광주에서 300리나

떨어진 경상도 진주에 유명한 의원이 있다고 알려주는 것이었다.

김덕령은 그 길로 밤새 말을 달려 진주로 찾아갔다. 그리고 그 의원을 만나 어머니의 병환을 고쳐 달라고 간청했다. 의원이 병세를 들어보니 이미 늦은 듯하여 가 보아도 가망이 없을 것이라고 하자 김덕령은 비오듯 눈물을 흘리며 재삼 애원을 했다. 의원이 그의 효심에 감동하여 마침내 함께 가 보겠노라고 응락하자 김덕령은 기다렸다는 듯이 의원을 안고 말에 올라 밤새 오던 길을 되짚어 바람처럼 집으로 내달리기 시작했다. 집에 다다른 것은 이튿날 한낮이었다. 다행히 어머니는 그 때까지 운명하지 않고 있었다. 그 고명한 의원의 처방으로 어머니는 마침내 소생하게 되었고 김덕령은 만고에 보기 드문 효자 소리를 들었다.

그리고 3년이 지났다. 그 해 1592년(선조 25) 4월 미증유의 재앙인 임진왜란이 일어나 온 나라가 쑥대밭이 되어 가고 있었다.

비록 가난한 살림이었지만 뼈대 있는 집안이었으므로 김덕령은 형 덕홍과 더불어 의병을 일으켜 군사 600여 명을 모았다. 왜란이 일어난 지 두 달 뒤인 그 해 6월이었다. 형제는 막내 덕보에게 집안을 맡긴 채 의병부대를 이끌고 당시 전라감영 소재지인 전주로 올라갔다.

전주에 다다랐을 때 형이 김덕령에게 이렇게 말했다. "나는 이미 죽기를 작정한 몸이고 또 너보다는 세상을 더 오래 살았으니 내가 먼저 죽는 것이 옳겠구나. 내 아무리 생각해 보아도 또다시 병석에 누워 계신 어머니를 두고 형제가 둘씩이나 죽을 곳을 찾아 나선 것은 잘못인 듯하다. 그러니까 너는 집으로 돌아가 어머니를 모시는 것이 좋겠다."

김덕령이 듣고 형의 말이 옳다고 여겨 두 형제는 작별을 했다.

그리고 각자 말머리를 돌려 제 갈길을 갔는데 그것이 이승에서는 마지막이었다. 형은 그 다음 달 벌어진 금산(錦山)전투에서 의병장 고경명(高敬命) 휘하에서 용감히 싸우다가 전사했기 때문이다.

이듬해인 1593년. 형의 전사 소식을 들은 어머니의 병세가 더욱 악화되어 마침내 세상을 떠나 장사를 치르고 나자 고을의 뜻있는 사람들이 명망높은 김덕령에게 의병을 일으키자고 권유해 왔다. 아직 상중이지만 결심이 선 김덕령이 아우 덕보에게 일렀다. "형은 왜적과 싸우다 전사했고 어머니도 돌아가셨다. 이제 나도 나라를 위해 목숨을 바치고자 하니 너는 남아서 집을 지켜다오."

그리고 김덕령은 담양부사와 장성현감을 찾아가 의병을 일으킬 뜻을 전하니 그들은 전라감사 이정암에게 그를 추천했다. 전라감사가 이를 받아들여 다시 조정에 보고하니 조정에서 이를 허락하고 무기까지 내려주었다. 이에 김덕령은 담양으로 내려가 상복을 입은 채 격문을 돌려 5000여 명의 의병을 모았다.

27세가 된 1594년 1월에는 의병을 거느리고 담양을 떠나 순창을 거쳐 남원에 이르러 군사들을 훈련시키고, 4월에는 운봉과 의령을 거쳐 진주에 다다랐다. 그리고 임진왜란이 일어나자 처음으로 의병을 일으켰던 홍의장군(紅衣將軍) 곽재우(郭再祐)와 더불어 도원수 권율(權慄)의 휘하에서 영남방어작전을 펼치기도 하고, 제해권을 장악하고 있던 이순신(李舜臣) 장군을 도와 수륙합동작전을 전개하는 등 눈부신 활약으로 수많은 왜적을 무찔렀다.

김덕령 장군은 몸집이 작은 편이었지만 용력이 뛰어나고 무술도 능한 하늘이 내린 장수감이어서 자신의 키보다도 긴 칼을 마음대로 휘둘렀으며 허리 양쪽에는 늘 무거운 쇠뭉치를 차고 전쟁터를 누비고 다녔다.

조정에서는 그의 전공을 높이 평가해 선전관(宣傳官)이니 형조좌랑이니 하는 벼슬과 함께 익호장군(翼虎將軍)이란 칭호도 주었다. 또 그의 의병에게는 충용군(忠勇軍)이란 부대명을 특별히 내리기도 하였다.

그런데 이듬해부터 정작 침략을 당한 조선은 제쳐놓은 채 구원군을 보내 준 명(明)나라와 왜군이 강화교섭을 시작하는 바람에 전투는 소강상태에 빠지고 말았다. 집을 지키고 있던 막내 덕보가 어머니의 삼년상이 끝나자마자 찾아와 의병에 가담한 것도 이 무렵이었다. 이로써 일가 삼형제는 모두 나라에 목숨을 바치게 되었다.

전쟁이 끝난 것도 아닌데 마음대로 왜적을 무찌르지 못하게 되자 성질이 불같이 급한 김덕령 장군은 홧병이 생겨 한때 자리에 눕기도 했는데, 더 큰 액운이 다가오고 있었다. 군율을 엄하게 시행하다가 군졸 하나를 곤장으로 때려 죽게 한 일이 있었고, 탈주병을 잡으려고 그 아비를 잡아다 곤장을 치자 죽어 버린 사건이 생겼다.

군졸을 함부로 죽이는 인물이라며 처벌해야 한다는 주장에 따라 김덕령은 1596년 1월에 체포되어 서울로 압송되었다. 그러나 그때는 임금 선조가 그의 전공을 생각하여 큰 벌을 내리지 않았으므로 석방되어 본진으로 돌아올 수 있었다. 그러나 그 해 7월 충청도 부여 홍산에서 이몽학(李夢鶴)의 난이 일어났다. 반란은 홍주(洪州 : 洪城)에서 진압되었지만 김덕령은 여기에 연루되었다는 누명을 뒤집어쓰고 또다시 서울로 잡혀 올라갔다.

오히려 상관의 명령에 따라 토벌작전에 참여했던 그는 반란군과 내통했다는 터무니없는 죄목으로 말할 수 없이 참혹한 고문을 당해야 했다. 무비유환(無備有患)의 왜란을 당하자 서울을 버리고 백성들의 욕설과 손가락질을 받으며 의주까지 도망쳤던 멍청한 임금 선조가 목숨을 바쳐 나라와 겨레를 위해 용맹을 다해 싸우던 김덕령을 국문한 내용이 『선조실록』에 이렇게 기록되어 있다.

선조 : 너는 역적 한현, 이몽학의 무리와 결탁하여 나라가 위급한 틈을 타 반역을 꾀했다. 이제 숨김없이 사실대로 고하라.

김덕령 : 시시비비는 분명해야 하거늘 어찌 조금이라도 감추겠습니까. 신은 나라를 위해 친척을 작별하고 선영을 버리고 온갖 고초를 겪었습니다. 나라에서는 오히려 상을 베푸셔야 할 것입니다. 신이 헛된 이름을 지녔기에 적도들이 신을 시기하고 모함한 듯합니다. 7월 14일에 도원수의 명령에 따라 적도들을 치기 위해 달려갔으나 이미 진압되어 본진으로 돌아간 것밖에는 아무 죄가 없습니다.

하지만 선조는 김덕령이 역적과 내통했음이 분명하니 즉시 죽여야 한다고 주장했고, 예나 이제나 재주란 오로지 저보다 뛰어난 사람을 시기하고 모함하는 것밖에는 모르는 소인배들이 높은 자리에 앉아 임금에게 맞장구를 쳤다.

유성룡(柳成龍) 같은 올곧은 인격자는 그의 죄란 역도들이 찍어다 붙인 것에 불과하니 시일을 두고 자세히 조사해야 한다고 건의했으나 무슨 미운 털이 박혔는지 선조는 김덕령 같은 자는 고문을 당하다가 죽어도 괜찮다는 극언까지 했다. 대신 이덕형(李德馨)을 비롯하여 의병대장 곽재우, 영천군수 홍계남(洪季男), 김덕령의 부장(副將) 최담령 등도 반란군들이 동조자라고 이름을 끌어다 댔지만 모두 풀려나고 유독 김덕령만이 죽음에 이르도록 혹독한 고문을 가한 까닭이 무엇인지는 아직도 밝혀지지 않고 있다.

나중 저세상에서 김덕령을 만난 선조가 그에게 잘못을 사죄했는

나라에는 충성을 다 했고 부모에게는 효도를 다 했건만 역적의 누명을 쓰고 억울하게
죽었으니 그 한이 어찌 풀릴 것인가. 무덤 앞에서 즐겁게 뛰노는 철모르는 아이들아.
그 사연을 알려고 하지 마라.

지는 알 수 없지만 어쨌든 8월 21일까지 여섯 차례에 걸친 무자비
한 고문 끝에 일세의 영웅 김덕령 장군은 마침내 한을 남긴 채 이
세상을 떠나고 말았다. 그 때 나이 꽃다운 29세였다.

충장사에는 김덕령 장군이 옥중에서 자신의 억울한 심사를 읊은
시조 「춘산곡(春山曲)」이 걸려 있다.

춘산에 불이 나니 못다 핀 꽃 다 붙는다
저 뫼 저 불은 끌 물이나 있거니와
이 몸에 내(川) 없는 불 일어나니 끌 물 없어 하노라

장군이 억울한 죽음을 당한 이듬해 정유재란이 일어났을 때 담
양 추월산으로 피란갔던 부인 이씨마저 스스로 목숨을 끊어 남편

김덕령의 묘비를 읽어보면 더욱 기가 막힌다. 아까운 인재를 마구잡이로 죽여 놓고 뒤에는 미안한지 좌찬성·도총관·승지·참찬 따위의 쓸모없는 벼슬을 많이도 내렸다.

의 뒤를 따랐다.

역적으로 몰려 짧지만 한많은 일생을 마친 장군은 사후 65년이 지난 1661년(현종 2)에 누명이 벗겨지고 그 뒤에도 병조참의니 병조판서니 좌찬성 따위의 아무 쓸모없는 벼슬이 추증되었으며, 충장이란 공신호도 내렸지만 아까운 인재를 멍청한 판단으로 죽인 다음에야 이 모든 것이 다 무슨 소용이랴.

여담이지만 정유재란이 끝날 무렵 이순신 장군이 마지막 싸움인 노량해전(露梁海戰)에서 전사한 것은 자살과 마찬가지였다는 이설도 있다. 근래 토사구팽이란 옛말이 유행하듯이 난이 끝나면 여러 차례 억울한 모함을 당했던 자신도 언제 김덕령과 같은 운명이 될지 몰라 일부러 위험한 위치에 자신을 노출하여 적탄을 자청하듯 맞았다는 설이다.

또한 홍의장군 곽재우가 왜란이 끝나자 임금이 여러 차례 갖가지 벼슬을 내려 불렀건만 응하지 않은 것도 김덕령의 억울한 죽음

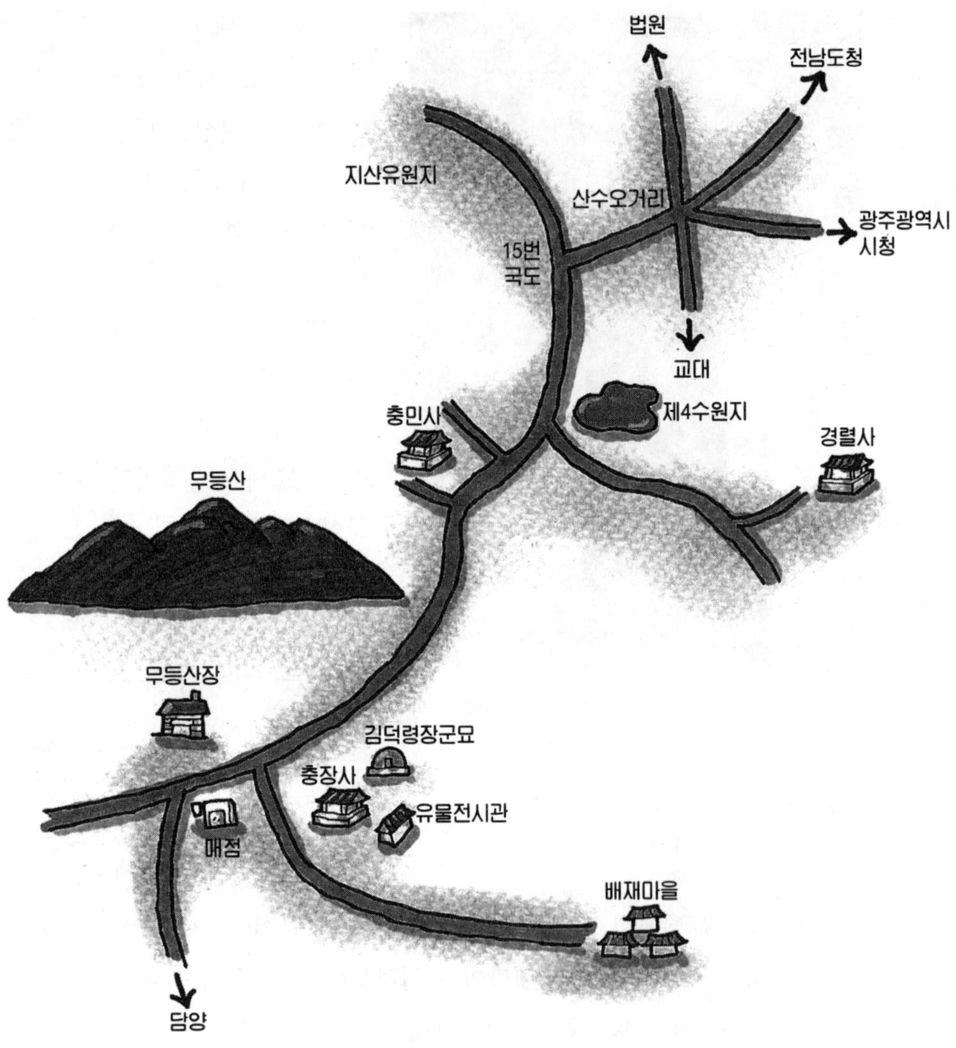

을 보고 깨달은 바가 컸기 때문이라는 설도 있다. 곽재우는 괘씸죄에 걸려 귀양살이까지 하면서도 끝끝내 더러운 벼슬길을 마다하고 낙동강변에 망우당(忘憂堂)을 짓고 은거하며 선도(仙道)에 몰두하다가 천수를 다했다. 그 역시 같은 이유에서였다는 것이다.

부안 변산

- 매창의 시심, 허균의 『홍길동전』 산실 -

전라북도 부안(扶安)의 변산반도(邊山半島)는 예부터 경치가 빼어나게 아름다워 수많은 문장 재사와 풍류 명인으로부터 찬사를 받아 온 곳이다. '춘변산 추내장(春邊山 秋內藏)'이라는 말도 있으니 봄 경치는 변산 해안이 으뜸이요, 가을 경관은 내장산 단풍이 절경이라는 뜻이다.

1988년 6월 우리 나라에서 스무번째 국립공원으로 지정된 변산반도는 산과 계곡과 바다가 절묘한 조화를 이룬 천혜의 절경으로 '조선 8경'의 하나로 꼽혀 오기도 했다. 또 조선 중기의 학자 남사고(南師古)는 이 곳을 병란과 기근을 피할 수 있는 이른바 '십승지지(十勝之地)'의 한 군데로 들기도 했다.

하지만 왕조시대에 탐관오리들의 학정으로 간고한 삶을 못 이긴 백성의 일부가 산적으로 변해 변산을 소굴로 삼은 적도 한두 차례가 아니었다. 『조선왕조실록』은 1727년(영조 3) 부안 변산에 도적떼

격포 채석강은 변산반도국립공원 절경 중 으뜸으로 꼽힌다.

가 할거하여 대낮에도 노략질을 했으며, 겨울에는 변산의 큰 절을 습격하여 중들을 내쫓고 점거한 적도 있었다고 전한다. 여기에서 큰 절이란 내소사(來蘇寺)나 개암사(開岩寺)일 것이고, 도적들의 본거지는 개암사 뒤 우금산성(遇金山城)으로 추정된다.

6·25 때에도 변산은 빨치산의 활동 무대였다.

변산은 이보다 앞서 660년 백제가 신라와 당의 연합군에게 멸망당하자 망국의 유민들이 나라를 되찾고자 항전하던 백제 광복군 최후의 거점이기도 했다.

이는 변산의 최고봉인 의상봉(義湘峰)이 해발 509m로 결코 높은 산은 아니지만 규모는 큰 편이어서 내변산과 외변산으로 나뉘고, 특히 내변산의 지형 지세가 산자락이 넓고 골짜기는 깊어 전략적으로 숨거나 지키기에 유리했기 때문일 것이다.

백제시대에 창건된 고찰 개암사 대웅전. 뒤로 보이는 거대한 암봉이 울금바위이고 그 아래 백제 광복군 최후의 거점인 주류성이 폐허로 남아 있다.

부안읍에서 23번 국도를 따라 줄포 쪽으로 10km쯤 떨어진 상서면 감교리의 개암사는 진서면 석포리의 내소사와 더불어 변산의 대표적인 명찰이며, 다 함께 백제시대에 창건된 고찰이다.

개암사 들머리 국도변 왼쪽에는 김유신(金庾信)의 사당 보령원이 있다. 백제 광복군의 심장부 근처에 당군과 함께 백제를 멸망시킨 김유신의 사당이 당당히 버티고 있으니 참으로 역사의 희극인지 비극인지 알 수가 없다.

보령원 뒤는 개암저수지이고 저수지를 끼고 산길 숲길을 한참 걸어오르면 규모는 아담하지만 고색창연한 개암사에 이른다. 개암사는 638년(무왕 35)에 묘련왕사가 변한(弁韓)의 궁궐을 절집으로 고쳐 창건했으며, 백제가 망한 뒤에는 신라에서 원효대사(元曉大師)와 의상대사(義湘大師)가 찾아와 개암사를 재건하고 망국의 유민들을 설법으로 위로했다고 한다.

고려시대인 1314년(충숙왕 원년)에는 원감국사가 3창했으며, 그 뒤에도 두 차례의 중창 보수를 거쳤는데, 내부가 백제시대 건축양식으로 알려진 대웅전은 보물 제292호로 지정되어 있다.

개암사 대웅전 앞에서 눈길을 올리면 북동쪽 산정부 위로 장중하게 우뚝 솟은 두 개의 거대한 바위 봉우리가 보인다. 하나는 높이가 40m, 또 하나는 30m쯤 되는데 이것이 울금바위이다. 울금바위는 변한 때 우(禹) 장군과 진(陳) 장군이 이 곳에 성을 쌓고 백성들을 지켜 주었다고 하여 우진암이라고 불렀다는 설도 있고, 무열왕(武烈王) 김춘추(金春秋) 또는 김유신이 당장(唐將) 소정방(蘇定方)과 만난 곳이라고 하여 우금암(遇金岩)이라고 부른다는 설이 있으나 모두 믿을 만한 근거가 없다. 이는 소정방이 찾아와서 절 이름을 내소사라고 했다는 말처럼 허황된 소리라고 하겠다.

어쨌든 울금바위 안에는 세 개의 암굴이 있는데 그리 깊지는 않지만 100명은 들어설 만큼 넓고, 굴 안쪽에는 옥천(玉泉)이라는 샘이 있는데 원효대사가 차를 달여마시며 수행하던 곳이라 하여 지금은 원효방이라고 부른다.

이 울금바위 아래 능선을 따라 축조된 석성의 잔해가 있으니 곧 우금산성이다. 현재 동서 1000m, 남북 1300m 정도가 폐허로 남아 있는 이 우금산성이 바로 백제 광복군이 왜국에 가 있던 의자왕(義慈王)의 아들 부여풍(扶餘豊)을 모셔와 임금으로 세우고 신라와 당군에 맞서 피어린 항쟁을 벌이던 역사의 현장 주류성(周留城)으로 알려지고 있으며, 전라북도 지방기념물 제20호로 지정되어 있다.

무왕의 조카요 의자왕과 사촌형제 간인 복신(福信), 승려 출신인 도침(道琛) 등이 중심이 되어 의자왕이 항복한 지 불과 두 달 뒤인

660년 9월 23일에 목숨을 걸고 떨쳐일어난 백제 광복군은 겨우 1년 만에 옛 나라 대부분을 수복하고, 662년 5월에는 왜국에서 왕자 풍을 모셔와 임금으로 세웠다. 그러나 백제 광복군을 후원하기 위해 왔던 왜군이 백강구에서 대패한 뒤, 광복군 역시 당군의 반간계(反間計)에 빠져 내분을 일으킨 결과 도침은 복신에게 죽고 복신은 풍왕에게 죽었으며, 마지막 거점 주류성 또한 663년 9월 7일에 함락되고 풍왕은 고구려로 망명하였다.

『일본서기』는 이 때의 모습을 이렇게 기록했다.

> 백제의 주유성(州柔城)이 마침내 당에 함락되었다. 이 때에 나라 사람들이 서로 "주유성이 항복하였다. 이 일을 어찌 하겠는가. 백제의 이름은 오늘로 끊어졌다. 조상의 분묘가 있는 곳을 어찌 다시 갈 수 있으리오"라고 했다.

4년 간 처절하게 싸우다 숨겨간 백제 광복군의 원혼을 위로하는 굿이 은산별신제로서 오늘까지 이어져 오고 있다.

기록에 따르면 도침은 이 곳 변산에서 승군을 일으켜 백제 광복 전쟁에 뛰어들었고, 복신이 풍왕의 의심을 사서 죽음을 당한 곳도 주류성 뒤의 암굴 속이었다.

이 고장은 본래 백제의 개화현(皆火縣)과 흔량매현(欣良買縣)이었고, 고려 때는 고부군(古阜郡)에 속했던 부령(扶寧)과 보안(保安) 두 고을을 조선조에 접어들어 1416년(태종 16)에 합쳐 각각 이름 한 자씩을 따서 부안군을 만든 곳이다.

이 곳 부안의 세거 대성(世居大姓)으로는 부안 김씨(扶安金氏)와 영월 신씨(寧越辛氏) 등이 있다. 부안 김씨는 고려 고종(高宗) 때 평장사(平章事)를 지낸 김구(金坵)가 중시조이다. 그는 어려서부터 문

장에 뛰어났고 고종 때 문과에 급제했으며 벼슬길에 올라『북정록
(北征錄)』『고종실록(高宗實錄)』을 저술했으며, 나중에 요즘의 장관
급인 평장사까지 지냈다. 김구는 이 고장이 낳은 빼어난 여류시인
인 이매창, 내변산의 직소폭포(直沼瀑布)와 더불어 '변산삼절(邊山三
絶)'로 불린다.

부안읍내 북쪽에 우뚝 선 상소산(上蘇山) 기슭의 서림공원에 오
르면 황진이(黃眞伊)·허난설헌(許蘭雪軒)과 더불어 조선시대 여류
문학사를 빛낸 매창(梅窓) 이계생(李桂生)의 시심을 기리는 매창시
비가 있다.

1974년에 이 고장의 유지 김태수(金泰秀) 씨를 비롯한 매창기념
사업회가 세운 이 시비에는 매창의 다음과 같은 유명한 시조가 새
겨져 있다.

> 이화우(梨花雨) 흩날릴 제 울며 잡고 이별한 님
> 추풍낙엽에 저도 나를 생각는가
> 천리에 외로운 꿈만 오락가락하도다

매창은 1573년(선조 6) 이 곳에서 당시 부안현 아전 이양종(李陽
從)의 딸로 태어났다. 어릴 때는 계유년(癸酉年)에 출생했다고 해서
계생(癸生)이라고 부르다가 뒤에 계화(桂花)·계생(桂生)·향금(香今)
·천향(天香) 등으로 불렀고, 매창은 계랑(癸娘)과 함께 그녀의 기명
(妓名)이다.

신분은 비록 천대받던 기생이었지만 시문과 가무에 재주가 빼어
나 개성의 황진이와 더불어 명기로 꼽혔으며, 허균(許筠)·이귀(李
貴)·유희경(劉希慶) 같은 당대의 명사 풍류객의 지극한 아낌과 사
랑을 받았던 만큼 심지가 깊고 절개도 곧아 아무에게나 함부로 몸

을 내맡기지 않았다고 한다.

그가 진정으로 마음을 주고 몸을 허락한 정인은 오직 아호가 촌은(村隱)인 유희경뿐이었다. 촌은 역시 신분은 보잘 것 없던 천민이었지만 당대의 시인으로 이름을 떨쳤고, 특히 상례(喪禮)에 밝았으며, 사대부들 가운데 벗이 많았다. 『촌은집』에 이런 기록이 있다.

그가 젊었을 때 부안으로 놀러갔는데 그 고을에 계생이라는 명기가 있었다. 그는 그 때까지 기생을 가까이하지 않았지만 이 때 비로소 파계하였다. 그리고 서로 풍류를 즐겼는데 계생도 또한 시를 잘 지어 세상에 『매창집』이 나와 있다.

여자는 자신을 알아 주는 남자를 위해 옷을 벗는다고 하던가. 매창이 촌은에게 반할 만도 한 것이 처음 만났을 때 그가 그녀에게 지어 준 시를 보면 짐작이 간다.

남국의 계랑 이름 일찍이 알려져
글 재주 노래 솜씨 서울까지 울리더라
오늘에야 참 모습을 대하고 보니
선녀가 떨쳐 입고 내려온 듯하구나

이에 대해 매창 또한 촌은을 적선(謫仙) 곧 이태백(李太白)에 비유하여 높이 찬탄하며 사모했다. 두 사람이 만난 것은 임진왜란이 일어나기 직전이었다. 그 뒤 두 사람은 사랑에 겨워 수많은 시를 주고받았다. 하지만 예나 이제나 유부남과 독신녀의 사랑은 괴로운 법이다. 매창이 아무리 재주가 빼어나고 두 사람의 풍류가 남다르다고 해도 부부로서 떳떳이 함께 살 수가 없었다.

촌은은 서울로 돌아가고 매창은 '천리의 외로운 꿈' 속에서나 오락가락할 수밖에 없었다. 그들이 재회한 것은 오랜 세월이 흐른 뒤인 1607년께였다. 어떤 기록은 매창이 촌은을 전주에서 만나 서울까지 따라갔으며, 한때 함께 살기도 했고, 그 뒤에 매창이 객지에서 죽자 시신을 고향인 부안으로 옮겨 장사지냈다고 한다.

매창은 1610년(광해군 2) 37세의 아까운 나이로 세상을 뜰 때까지 수백 수의 시를 남겼는데 현재 『매창집』에 60여 수가 전해지고 있다.

매창의 대표작이라 할 「이화우 흩날릴 제」는 연인인 유희경을 그리며 읊은 시조라고 한다. 이별의 슬픔, 사랑의 아픔, 삶의 외로움을 다정다감한 시심으로 올올이 엮어 내 구슬처럼 아름다운 시가로 승화시킨 만인의 연인 매창의 무덤은 부안읍 봉덕리에 있는데 이 일대를 '매창뜸'이라고 부른다.

그녀의 무덤 앞에 비석이 세워진 것은 죽은 지 45년 뒤인 1655년(효종 6)의 일이고, 다시 13년 뒤인 1668년(현종 9)에는 그녀의 시집인 『매창집』이 간행되었다. 그리고 다시 300년이 지난 1917년 비석이 풍우에 닳아 글자를 알아볼 수 없으므로 부안의 시인 모임인 부풍시사(扶風詩社)에서 '名媛李梅窓之墓'라고 새긴 비석을 새로 만들어 세웠다.

매창과 촌은의 관계도 그렇지만 조선왕조 시대의 선구적 이단자요, 뛰어난 풍류 시인이며, 그보다는 최초의 한글 민중소설인 『홍길동전』의 작가로 더 잘 알려진 풍운아 허균과 부안, 허균과 매창의 이야기도 빼놓을 수가 없다. 허균 자신의 기록을 소개한다.

신축년(1601, 선조 34) 정유일에 벼슬을 내놓고 아침에 동작나루를 건넜다. ……임자일에 부안에 다다랐는데 비가 쏟아져서 그 곳에 머물렀다. 생원 고홍달이 찾아왔으며 기생 계생과 만났는데 이

부안읍 봉덕리의 매창 이계생 묘. 부안문화원장인 김민성 시인이 묘의 내력을 설명해 주고 있다.

옥여(李玉汝)의 정인이다. 거문고를 끼고 시를 읊는데 그 인물이 비록 빼어나지는 않았지만 재주가 있고 정이 많은 여자여서 종일 더불어 시와 노래를 주고받으며 어울려 즐길 수 있었다. 저녁에는 그 조카를 방에 넣어주고 자신은 슬쩍 피해 버리더라.

여기에서 이옥여란 김제군수를 지낸 이귀인데, 매창을 처음 만났을 때 이귀의 여자인 줄 알고 육체관계까지 이르지는 않은 듯하다.

1608년 선조가 죽고 광해군이 왕위에 오르자 새 정권에 끈이 없던 허균은 또다시 벼슬이 떨어져 부안을 찾았다. 그는 매창과 해안(海眼)이라는 시를 잘 짓는 동갑내기 중과 더불어 변산의 여러 명승 절경과 고찰을 찾아다니며 시와 노래와 술을 나누며 파란만장한 생애의 한때를 풍류로 보냈다.

내변산에 속한 보안면 우동리 우반골짜기 선계폭포 옆, 지금은 집터의 흔적도 사라진 정사암(靜思庵)이 당시 허균이 은거하며 국문학사에 빛나는 『홍길동전』을 집필한 산실이라는 것이 부안의 향토사학자요 원로 시인인 김민성(金民星) 부안문화원장의 말이다.

허균은 1569년(선조 2) 강릉시 사천면 판교리에 있던 외가 애일당(愛日堂)에서 태어났다. 본관은 양천(陽川), 부친은 화담(花潭) 서경덕(徐敬德)의 제자로 대사성, 대사헌, 이조참의, 부제학 등을 지낸 초당(草堂) 허엽(許曄)이다. 강릉 경포대 옆 초당동은 허엽이 살던 곳으로서 그의 아호를 동명으로 삼은 것이다.

허엽에게는 아들 셋, 딸 둘이 있었는데 맏딸과 맏아들 악록(岳麓) 허성(許筬)은 전실 소생이요, 둘째 아들 하곡(荷谷) 허봉(許篈)과 막내딸 난설헌(蘭雪軒) 허초희(許楚姬)와 막내아들 허균은 후실인 강릉 김씨(江陵金氏) 소생이다.

부친과 형들이 모두 학문이 뛰어나고 높은 벼슬을 한 명문가에서 태어난 허균은 여섯 살 위인 누이 난설헌과 함께 작은형의 친구인 손곡(蓀谷) 이달(李達)에게서 시를 배웠다. 이달은 당대 최고의 시인으로 손꼽히던 천재였으나 모친이 천한 종이었으므로 벼슬길에 나아가지 못한 비운의 주인공이었다.

조선시대에는 서얼금고라는 제도가 있어서 첩의 아들은 아무리 재주가 뛰어나도 높은 벼슬에는 오를 수 없었다. 허균이 뒤에 『홍길동전』을 비롯한 저술과 뒷날 벼슬길에 올라서도 이들 서류의 편을 들어 준 것은 스승의 뼈저린 불행을 보고 느낀 바가 컸기 때문이었다. 뒤에 허균은 「유재론(遺才論)」을 통해 '한 사람의 재주와 능력은 바로 하늘이 준 것이므로 귀한 집 자식이라고 해서 재능을 많이 주는 것도 아니고 천한 집 자식이라고 해서 인색하게 주는 것도 아니다'라고 하여 적자·서자 차별대우의 부당함을 지적하고 인도적·실리적 차원에서 서얼금고의 철폐를 주장했다. 또한 허균은 작은형을 통해 서산대사(西山大師)와 사명대사(四溟大師)를 만나 불교에도 깊은 관심을 갖게 되었다.

임진왜란중이던 1594년(선조 27) 27세의 허균은 과거에 급제하여 파란많은 벼슬살이를 시작했다. 종9품 승문원 부정자에서 시작, 춘추관 기사관, 세자시강원 설서를 거쳐 3년 뒤에는 정6품인 병조좌랑으로 승진했다. 이듬해 봄에 명(明)의 시인 오명제(吳明濟)가 종군문인으로 왔을 때에는 우리 역사상 최초의 유학생인 최치원(崔致遠) 이후의 시 수백 편을 외워 주었는데, 자신의 시는 한글로 함께 기록해 주기도 했다.

장가들고 나서 과거공부를 하며 하루에 수만 마디를 외우느라 입술이 쉴새없이 나불거렸던 허균인지라 기억력이 비상하여 한 번 보거나 들은 것은 잊는 법이 없었다. 뒷날 함열로 귀양가서 자신의 문집과 작은형의 문집 『하곡집』, 누나의 시집 『난설헌집』을 엮은 것도 오로지 비상한 기억력에 의해서였다. 허균은 『홍길동전』의 작가로 더 잘 알려져 있지만 당대에는 시인으로 문명을 떨쳤다. 실제로 소설은 6편에 불과하지만 시는 1500수나 지은 것만 보아도 알 수 있다.

어쨌든 허균은 31세 때 황해도사 직에서 불과 반년 만에 쫓겨나면서 가시밭길로 접어들었다. 포부는 컸지만 하위직이라 큰 뜻을 제대로 펼 수 없었고 천재는 인정하지만 사람됨을 알아주지 않는 관료사회에 환멸을 느껴 풍류로 더 많은 시간을 보냈기 때문이었다. 그의 아호를 보라. 교산의 교(蛟)가 곧 용이 못 된 이무기를 가리킴이요, 또 다른 호인 성옹(惺翁)은 '온 세상이 잠늘었어도 혼자 깨어 있다'는 뜻이며, 제갈량 같은 천재를 타고났다고 자부하여 와룡(臥龍)이라고도 했다.

허균은 재주가 빼어난 만큼 시기도 많이 당했고, 남의 시선을 꺼리지 않고 마음대로 행동했으므로 미치광이로 손가락질 받아 재주에 맞는 벼슬을 얻을 수도 없었다. 1601년 벼슬살이 8년 만에 당상관인 정3품 사복시 정에 올랐지만 1년도 못 되어 파면당했고, 종4품인 황해도 수안군수는 1년 만에, 종3품인 강원도 삼척부사는 겨우 13일 만에 쫓겨났다.

세상과의 불화에 대해 허균은 "성격이 곧아서 남이 틀린 짓을 하면 참고 보지 못했다"고 했으며, 또 "조그만 일들을 가지고 소인배들이 모략을 일삼는다"면서 "그대들은 그대들의 법에 따르라. 나는 내 인생을 내 뜻대로 살리라"라고 했다. 뿐 아니라 겉으로는 점잔을 빼고 뒤로는 온갖 엉큼한 짓을 하는 위선자들과는 달리 하늘이 준 본성인 식욕과 성욕을 부끄럽게 여기지 않았던 그는 가는 곳마다 기생을 만나 시와 술을 즐기고 함께 잤으며 여자의 이름까지 빼놓지 않고 기록했다.

허균이 처음으로 부안에 내려가 매창을 만난 것은 1601년(선조 34) 33세 때였고, 그 때 매창은 29세였다. 뒷날 매창이 죽었다는 소식을 들은 허균은 두 수의 추도시를 짓고 이렇게 썼다.

나는 그대를 사랑하여 막역하게 사귀었다. 비록 농담을 할 만큼 매우 가까이 지냈지만 살을 섞는 데까지는 이르르지 않았다. 그래서 오래도록 정이 끊어지지 않았는데 이제 그대의 죽음을 들으니 서러운 마음 금할 수 없어 한바탕 눈물 흘리고 두 수의 시로써 애도하노라.

명문가에서 태어나 높은 벼슬까지 지낸 허균이 상놈의 글자—언문이라고 천대받던 한글로『홍길동전』을 쓴 이유는 압제와 수탈에 시달리는 민중을 위해서는 그들이 읽을 수 있는 한글로 써야 한다는 민중작가다운 발상에서였을 것이다. 그는 소설은 괴담이라고 천시하고 공자·맹자를 공부하는 것만이 선비의 참된 도리라고 생각하던 고루한 유교시대에도 소설을 즐겨 읽고 즐겨 쓴 선구자였다.

그는『홍길동전』외에도『엄처사전』『손곡산인전』『장산인전』『남궁선생전』『장생전』등 5편의 한문소설을 썼는데 한결같이 주인공이 불우한 사람으로서 재능은 있으나 숨어 사는 기인 또는 도술가들이다.

허균이『홍길동전』을 쓴 때는 매창이 죽은 지 2년 뒤인 1612년(광해군 4), 그의 나이 44세 되던 해 12월에 부안 선계골 정사암에 은거하면서부터였다고 추정된다. 그는 정사암을 누실(陋室)이라고 부르며 부조리한 세상을 한탄하고 분노하며 민중을 위한 소설, 불우한 인재를 위한 소설『홍길동전』을 썼다. 백성이란 무엇인가. 허균은「호민론(豪民論)」에서 이렇게 말했다.

천하에서 가장 두려운 것은 백성뿐이다. 정치가들은 백성을 물이나 불이나 범처럼 두려워해야 하는데 윗자리에 있는 사람들은 제멋대로 백성을 학대하고 긁어가고 부려먹었다.

이것은 왕조시대의 정치가나 관료들에게만 해당되는 경고가 아닐 것이다. 그래서 역사란 교훈을 준다는 말이다.

일세의 풍류 남아 허균은 1618년 8월 26일 역모혐의로 의금부에 하옥된 지 열흘 만에 팔 다리 목과 몸통이 따로 떨어져 나가는 능

부안군 보안면 우동리의 선계골은 국문학사에 빛나는 최초의 한글소설 『홍길동전』의 산실이다. 사진 오른쪽 계곡에 허균이 은거하던 정사암이 있었다고 한다.

지처참을 당해 한 많고 파란 많았던 50년 이승살이의 막을 내리고 말았다.

시신이 없는 허균의 무덤은 처음에 과천에 있었으나 1968년에 경부고속도로를 닦을 때 용인시 원삼면 맹리 수정산 기슭으로 이장했다. 광해군 때 죽거나 귀양간 사람들은 1623년 인조반정(仁祖反正) 때 대부분 관작이 복구되거나 풀려났지만 허균만은 왕조의 반역자였으므로 조선왕조가 막을 내릴 때까지 복권이 되지 않았다.

하지만 허균은 영원히 죽은 것이 아니다. 왕조시대가 끝나고 백성이 주인이 된 새세상이 오자 역사의 무덤 속에 깊이 잠들었던 민중의 영웅 홍길동과 함께 미완의 혁명아 허균 또한 민중문학의 선구자로서 부활하였던 것이다.

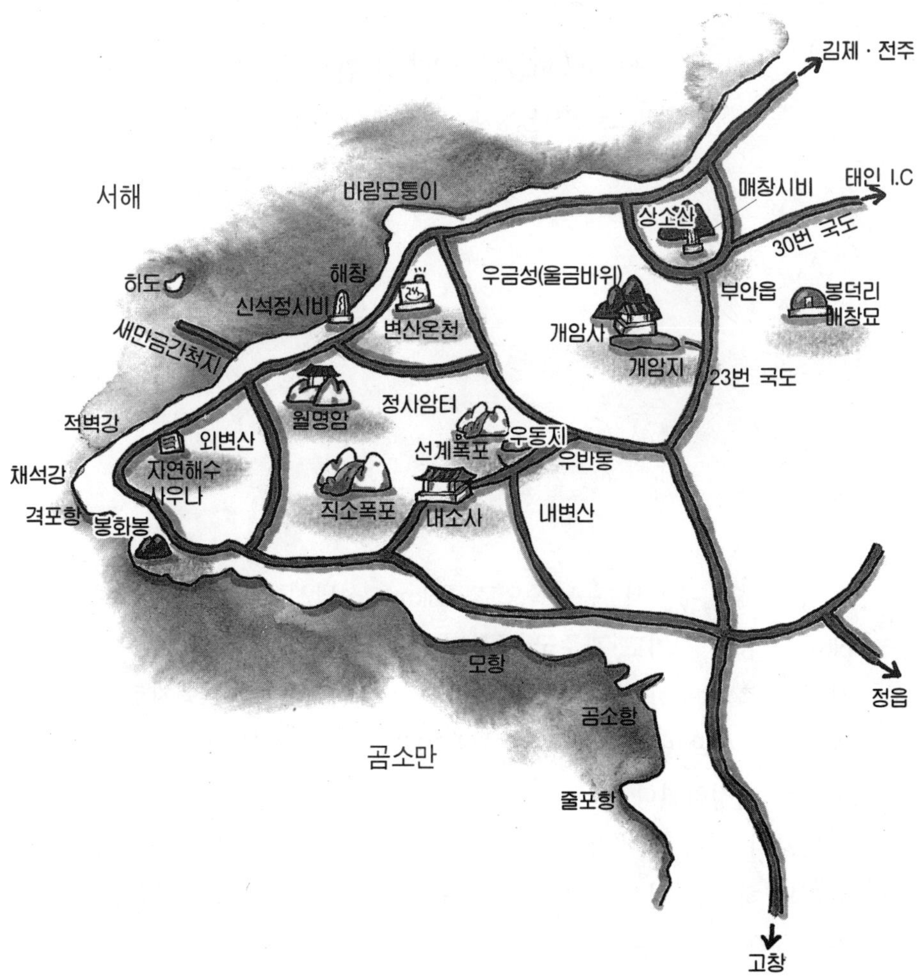

한 가지 아쉬운 점이 있다면 허균의 생가터인 강릉시 사천면 판
교리와 그가 성장한 강릉시 초당동에는 허균시비가 세워져 있지만
정작 『홍길동전』의 산실인 부안에는 고증이 정확하지 않다는 이유
로 값싼 표지석 하나도 없다는 사실이다.

광주(廣州) 남한산성

- 치욕으로 끝난 병자호란 최후의 항전지 -

서울 중심부에서 동남쪽으로 26km, 성남시에서 동북쪽으로 6km 지점인 경기도 광주군 중부면 산성리의 남한산(南漢山)은 예부터 강북의 북한산과 더불어 서울을 지키는 군사적 요충지로 중요시되어 왔으며 경치가 아름다워 1971년에는 경기도에서 도립공원으로 지정하였다.

밤보다 낮이 길어 일장산(日長山), 또는 주장산(晝長山)이라고 부르기도 하는 남한산은 최고봉이 해발 496m로서 서울보다 평균고도가 400m나 높아 여름철에는 사적지 답사뿐 아니라 피서를 위해 찾는 사람도 많다.

하지만 남한산이 우리 역사에서 중요한 비중을 차지하고 있는 까닭은 아름다운 경치나 피서지로서의 기능에 앞서서 잊을 수 없는 역사의 아픔을 간직하고 있기 때문이다. 남한산에는 사적 제57호로 지정된 남한산성이 있으며, 이 산성은 병자호란(丙子胡亂)중인

남한산성 수어장대는 본래 서장대였으나 병자호란 때 인조가 이곳에서 군사들을 지휘
했으므로 수어장대라 부르게 되었다.

1636년(인조 14) 12월 16일부터 임금과 대신 이하 1만 4000여 민·
관·군이 47일 동안 막강한 청군(淸軍)에 맞서 힘겹게 싸우며 버티
던 고난의 현장이요 참담한 역사의 무대였다.

본래 남한산성은 백제 초기의 중심부였다.『삼국사기』온조왕
(溫祚王) 13년조에 '가을 7월에 한산(漢山) 밑으로 가서 성책을 세우
고 위례성(慰禮城)의 백성을 옮겼다'라고 기록되어 있다. 온조왕 13
년은『삼국사기』의 기록이 맞다면 기원전 6년이다. 한산, 즉 오늘
의 남한산 밑으로 국력이 미약한 건국 초기에 도읍을 옮긴 온조왕
이 군사적 요충인 남한산에 방어용 성책을 설치한 것은 당연한 일
이었다.

백제가 이 곳에서 한강 이북인 북한산성으로 옮긴 것은 371년
(근초고왕 26), 여기에서 고구려에게 쫓겨나 훨씬 남쪽인 곰나루[熊

津]로 천도한 것은 이로부터 100여 년 뒤인 475년(문주왕 원년)이었다.

그 뒤 백제가 망한 다음 신라 문무왕(文武王)이 당군(唐軍)을 쫓아내기 위해 남한산성을 개축했으나, 현재와 같은 규모의 본격적 산성으로 증축된 것은 조선시대로 접어든 1621년(광해군 13)으로 알려지고 있다.

광해군이 남한산성을 대규모로 수축한 것은 여진족이 세운 후금(後金)의 침범에 대비하기 위해서였다. 인조반정(仁祖反正)으로 광해군이 폐위된 뒤에도 청의 침략 의도가 노골화됨에 따라 1624년(인조 2)부터 남한산성의 증·개축은 더욱 박차를 가해 수어사 이서(李曙)의 지휘 감독으로 2년 만에 공사를 끝맺었다. 이로써 남한산성은 성곽과 더불어 4대문과 그 사이사이에 16개의 암문(暗門)이 완공되었다.

수어장대(守御將臺)는 남한산성 정상부에 있는 2층 누각으로서 서장대(西將臺)라고도 부른다. 인조 때 완공된 남한산성 4대문 4장대 가운데 근래까지 유일하게 남아 있던 서문이요, 서장대이다. 병자호란 당시에는 단층 누각이었으며, 이 곳으로 피란한 인조가 군사들을 직접 격려하며 47일 간의 피어린 항쟁을 지휘하던 곳이다.

수어장대에 오르면 성 안이 한눈에 굽어보이고 날씨가 맑은 날이면 성 밖으로 멀리 서울을 비롯하여 성남시·남양주시·용인시·여주군 일부까지 바라보인다.

남한산성 동문 안에는 관리사무소·병자호란전쟁기념관과 함께 그 북쪽에는 현절사(顯節祠)가 있다. 이는 병자호란이 끝난 뒤 청국으로 끌려갔던 척화파(斥和派)의 거두 김상헌(金尙憲)과 정온(鄭蘊), 청국에서 순절한 윤집(尹集)·오달제(吳達濟)·홍익한(洪翼漢) 등 삼

남한산성 안에 있는 현절사는 병자호란 뒤 청국에 끌려가 순절한 홍익한·윤집·오
달제 등 삼학사와 척화파의 거두 김상헌과 정온의 충절을 기리는 사당이다.

학사(三學士)의 충절을 기리고자 세운 사당이다.

　남한산성은 사적지로 지정되며 1970년부터 동문·남문·현절사
·연무대·서장대·지수당 등 건물과 성벽 성곽을 보수했으며, 이
어서 서문과 북문을 복원했다.

　인조가 오랑캐라고 멸시하던 여진족의 임금－청 태종(淸太宗) 홍
타시에게 무릎 꿇고 삼배구고두(三拜九叩頭), 곧 세 번 절하며 한 번
절할 때마다 세 차례씩 합해서 아홉 번이나 머리를 땅바닥에 박으
며 치욕스러운 항복을 했던 병자호란의 자초지종은 어떠했던가.

　병자호란은 임진왜란이 끝난 지 겨우 40여 년 만에 일어났으니
이 또한 무비유환(無備有患)이 가져온 역사의 교훈이라고 할 수밖
에 없다.

　임진왜란의 후유증으로 명(明)의 국력이 약해지고 조선이 피폐
되자 그 틈을 타 그 동안 양국 사이에서 눌려 지내던 여진족이 급

성장하였다. 광해군 7년인 1615년 전 여진족을 통일한 누루하치(奴兒哈赤)는 이듬해 정월 후금(後金)을 건국하고 스스로 황제를 자처했다. 1618년 누루하치가 중국대륙을 침범하자 명은 우리 나라에 원병을 요청했다.

광해군은 강홍립(姜弘立)을 도원수로 하여 1만 3000명의 군사를 파견했다. 그러면서도 실리적인 외교를 중시할 줄 알았고, 임진왜란도 겪은 적이 있으며, 현명했던 광해군은 강홍립에게 현지에 가서는 형세에 따라 적당히 처신하라는 밀명을 내렸다. 강홍립은 광해군의 명령에 따라 전세가 명군에게 불리하자 누루하치에게 항복해 버렸다. 이렇게 광해군은 명과 후금 사이에서 무난한 외교정책으로 일시적인 평화를 유지할 수 있었으나 재위 15년 만인 1623년에 인조반정으로 쫓겨나고 인조가 즉위하자 사정은 달라졌다.

광해군 집권시에는 동인에서 갈라진 북인이 정권을 잡아 실리적 정책을 취했으나 북인을 내쫓고 정권을 잡은 서인은 유교적 대의 명분을 중시하여 후금을 오랑캐 나라라 하여 무시하는 태도를 취했던 것이다.

2년 뒤인 1625년 후금은 수도를 심양(瀋陽)으로 옮겼고, 그 이듬해 태조 누루하치가 죽자 여덟째 아들 홍타시가 즉위하니 곧 청 태종이다. 그 동안 조선정부의 태도에 분개하고 있던 청 태종은 1627년 1월 13일 1만여 명의 병력으로 조선 침공을 개시, 의주·곽산·정주·안주·평양·황주를 차례로 함락하고 평산까지 쳐내려 왔다.

조정은 몽골군의 침범시 그랬듯이 강화도로 피란하고 종묘사직은 전주로 옮겼다. 또 주화파(主和派)의 영수 최명길(崔鳴吉)이 명분보다는 실리를 앞세워 화평을 주장하고, 후금군에 종군한 강홍립이 강화도와 평산을 오고가며 중재 역을 하여 그 해 1627년 3월 3일 양국은 형제지맹을 맺고 후금군은 철수했다. 이것이 이른바 정묘호란(丁卯胡亂)이다. 안타까운 것은 본국에 남게 된 강홍립이 충신이냐 역적이냐 하는 격론 끝에 역적론이 우세해지자 단식 끝에 스스로 목숨을 끊은 것이었다.

1636년(인조 14) 홍타시는 국호를 대청(大淸)으로 바꾸고 연호를 숭덕(崇德)으로 정했다. 청 태종의 즉위식에 마지못해 참석한 조선국 사신 나덕헌(羅德憲)과 이곽(李廓)은 "하늘 아래 두 해가 있을 수 없듯이 두 종주국을 섬길 수 없다"면서 배례를 거부했다. 청 태종의 측근이 목을 따야 한다고 펄펄 뛰었지만 청 태종은 두 사신을 그대로 돌려보내고 용골대(龍骨大)를 사신으로 보내 인조를 책망하는 한편 형제지국이 아닌 군신지국의 예를 취할 것을 요구하고 왕자를 인질로 바칠 것을 강요했다. 조정에서는 격론 끝에 명분론이 우세하여 인조는 사신을 만나주지도, 국서를 받지도 않았다. 심지어는 사신을 죽여 버리자는 말까지 나오자 용골대는 도망쳐 청 태종에게 이런 사실을 보고했다.

화가 치민 청 태종은 그 해 12월 1일 스스로 10만여 대군을 이끌고 심양을 출발하여 9일 얼어붙은 압록강을 건너니 이로써 병자호란이 시작되었다. 당대 최고의 맹장 임경업(林慶業)이 지키는 의주 백마산성을 우회한 청군은 10일 안주, 13일 평양, 14일 개성 순으로 무인지경을 가듯 질풍처럼 남하했다. 그 때 임경업으로 하여금 청의 수도 심양을 공격토록 했다면 동북아의 역사는 달라졌으리라는 의견도 있지만 역사에서 가정(假定)은 아무 소용도 없는 것이다.

12월 14일 눈이 펄펄 내리던 날, 개성이 함락되었다는 급보를 받고 우왕좌왕하던 조정은 먼저 종묘사직의 신주, 세자빈 강씨와 원손, 제2왕자 봉림대군(鳳林大君)과 제3왕자 인평대군(麟平大君) 부부를 강화도로 피란시켰는데, 이 일행은 전임 대신 윤방(尹昉)과 김상헌의 친형 선원(仙源) 김상용(金尙容)이 모시고 떠났다.

그 날 오후 임금과 문무백관도 서울을 버리고 구리개를 거쳐 수구문을 나가 남한산성으로 들어갔다. 이튿날인 15일 새벽에 인조는 반정공신인 영의정 김유(金瑬)의 건의에 따라 강화도로 들어가려고 했지만 많은 눈이 내린 다음이라 길이 막혀 갈 수가 없었다. 임금이나 대신들이나 다 같이 귀하신 몸으로 자란지라 깊이 쌓인 눈길, 미끄러운 빙판길을 제대로 걸을 수가 없었던 것이다. 그들은 여러 차례 엎어지고 자빠지다가 금세 동상에 걸리기도 하여 불과 5리도 못 가 남한산성으로 되돌아오고 말았다.

그 날 밤새 얼어붙은 한강을 건넌 청군은 다음 날 새벽부터 겹겹이 남한산성을 에워싸기 시작했다. 그 때까지만 해도 인조는 호기가 살아 있어서 성내 곳곳을 순시하다가 망월대에 올라 “내 몸소 군사를 거느리고 싸우고자 하노라!” 하고 호언장담, 항전을 결의하기도 했다.

당시 산성 안에는 장병 1만 3800명, 왕족과 문무 관원 및 그들이 데리고 들어온 노비 700여 명 등 1만 4500여 명이 있었고, 비축된 양곡은 1만 4000섬 남짓이어서 아무리 아껴도 두 달밖에는 버틸 수 없는 형편이었다.

남한산성을 완전히 포위한 청군은 세자와 척화를 주장한 대신들을 인질로 내보내야만 강화를 할 수 있다고 통첩했다. 이러한 강화 조건을 두고 또다시 격론이 벌어졌다. 영의정 김유를 비롯하여 좌의정 홍서봉(洪瑞鳳), 이조판서 최명길, 호조판서 김신국(金藎國), 공조판서 장유(張維) 등은 중과부적 역부족임을 들어 적군이 요구하는 대로 들어주자고 주장했다.

어쨌든 연말에 남한산성에 입성해 항전을 결의하기는 했지만 해가 바뀌자 사정은 더욱 나쁘게 돌아갔다. 특히 1월 22일은 병자호란중 가장 피해가 컸던 날이었다. 그 날 강화도가 청군의 신무기인 서양식 대포의 위력에 힘없이 함락당해 수많은 여자가 난행당한 뒤 살해되거나 납치되었고, 무자비한 학살과 만행은 남녀노소의 구분이 없었다. 김상용은 강화성 문루에서 자폭해 순절했고, 두 왕자 내외는 포로가 되었다.

그 때 김상용과 함께 순절한 사람 가운데는 앞날이 촉망되던 생원 김익겸(金益兼)도 있었다. 그런데 묘하게도 만삭이던 그의 부인 해평 윤씨(海平尹氏)가 강화도 근해를 떠돌며 피란중인 배 위에서 유복자를 낳았으니 그가 바로 『구운몽』의 작가 서포(西浦) 김만중(金萬重)이다.

어쨌든, 그 이튿날인 1월 23일 청군은 남한산성에 대대적인 공격을 가했다. 결사항전의 결의도 서양식 대포의 무자비한 포격 앞에서는 아무 소용이 없었다. 1월 26일에 강화성 함락의 소식을 듣고 포로가 된 왕자가 쓴 편지를 받자 그 이틀 전까지만 해도 "대장부가 세상에 나서 어찌 차마 오랑캐 옷을 입고 술을 따를 수 있겠는가!" 하고 큰소리 치던 임금 인조는 성을 나가 항복하기로 작정할 수밖에 없었다.

그 해 1월 30일 안개가 짙게 깔려 음산하고 몹시 차가운 날이었다. 인조는 소현세자(昭顯世子)와 함께 남색 군복을 입고 청군이 보낸 말을 탄 채 온 성중 사람이 비통하게 울부짖는 가운데 문무백관을 거느리고 남한산성 서문을 나와 한강 동쪽 기슭 송파나루 심전도(三田渡)의 항복식장으로 내려갔다. "죄인은 정문인 남문으로 나올 수 없다"는 청군의 말에 따라 서문으로 나온 것이었다.

청 태종 홍타시는 오랑캐 군사 수만 명이 방진(方陣)을 친 가운데 황색 장막과 일산으로 장식된 9층 단상에 높이 앉아 있었다. 100보를 걸어나가 인조는 먼저 맨땅에서 삼배구고두의 예를 올리고 나서 단상으로 올라가 다시 또 삼배구고두를 했다. 그러나 그것으로 끝이 아니었다. 항복식이 끝날 무렵 홍타시가 돈피갖옷(담비 모피로 만든 옷) 두 벌을 주니 그 한 벌을 입고 땅에 내려가 다시 삼배로 사례했으며, 저녁에 홍타시가 서울로 돌아가도 좋다고 허락하자 또 삼배를 하고 물러났으니 한 나라의 임금이라는 사람이 그 동안 오랑캐라고 천시하던 자에게 하루에 열두 차례나 큰절을 올리는 씻을 수 없는 치욕을 당한 것이다.

2월 1일부터 청군은 철수를 시작했고 소현세자와 봉림대군 두 왕자 내외와 시종 등 200여 명을 인질로 끌고 갔다. 이로부터 1894년 청일전쟁 때까지 250여 년 동안 조선은 여진족이 세운 청국에 기죽어 지내야만 했다. 당시 인구 150만이던 조선이 30만에 불과하던 여진족에 짓밟혀 여지없는 치욕과 수모를 당했으니 참으로 한심한 일이었다. 게다가 44년 전의 임진왜란도 그랬고 겨우 9년 전 정묘호란도 무방비 상태로 국토를 유린당한 뼈저리고 쓰라린 역사의 교훈을 어디에다 팽개쳐 버렸던 것일까.

병자호란 당시 인조가 수항단(受降壇)에 나가 굴욕을 당하던 삼전도는 현재의 송파구에 있던 한강 상류의 나루터로 도성과는 30리 거리. 서울에서 성남시로 가는 길가, 전에는 경기도 광주군 중대면 송파리, 지금은 강동구 신천동이다. 이 곳에 병자호란이 끝난 3년 뒤인 1639년(인조 17)에 약칭 삼전도비(三田渡碑)라고 부르는 치

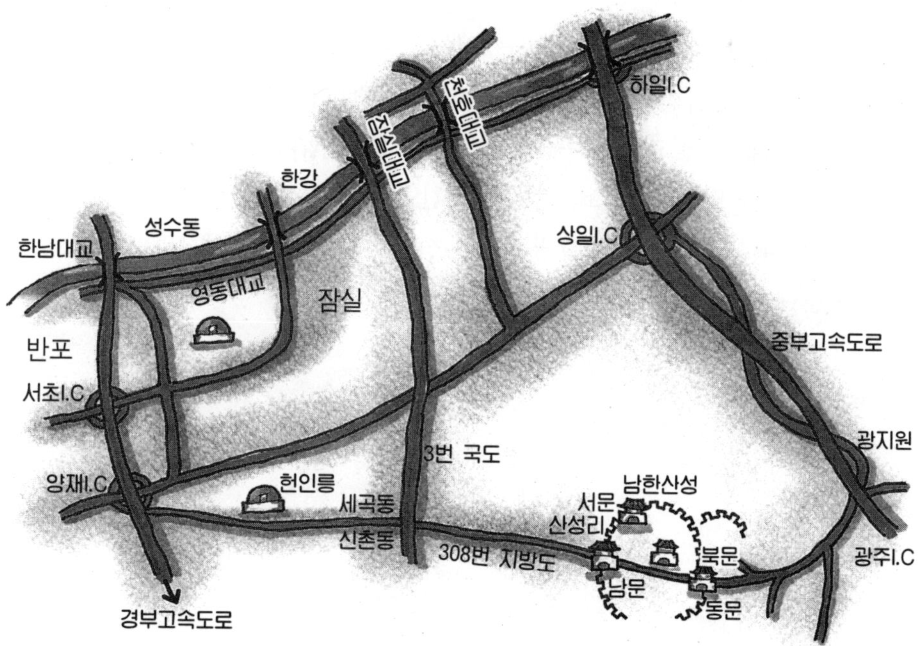

욕의 상징인 대청황제공덕비(大淸皇帝功德碑)가 세워졌다. 높이
3.95m, 너비 1.4m, 무게 32t의 화강암으로 된 이 비석은 당시 대제
학 이경석(李景奭)이 짓고 오준(吳竣)이 썼으며 남쪽으로 향한 정면
은 오른쪽에 여진어, 왼쪽에 몽골어로 비문을 새겼고, 뒷면에는 같
은 내용을 한문으로 새겼다.

　수치스러운 항복기념비였으므로 몇 차례 땅 속에 묻히기도 하고
옮겨지기도 했는데, 1957년 2월 1일 사적 제101호로 지정된 이 삼
전도비는 현재 송파구 석촌동 289-3번지 삼전초등학교 앞에 있다.
하지만 수치스러운 역사가 비석 하나를 땅에 묻거나 잘 보이지 않
는 곳으로 옮긴다고 해서 영영 지워지고 없어져 버리는 것은 아니

다.

　병자호란 역시 우리 민족사에서 종기처럼 도려내고 싶은 사건, 악몽같이 추악한 역사였다. 하지만 역사란 아무리 수치스럽다고 해도 되돌려 놓고 성형수술을 할 수는 없는 법이다. 깨어진 독에 물을 다시 담을 수 없고, 한번 흘러간 물은 되돌아오지 않는다. 그처럼 지나간 역사도 되물릴 수 없는 것이다. 그러한 시간의 법칙 때문에 역사는 교훈을 남기는 것이다.

강진 다산초당
- 정약용 실학사상 집대성한 인고의 유배지 -

전남 강진읍에서 차를 타고 남쪽으로 내려 달리면 왼쪽에 탐진강을 끼고 펼쳐진 강진평야가 나온다. 이 기름진 벌판을 지나면 이내 오른쪽으로 만덕산(萬德山)이 보인다. 산기슭을 안고 좀더 남쪽으로 돌아들면 왼쪽은 다산(茶山) 정약용(丁若鏞)이 때때로 나와 흑산도에서 유배살이하는 둘째 형 약전(若銓)을 그리며 하염없이 바다를 바라보던 구강포요, 조금 더 남쪽으로 내려가면 솔숲과 대숲으로 둘러싸인 귤동마을이다.

이 마을이 다산의 제자 윤문거(尹文擧) 3형제의 후손들이 다산의 유덕을 추앙하고 선조의 유풍을 지키며 살아오고 있는 다산초당(茶山草堂)의 들머리이다. 마을 입구에는 아이들의 놀이터 구실도 하는 다산정약용선생유적비(茶山丁若鏞先生遺蹟碑)가 있는데, 1977년 4월 10일에 다산유적비건립위원회가 강진군 및 다산유적복원위원회와 힘을 힙쳐 세운 깃이다.

강진군 도암면 만덕리 귤동마을 들머리에 세워진 다산유적비.

마을에서 다산초당으로 오르는 길은 대숲 솔숲 동백숲으로 우거져 한낮에도 늘 그늘져 있다. 필자가 처음 이곳을 찾았을 때는 1987년. 그 때까지만 해도 차나무가 여러 그루 자생하고 있었지만 10년이 지난 뒤에 다시 가보니 그 많던 차나무가 눈에 띄지 않았다. 알고 보니 전국 각지에서 답사여행이라는 명목으로 찾아온 사람들마다 마구잡이로 차잎을 훑어가고 심지어는 가지까지 함부로 꺾어 버려 차나무는 거의 멸종되다시피 했던 것이다.

본래 만덕산은 차나무가 많아서 다산이란 별명으로 불렸고, 정약용의 자호(自號) 다산도 거기에서 비롯된 것인데, 정작 다산에서 차나무가 사라져 버렸으니 다산 자신도 이를 알면 지하에서 탄식하리라.

사적 제107호로 지정된 다산초당은 지금은 초당—초가가 아니라 와당—기와집으로 변모했다. 다산이 강진 유배생활 18년 가운데 1808년(순조 8)부터 귀양살이가 풀리던 1817년까지 10년이나 머

다산초당은 정약용이 고독과 절망을 딛고 학문 연구와 저술로 일관하던 실학사상과 명저의 산실이다.

물던 다산초당은 오랜 세월의 흐름에 못 이겨 1936년에 이르자 거의 다 무너져 폐허가 되어 가고 있었다. 그런 것을 1958년 다산유적보존회에서 본채인 초당을 와당으로 재건하고, 1978년에 다시 동암과 서암을 포함하여 대대적인 보수 개축을 한 것이다.

다산 정약용은 누구인가.

그는 조선조 후기에 실학을 집대성한 불멸의 업적을 남긴 위대한 사상가, 학자였을 뿐 아니라 뛰어난 문장가, 시인이었으며 박해받은 종교인이기도 했다.

다산의 발자취가 서린 곳은 크게 두 군데가 있다. 한 곳은 경기도 남양주시이고, 또 한 군데는 이 곳 강진군이다.

남양주시 조안면 능내리 마재[馬峴] 마을은 다산이 태어나고 묻힌 육신의 고향. 1925년의 을축대홍수(乙丑大洪水)로 유실된 그의 생가 여유당(與猶堂)이 4년 간의 복원공사 끝에 1990년 옛모습을 되찾았고, 그 뒤쪽 야트막한 언덕에서 다산부부의 합장묘가 유유히 흐르는 한강수를 굽어보고 있었다.

강진은 다산이 구세제민의 경륜을 품었으나 벼슬길이 험난해 뜻대로 펼쳐보지도 못하고 18년 동안이나 오랜 귀양살이를 하며 학문연구와 저술에 힘쓰던 곳이다. 따라서 만덕산 기슭의 다산초당은 그의 위대한 사상과 학문이 태어난 역사적 산실이요, 빼어난 예술이 꽃피어난 정신의 고향이다.

불세출의 명저 『목민심서(牧民心書)』와 『경세유표(經世遺表)』로 대표되는 500권이 넘는 다산의 방대한 저술이 거의 모두 다산초당에서의 소산이었으니, 이야말로 유한(有恨)의 유형지에서 비애와 절망과 고통의 세월을 꿋꿋이 살아 넘긴 민족의 거인 다산의 빛나는 인간승리였지 무엇이랴.

다산 정약용은 1762년(영조 38) 음력 6월 16일에 정재원(丁載遠)과 해남 윤씨(海南尹氏) 사이의 넷째 아들로 태어났다. 다산의 본관은 현재 나주인 압해(押海)요, 부친은 나중에 진주목사를 지냈다. 또 모친은 고산(孤山) 윤선도(尹善道)의 증손자로서 시·서·화에 모두 이름을 떨친 공재(恭齋) 윤두서(尹斗緒)의 손녀이다.

다산의 얼굴 모습, 특히 수염은 외증조부인 공재를 많이 닮았다고 한다. 그 자신도 뒷날 제자들에게 "나의 정신이나 생김새는 외가 쪽을 많이 닮았다"고 말한 바 있다.

다산이 태어날 때 위로는 이복형 약현(若鉉)과 동복형 약전(若銓)·약종(若鍾) 등 세 형이 있었다.

다산이 출생한 그 해는 영조(英祖)가 아들인 사도세자(思悼世子)를 뒤주에 가둬 죽인 이른바 임오사건(壬午事件)이 일어난 해였다.

이 끔찍한 사건을 빌미로 노론(老論)과 남인(南人)으로 갈라져 있던 당파가 사도제사를 옹호한 남인계 시파(時派)와 그를 죽음으로 몰고 간 노론계 벽파(僻派)로 다시 나뉘게 되었다.

그리하여 부친 정재원은 벼슬길에 환멸을 느껴 전원으로 돌아가 농사나 지어야겠다고 작정했다. 그 때 태어난 자식이 다산이었으므로 첫 이름을 귀농(歸農)이라고 불렀다.

귀농은 물 맑고 공기 좋은 한강변 마재에서 무럭무럭 자랐으나 두 살 때 마마에 걸렸다. 다행히 치료에 성공하여 얼굴이 흉하게 얽지는 않았지만 오른쪽 눈썹 위에 흉터 하나가 남아서 얼핏 보면 눈썹이 세 개로 갈라져 보였다. 다산의 아호 가운데 삼미자(三尾子)가 있고, 10세 이전에 지은 작품을 묶은 시집 『삼미집(三尾集)』이 있으니 다 그런 연유에서였다.

그는 총명을 타고 태어나 4세부터 천자문을 배우기 시작했으며, 6세 때에는 연천현감으로 부임한 부친을 따라가 본격적으로 글공부를 했다. 귀농은 9세 되던 1770년 11월에 어머니를 여의고 세상에 태어나서 처음으로 큰 불행을 맛보았다.

다산은 1776년 14세 때 풍산 홍씨(豊山洪氏)를 맞아 혼례를 올렸다. 성인이 된 다산은 아명인 귀농 대신 관명(冠名)을 약용이라고 지었다. 또한 자(字)는 미용(美鏞) 또는 송보(頌甫)라 했고 아호는 처음에 사암(俟庵)이라 하였다. 사(俟)는 '기다릴 사'"기대할 사'이니 언젠가는 세상에 쓸모가 있으리라는 뜻이었을 것이다.

1778년은 영조가 죽고 사도세자의 아들 정조(正祖)가 즉위한 이듬해로 다산은 16세였다. 이 해에 처음으로 성호(星湖) 이익(李瀷)의 저서를 읽고 공리공론이 아닌 실리적 학풍에 큰 감명을 받았다.

다산은 1783년 21세 때 진사시에 급제하여 오늘의 국립대학 격인 태학(太學)에 들어갔다. 또한 그 해는 맏아들 학연(學淵)이 태어나 경사가 겹친 해였다.

다산이 서학(西學)이라 불린 천주교와 관계를 맺은 것이 그 이듬해였다. 맏형 약현의 처남이며 이승훈(李昇薰) 신부에게 세례를 받은 이벽(李蘗)으로부터 천주교 이야기를 듣고 서적을 얻어 본 뒤 그 때부터 4~5년 간 줄곧 여기에 마음을 쏟았다고 했다. 그는 결국 이 일로 인해 두고두고 벽파로부터 신서파(信西派)로 몰려 여러 차례 죽을 고초를 겪게 된다.

다산은 27세 되던 1789년(정조 13)에 전시(殿試)에 급제, 벼슬살이를 시작하여 이듬해에는 예문관 검열이 되었다.

그 때 다산은 이미 두 아들의 아버지였다. 25세 때 둘째 학유(學游)를 낳았는데, 이 학유가 바로 유명한 「농가월령가(農家月令歌)」의 작가이다.

29세 때 공서파(攻西派)로부터 서학을 믿는 신서파로 탄핵당한 다산은 충청도 해미로 생애 첫번째 유배를 당했으나 그의 인품과 재주를 아낀 정조의 배려로 열흘 만에 풀려났다. 예문관 검열로 복직하여 30세 되던 정조 16년에는 홍문관 수찬에 올랐으나 그 해 4월 진주목사로 있던 부친의 상을 당해 벼슬을 내놓고 귀향했다. 특기할 일은 3년 간의 상중에 수원 화성(華城)을 쌓을 때 오늘날의 기중기와 비슷한 기중가(起重架)를 고안하여 축성 비용을 4만 냥이나 절약토록 했다는 점이다.

1794년 32세 때 상복을 벗고 다시 조정에 나아가 마침내 정3품직까지 올랐으나 시운을 타지 못한지라 그는 순탄한 벼슬길에서 구세제민의 큰 뜻을 제대로 펼칠 수가 없었다.

1795년(정조 19) 주문모사건(周文謨事件)으로 좌천당했다가 1798년 다시 정조의 부름으로 형조참의에 임명되어 서울로 돌아왔지만 벽파의 집요한 공격에 마침내 조정에서 물러나고 말았다.

그 때 36세로 그것이 다산의 마지막 벼슬길이었다. 가족을 이끌고 고향인 능내로 돌아갔으나 여생을 편히 보낼 운세가 아니었다.

1800년 38세 되던 해에 다산을 아끼던 정조가 세상을 뜨고 11세 철부지 순조가 즉위하자 하루아침에 벽파의 천하가 되어 다산은 또다시 가시밭길을 걷기 시작했다. 이듬해 벽파가 천주교를 금지하는 사학금령(邪學禁令)을 내리고 이를 기화로 시파 인사들에 대한 대대적인 숙청을 벌인 이른바 신유사옥(辛酉邪獄)을 일으켰다. 이 때 이승훈을 비롯한 천주교의 지도자급 인사들이 대량 검거되어 옥사하거나 처형당하고, 다산 3형제도 붙잡혀 들어갔다.

그 해 2월 26일 셋째 형 약종이 처형당한 다음 날 둘째 형 약전은 전라도 완도군 신지도로, 다산은 경상도 영일군 장기로 유배되었다. 그러나 9월에 황사영백서사건(黃嗣永帛書事件)이 일어나 또다시 서울로 잡혀 올라갔다. 황사영은 다산의 조카사위였는데 벽파는 이 기회에 다산을 아예 죽여 없애려고 하였으나 구사일생으로 목숨은 건져 유배지만 옮기게 되었다. 다산은 강진으로, 약전은 흑산도로.

북풍한설 몰아치는 추운 겨울날 강진에 다다른 다산은 기나긴 18년 간의 유배생활에 들어갔다.

나는 신유(辛酉 : 1801) 겨울 강진에 도착하여 동문 밖 주막에 우접하였다. 을축(乙丑 : 1805) 겨울에는 보은산방(寶恩山房)에서 기식하였고, 병인(丙寅 : 1806) 가을에는 학래(鶴來)의 집에 이사가 살았다. 무진(戊辰 : 1808) 봄에야 다산에서 살았으니 합하여 유배지에 있던 것이 18년인데, 읍내에서 산 것이 8년이고 다산에서 산 것이

11년째였다. 처음 왔을 때는 백성이 모두 겁을 먹어 문을 부수고 담을 허물며 안접을 허락해 주지 않았다. 그럴 때 곁에서 보살펴 준 사람이 손병조(孫秉操)·황상(黃裳) 등 넷이었다.

이 글은 다산이 귀양살이에서 풀려나 강진을 떠나면서 「다신계안(茶信契案)」을 통해 회고한 대목이다.

처음 강진에 다다랐을 때에는 귀양온 죄인이라 하여 이웃 주민이 혹시 무슨 불똥이라도 튈까 두려워 머물지 못하도록 행패도 부리고 소란도 피우는 수모를 겪었으나 가까스로 동문 밖 주막거리에 방을 하나 구해 거처를 삼을 수 있었다. 노파와 딸 둘만 사는 주막의 뒷방이었다.

다산의 동상이 있는 서성리에서 강진 읍내를 가로질러 반대쪽 동성리에 주막거리가 있었다. 다산이 처음 머물던 주막집은 흔적도 없이 사라졌으나 그가 떠다가 마시던 동문안샘은 지금도 그 옆의 늙은 팽나무와 함께 남아 옛일을 말없이 전해 주는 듯하다.

샘터는 네모진 시멘트 담을 둘러 볼품이 없으나 물빛은 푸르고 맑아 지금도 마을 사람들이 식수로 쓰고 있다. 샘터에서 머리를 들면 강진의 진산 우두봉(牛頭峰)이 보인다. 보암산(寶岩山)·보은산(寶恩山)이라고도 부르던 우두봉 산길을 한 시간쯤 걸어오르면 고성사(高聲寺)가 있다. 다산이 한때 머물며 스님한테서 곡우차(穀雨茶)를 얻어 마시고 본격적으로 차 맛에 빠져들게 된 보은산방이 있던 그 절이다.

멀리 갈 수는 없으나 틈나는 대로 발길을 옮겨 주변 지리도 어느 정도 익히고 마음의 안정도 되찾은 다산은 주막 뒷방에 '사의재(四宜齋)'라는 당호를 붙이고 실학을 연구하는 한편, 마을 아이들을 모아 글을 가르치기 시작했다.

　다른 지방도 마찬가지였지만 당시 농민의 참상은 말이 아니었다. 그 때 농민들의 참상을 그린 많은 시를 남겼는데 「탐진농가(耽津農家)」「기민시(飢民詩)」「애절양(哀絶陽)」 같은 작품들이다.

　한 가난한 농부가 낳은 지 사흘밖에 안 된 아들이 군적(軍籍)에 오르고 소까지 빼앗기자 자신의 생식기를 잘라 버리면서 "내가 이것 때문에 재앙을 당한다!"고 울부짖었다. 그의 아내가 피가 뚝뚝 떨어지는 남편의 그것을 들고 구슬피 울면서 관아로 달려가 하소연했으나 문지기가 들여보내 주지 않았다. 이런 비참한 이야기를 듣고 지은 시가 바로 「애절양」이다.

　어느 날 구강포에 사는 어부로부터 흑산도에 갇혀 있는 형 약전의 소식을 들었다. 형은 섬에서 어보(魚譜)를 정리하고 있다면서 아우가 새로 지은 시들을 보고 싶다고 했다. 그 때부터 두 형제는 1815년 6월 정약전이 유배지에서 서거할 때까지 인편을 통해 안부를 주고받았다.

　사의재와 보은산방에서 학문을 연구하고 아이들을 가르치던 다산은 만덕산 백련사(白蓮寺)에서 혜장(惠藏) 스님을 만나 『주역』과 선(禪)을 이야기하고 차를 마시며 승속(僧俗)을 초월한 교유를 했다. 다산보다 11세 아래였던 혜장은 다산을 스승으로 모시고 『주역』을 배웠으며, 나중에는 자신의 제자 초의(草衣)를 다산에게 인도해 가르침을 받도록 했다. 다승(茶僧)으로 유명한 초의는 다산에 이어 뒷날 추사(秋史) 김정희(金正喜)와도 차와 선을 통한 교유로 한국 차 역사에 전설적인 수많은 다화(茶話)를 남기게 된다.

　보은산방에 이어 한동안 이청(李晴 : 李鶴來)의 집에 머물던 다산이 귤동마을 뒤 외척인 귤림처사(橘林處士) 윤단(尹博)의 산정(山亭) ─다산초당으로 옮긴 것은 1808년 봄이었다. 이 곳으로 거처를 옮

다산초당 곁의 바위에 다산은 자신이 머물다 갔다는 표시로 '丁石'이라고 손수 새겨
놓았다.

긴 그는 동암과 서암 두 서재를 짓고 축대를 쌓고 물줄기를 끌어
다 연못을 만드는 등 조경공사도 벌였다. 또 골짜기의 비탈진 땅을
개간해 사다리논을 일구고 초당 주위에 채소밭과 화목단도 만들었
다. 그리고 약천(藥泉) 뒤 암벽에는 '정석(丁石)'이란 두 글자를 새겨
표적을 남겼다.

이들 정석·약천·연지(蓮池)는 다산이 차를 달이거나 앉아서 책
을 읽던 다조(茶竈 : 차 부뚜막)라는 바위와 함께 '다산 4경'이라 불린
다. 다산은 주로 동암에서 기거했고 제자들은 서암에서 숙식했으
며 공부는 본채인 초당에서 했다.

동암을 지나 비탈길을 돌아가면 천일각(天一閣)이 나온다. 구강
만이 한눈에 내려다보이는 천일각은 다산이 바다를 바라보며 흑산
도의 형을 그리던 언덕에 세운 정자이다.

다산은 이 곳 초당에서 제자들을 가르치는 한편 학문연구와 저작에 몰두하였다. 너무나 한자리에 오래 앉아 글을 쓰다가 엉덩이가 다 헐기도 했고, 그럴 때면 벽에 시렁을 달아매고 서서 저술을 하기도 했다.

다산의 학문 분야는 광장(廣壯)하여 철학 정치 사회 경제 법률 음악 국방 언어학 지리학 역사 수학 천문 등 미치지 않은 바가 없었다. 다산의 대표적 저서 중 하나로 꼽히는『경세유표』의 원본인 정치경제학 연구서『방례초본(邦禮草本)』은 56세 때에,『목민심서』는 18년 간의 오랜 유배생활이 끝나던 1817년에 완성되었다.

인간의 존엄성·평등성을 중시한 민본주의자 다산의 정치·경제·사상의 집합서『목민심서』는 실학의 맥을 이어 이를 집대성한 불후의 명저이다.

다산의 정치·경제 사상은 한 마디로 말해 민본주의였다. 인간의 존엄성과 평등을 중시한 그는 반계(磻溪) 유형원(柳馨遠)과 성호 이익의 실학의 맥을 이어 이를 집대성함으로써 민중의 이익을 대변하고 민족주체성을 주장한, 시대를 앞선 민주주의의 선구자요 선각자였다.

일부 고급 공무원의 부정부패와 과잉충성이 끊임없는 요즘 현실에 비춰 볼 때 특히『목민심서』가 주는 교훈은 절실하고 각별하다.『목민심서』는 다산이 서문에서 말한 바와 같이

오늘날의 사목(司牧)들이 오직 이익을 추구하는 데만 조급하고 어떻게 목민(牧民)하는 줄은 몰라서 백성은 여위고 곤궁하고 병까지 들어 진구렁에 빠졌음에도 사목하는 자들은 좋은 옷과 맛있는 음식에 혼자 살이 찌고 있으니 어찌 슬프지 않겠는가!

남양주시 조안면 능내리 다산마을의 생가 여유당 뒤 언덕에서 유유히 흐르는 한강수
를 굽어보고 있는 정약용의 묘.

하고 탄식한 것처럼 당시 관리들의 부패상을 보고 올바른 목민의
길을 깨우쳐 주고자 한 것이다.

　흑산도의 형이 다시는 뭍으로 돌아오지 못한 채 저세상으로 돌
아갔다는 소식을 들은 것은 1815년. 그리고 3년이 지난 1817년 8월
18년 간의 귀양살이에서 풀렸을 때 다산은 이미 만 56세의 노인이
되어 있었다. 그러나 고향 마재로 돌아가는 그에게는 외로움과 괴
로움에 맞서 싸우며 피땀 흘려 얻은 값진 대가인 500여 권의 저서
가 있었다.

　한강변 마재로 돌아온 다산은 귀양살이하던 세월과 꼭같은 18년
간을 더 살았다.

　그는 향리로 돌아온 뒤 저술을 계속하거나 강변을 거닐며 묵상
에 잠기면서 유유자적했다. 몇 차례 조정의 부름이 있었지만 다시

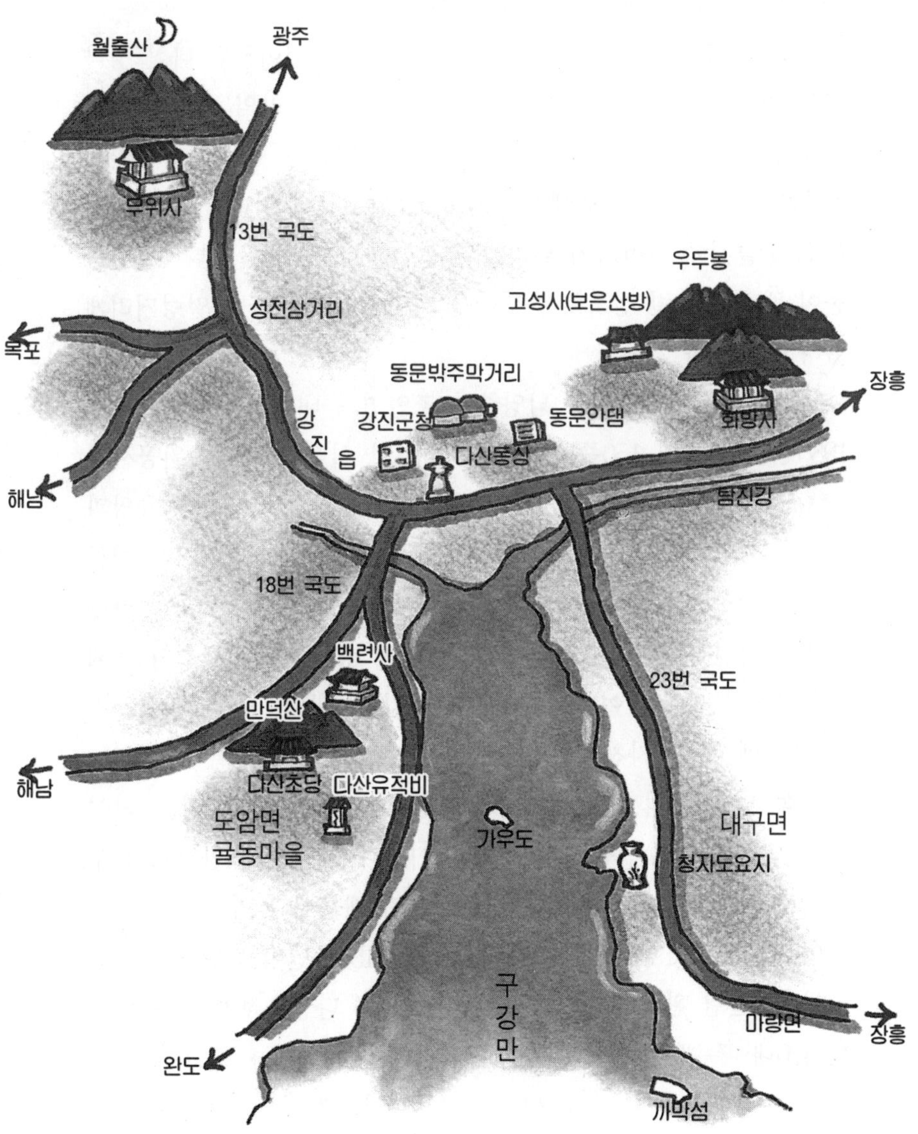
월출산
광주
무위사
13번 국도
성전삼거리
목포
우두봉
고성사(보은산방)
동문밖주막거리
장흥
강진읍
강진군청
동문안댐
회령사
다산동상
해남
탐진강
18번 국도
백련사
만덕산
23번 국도
해남
다산초당
다산유적비
도암면
귤동마을
가우도
대구면
청자도요지
구강만
마량면
장흥
완도
까막섬

는 추악한 벼슬길에 나아가지 않았다.

1835년 2월 22일 일세의 사상가요 학자요 시인이었던 다산 정약용은 파란만장한 생애, 하지만 위대한 인고와 승리의 세월을 마감하고 이승살이의 막을 내렸다. 향년 73세였다.

운명하기 전 두 아들에게 검소하고 간소하게 장례를 치르도록 하고 벼슬길에 나아가지 말라고 유언했다. 그가 눈을 감자 일진광풍이 햇빛을 가릴 정도로 흙먼지를 피워올리고 강물을 일렁거리게 했다고 전한다.

다산의 묘소는 경기도 남양주시 조안면 능내 1리 마재에 있다. 1986년 다산서거 150주년을 맞아 벌이기 시작한 유적복원공사가 1990년에 완공되었다. 5000평의 다산기념관 경내에 생가 여유당과 사당이 있고, 기념관 옆 돌계단을 오르면 다산 부부 합장묘에 이른다. 묘 앞에 상석 석등 석인과 함께 비석 2기가 서 있는데, 하나는 1959년 다산선생기념사업회가, 또 하나는 1974년 다산학회와 정씨 종친회에서 세운 것이다. 두 비석에 새겨진 비문은 모두 다산 스스로 생전에 지은 '자찬묘지명(自撰墓誌銘)'이다.

비석 앞면은 '淑夫人豊山洪氏 文度公茶山丁若鏞之墓'라고 되어 있어 부인을 오른쪽에 모신 것이 특이하다. 대부분의 합장묘가 부인은 부좌(祔左)라고 하여 왼쪽에 모시기 때문이다.

이 묘소에서 1986년 4월 7일 다산서거 150주년이 되던 날『목민심서』한글판 완역 고유제가 있었다. 이 곳 다산유적지는 현재 다산의 6대 후손인 정해운(丁海運) 씨가 27년째 관리해 오고 있다.

정읍 동학민중혁명 유적
- 전봉준과 동학농민군의 빛나는 첫 승전지 -

행상 나간 지아비를 그리는 백제 여인의 애틋한 심정을 노래한 「정읍사(井邑詞)」의 고향이며 단풍 절경 내장산으로 이름난 전북 정읍은 또한 '민중의 파랑새' 전봉준(全琫準) 장군이 이 땅의 역사가 시작된 이래 최초 최대의 민중 자주 민권 운동인 동학농민혁명의 횃불을 힘차게 올린 역사의 현장이기도 하다.

정읍에는 동학농민혁명군이 빛나는 첫 승리를 거둔 황토재전적지와 동학혁명기념관을 비롯하여 녹두장군 전봉준이 민중의 지도자로 떨쳐일어날 때까지 살던 옛집, 가혹한 수탈로 농민봉기의 기폭제가 되었던 만석보(萬石洑) 옛터와 동학혁명모의탑 등이 있어 뼈아픈 그 날의 역사를 전해 주고 있다.

서울에서 승용차로 출발하여 회덕에서 호남고속도로로 접어들어 전주·김제·태인을 지나 정읍까지는 266km, 3시간 남짓 걸린다.

녹두장군 전봉준이 이끈 동학농민혁명군이 빛나는 첫승리를 거둔 황토재 마루에 세워진 기념탑.

정읍 나들목을 빠져 나오자마자 좌회전하여 육교로 올라서서 고속도로 위를 가로지르고, 705번 지방도로를 따라 덕천면 신월 사거리를 지나면 이내 사적 제295호로 지정된 황토재 전적지에 이르게 된다.

덕천면 하학리 산11번지 일대인 황토재는 해발 35.5m밖에 안 되는 야트막한 야산이지만 드넓은 평야지대로서 산이 드문 이 지역에서는 사방을 훤하게 살펴볼 수 있는 전략적 요충이다. 황토재 정상에 오르면 인근 하학리와 고부면 일대는 물론 이평·태인·백산·부안 등 넓디넓은 곡창 호남평야가 한눈에 굽어보인다.

정상부에는 1963년 10월 3일에 갑오동학혁명 기념사업회가 중심이 되어 세운 동학혁명기념탑이 우뚝 서 있는데 모양이 마치 죽창과도 같아 그 당시 탐관오리의 기름진 배를 노리던 농민군의 원한이 그대로 서려 있는 듯하다.

사적 황토재전적지는 이 동학혁명기념탑과 산기슭의 동학혁명 기념관 등을 포함한 것이다. 황토재전적지기념관은 1982년 1월 11

전봉준 장군 동상. 황토재 기슭에 있는 동학혁명 기념관 안에 세워져 있다.

일 이 곳이 국가사적으로 지정된 이후 이듬해 10월 31일 4만 5000평의 부지를 확보하여 그 해 12월 31일에 기념관을, 1987년 12월 31일에는 전봉준장군동상과 그의 사당인 제민당(濟民堂)을 비롯하여 연지·광장 등의 주변 조경사업까지 마친 것이다.

기념관에는 동학농민혁명 당시의 중요한 사건들을 묘사한 4폭의 역사기록화, 전봉준의 훈장 시절 유품으로 알려진 돌벼루·붓·먹·패랭이·신발, 동학혁명 당시 농민군의 무기류 등 87종 104점의 유물이 보관 전시되어 있다.

1991년 12월 17일에 준공된 구민사(救民祠)는 동학혁명군을 영도했던 3거두인 전봉준·김개남(金開南)·손화중(孫化仲)을 비롯한 농민군의 위패를 봉안한 사당이다.

정읍시 신태인읍에서 서쪽으로 고부 가는 길을 따라 내려가다가 동진강 다리를 건너면 제방 위에 우뚝 선 비석 하나가 보인다.

이평면 하송리 172번지의 이 비석이 바로 1976년 4월 3일에 지방기념물 제33호로 지정된 만석보유지비이다. 만석보는 탐관오리

배들평 한가운데 세워진 만석보유지비. 동학농민혁명의 기폭제가 되었던 압제와 수탈의 상징 만석보 옛터를 알려주고 있다.

의 대명사가 되다시피한 당시의 고부군수 조병갑(趙秉甲)이 농민들을 강제로 동원하여 쌓게 한 뒤 약속과는 달리 부당하고 과중한 혈세를 짜내려다가 민중봉기를 불러일으켰던 곳이다.

만석보유지비를 지나 이평면 장내리 458-1번지 조소(鳥巢) 마을을 찾아가면 전봉준 장군의 옛집이 있다. 녹두장군이 동학민중혁명을 영도할 때까지 17년 간 살던 이 흙담 초가는 오랫동안 폐가로 버려져 있었는데 1974년부터 해체 복원하여 1981년 12월 8일에 사적 제293호로 지정한 것이다.

한편, 고부면 신중리 주산마을 들머리에는 전봉준 장군을 비롯한 이 지역 유지 20명이 한자리에 모여 갑오년 정월봉기를 결의하고 사발통문을 작성하던 역사적 사실을 기념하기 위해 후손들이 뜻을 모아 1969년 4월 15일에 세운 동학혁명모의탑이 있다.

전봉준 장군이 동학농민혁명을 영도할 때까지 17년간 살던 옛집.

하지만 조병갑이 탐학을 일삼던 고부군아 자리는 현재 고부초등학교 운동장으로 변해 옛모습을 찾을 수 없다.

100여 년 전 농민군의 피맺힌 분노의 함성을 싣고 괴롭게 허리 틀어 흐르던 동진강 줄기는 오늘도 호남평야의 젖줄로 흐르고 항쟁의 메아리가 들불처럼 번져 가던 그 벌판에선 동학농민군의 후예들이 오늘도 간고하지만 끈질긴 민중의 삶을 이어가고 있다.

전봉준은 어떤 인물이었는가. 그는 황토의 아들이었으며 민중을 위한 민중의 영웅이요 참다운 농민의 지도자였고 뜨거운 가슴의 혁명가였다. 전봉준은 41년 간의 짧은 생애 가운데서 세상에 몸을 일으켜 드러낸 것이 최후의 1년뿐이고, 생애에 관한 정확한 기록도 없는 형편이어서 그의 발자취를 추적하기란 매우 어려운 일이다.

그가 뒷날 붙잡혀 신문받을 때 자신의 나이가 41세라고 한 점을 토대로 역산하면 1855년(철종 6) 을묘생(乙卯生)으로 추정할 수 있다. 출생지도 분명치 않아 그 동안 정읍설·고창설·전주설 등 종잡을 수 없었으나 대체로 정읍설이 우세한 형편이었다.

그러나 오랫동안 전봉준 출생지에 관한 이설(異說)들을 비교 연구해 온 이기화(李起華) 전 고창문화원장은 천안전씨족보 등을 근거로 현재 고창읍 덕정리 당촌마을이 분명하다고 주장한다.

천안전씨족보에 의하면 전봉준은 전형호(全亨鎬 : 자는 亨祿 또는 彰赫)와 광산 김씨(光山金氏) 사이에서 태어났으며, 항렬명은 영준(泳準), 자는 명숙(明淑), 호는 해몽(海夢), 봉준은 어릴 적 이름으로 되어 있다.

어쨌든 그는 23세부터 41세까지는 현재 옛집이 복원된 정읍군 이평면 장내리 조소마을에서 살고 있었다. 한때 전봉준의 생가로 잘못 알려졌던 그의 옛집은 복원공사를 할 때 '戊寅二月二十六日'이라는 상량문이 나왔다. 무인년은 1878년(고종 15)이니 그의 나이 23세 되던 해이다.

전봉준은 어려서부터 담력과 재기가 넘치고 기상이 활달했으나 유난히 키가 작았고 성인이 되어서도 5척 단구에 불과해 녹두장군이라는 별명을 얻게 되었다고 한다.

그는 동학농민군을 이끌고 항쟁에 나서기까지는 "선비로써 업을 삼았고, 훈도로서 소년들을 가르쳤다"고 했다. 이름없는 시골 선비로 40고개에 막 올라선 전봉준으로 하여금 활화산처럼 분노가 폭발하게 만든 직접적 원인은 탐욕의 화신인 썩은 수령 조병갑과의 악연이 빌미였다.

조병갑은 1892년 정월 고부군수로 부임하기가 무섭게 온갖 악랄한 방법을 동원해 백성의 고혈을 짜내기 시작했다. 사람들을 강제로 동원하여 멀쩡한 보가 있음에도 만석보를 쌓게 하고 보세(洑稅)를 거둬들이는가 하면, 세금을 안 받겠다고 속여 묵은 땅을 개간토록 한 뒤 추수 때 과중한 징세를 하는 등 착취와 수탈이 극에 달했다.

군민의 원성이 하늘에 사무칠 지경인데도 1893년 11월 익산군수로 전임된 조병갑은 부임하지도 않고 전라감사 김문현(金文鉉)에게 뇌물을 바치고 그대로 유임되었다. 고부 사람들은 하늘이 무너지는 듯했다.

전봉준이 조병갑에게 맞아 죽은 부친의 뒤를 이어 마을 사람들과 함께 찾아가 선정을 요구했으나 대답은 여전히 몽둥이찜질뿐이었다. 그 해가 다 갈 무렵 전봉준은 이웃 신중리 송두호(宋斗浩)의 집에 20명의 동지를 모아 봉기를 결의하고, 사발통문을 각 마을에 돌렸다.

운명의 해 1894년 음력 정월 초파일. 전봉준은 300여 장정을 이끌고 12km 떨어진 말목장터로 달려가 이튿날 수천 군중을 모아 조병갑의 학정에서 살아남는 길은 힘을 합쳐 싸우는 길밖에는 없다고 역설했다. 낫·도끼·식칼·몽둥이·죽창 따위로 무장한 전봉준부대는 10일 새벽 말목장터를 출발, 고부관아를 들이쳤으나 조병갑은 이미 야반도주하고 없었다.

전봉준은 심미산으로 진군, 조병갑이 수탈한 양곡 4000섬을 굶주린 사람들에게 나누어 주고, 호남창의대장(湖南倡義大將) 명의로 사방에 격문을 뿌려 궐기를 호소했다.

파면당한 조병갑의 후임인 박원명(朴源明)은 너그러운 사람인지라 전봉준은 일단 농민군을 해산했으나 조정에서 파견한 안핵사 이용태(李容泰)가 800명의 군사를 이끌고 내려와 다시 고부군을 쑥

밭으로 만들고, 특히 봉기를 주도한 동학교도들을 샅샅이 잡아내 학살하는 만행을 저질렀다.

전봉준은 다시 일어설 수밖에 없었다. 호남 각지에 창의 궐기를 호소하는 격문을 보내 동학 2세 교주 해월(海月) 최시형(崔時亨)의 탄신일인 그 해 음력 3월 21일 8000여 동학농민군을 백산에 집결시켰다.

전봉준을 동도대장(東徒大將), 무장접주 손화중과 태인접주 김개남을 총관령, 김제접주 김덕명(金德明)과 고창접주 오시영(吳時泳)을 총참모, 태인의 최경선(崔景善)을 영솔장, 송희옥(宋喜玉)·정백현(鄭伯賢)을 비서로 군대의 면모를 갖춘 동학농민군은 그 해 4월 6일 황토재에서 관군과 맞서 빛나는 첫 승리를 거둔다.

양호초토사 홍계훈(洪啓薰)과 전라감사 김문현이 이끄는 2600여 관군은 그 날 밤 전봉준의 매복작전에 대패했던 것이다.

승리의 여세를 몰아 동학농민군은 그 뒤 정읍·흥덕·고창·무장으로 무인지경을 가듯 휩쓸고 내려가며 탐관오리를 처벌하고 재물과 양곡을 풀어 백성을 구휼하는 한편 무기를 접수하여 군세를 늘렸다.

4월 12일부터 19일까지 영광·함평·무안·나주를 휩쓸고 다시 북상, 23일 장성 황룡촌전투에서 홍계훈군을 격파한 동학군은 그 달 27일 마침내 전주성을 점령하였다. 그 날부터 12일 동안 조선왕조의 발상지요 호남의 웅도인 전주성은 동학농민군의 세상이었다. 이 때가 또한 동학혁명전쟁의 전성기인 동시에 전봉준 생애의 절정기이기도 했다.

하지만 8월 초 청국·일본 등 외국군을 불러들인다는 조정의 방침에 전봉준은 전주화약(全州和約)에 동의하고 일단 군대를 해산했다.

　시아버지 대원군(大院君)을 몰아내고 왕비 민씨(閔氏)가 국정을 좌지우지하던 조정은 여전히 백성에게만 호랑이처럼 무서웠고 외세에는 무력하고 무능했다. 일본군이 인천에 상륙, 서울로 들어가 대궐을 범했다는 소식이 전해지고 대원군의 밀사가 찾아와 천하를 바로잡자는 말을 전했다. 남원의 김개남도 재봉기를 강력히 권유했다.

　10월 7일 삼례에 다다르니 동학교주 최시형이 손병희(孫秉熙)·이용구(李容九) 등 북접(北接)의 간부들을 대동하고 기다리고 있었다. 군세 4000은 곧 1만여 명으로 불어났다.

　서울을 공격하기 위해 삼례벌을 떠난 동학농민군은 북상하여 10월 22일 공주성을 공격하기 시작했다. 그러나 7일 간 40여 차에 걸친 공방전은 우세한 화력을 앞세운 일본군과 관군을 당할 수 없었다. 이것이 참담한 패배로 끝난 우금치(牛禁峙) 결전이었다.

　공주군 이인면 이인리에서 공주로 들어가는 우금치를 막 넘으면 길 왼쪽에 1973년에 세운 동학혁명군위령탑이 백제의 고도 공주시가를 내려다보고 있다.

　그 해 12월 2일 서울로 가려던 전봉준은 순창군 쌍치면 피로리에서 옛부하 김경천(金敬天)의 밀고로 붙잡혔다. 그리고 순창을 거쳐 담양에서 일본군에게 넘겨져 전주를 경유하여 12월 18일 서울로 압송되었다.

　일본영사관 감방에 갇힌 전봉준은 이듬해 3월 10일까지 다섯 차례의 신문을 받았는데, 시종일관 당당한 자세로 임했으며 변호사를 대라는 권유에도 "구차한 삶을 위해 활로를 구하는 것은 나의 본 뜻이 아니다"라고 거절했다.

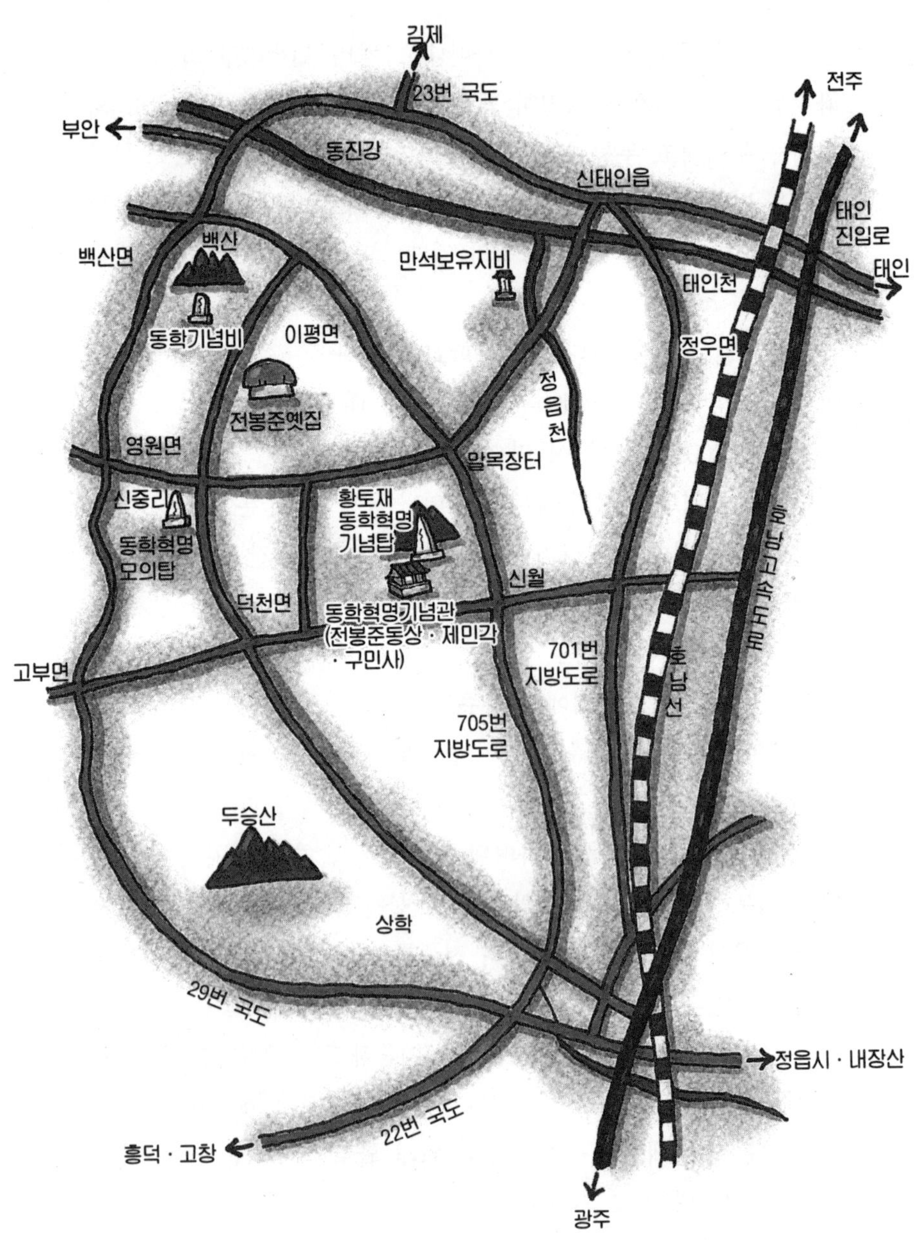

김제
23번 국도
부안
동진강
신태인읍
전주
백산면
백산
만석보유지비
태인
진입로
태인
태인천
동학기념비
이평면
정우면
전봉준옛집
정읍천
영원면
말목장터
신중리
황토재
동학혁명
기념탑
동학혁명
모의탑
덕천면
동학혁명기념관
(전봉준동상 · 제민각
· 구민사)
신월
고부면
701번
지방도로
호남고속도로
705번
지방도로
두승산
호남선
상학
29번 국도
정읍시 · 내장산
흥덕 · 고창
22번 국도
광주

옥중에서 그는 다음과 같은 시 한 수를 지었다.

때가 오면 천지도 힘을 합하건만
운이 다하매 영웅도 어쩔 길 없구나
백성을 사랑한 정의뿐 아무 잘못 없건만
나라 위한 붉은 마음 그 누가 알아주랴

구국의 영웅이요 일세의 풍운아였던 녹두장군 전봉준은 이듬해인 1895년 3월 29일 사형선고를 받은 그 날 서대문형무소에서 처형당했다.

죽기 직전에 민중의 파랑새가 남긴 마지막 말 한 마디는 "나를 죽이고자 할진대 종로 네거리에서 목을 베어 오고가는 사람들에게 내 피를 뿌려 주기 바라노라"였다. 그러나 그의 유언은 이루어지지 않았다.

전봉준 장군의 효수된 머리무덤이 그가 한때 살던 정읍군 산외면 동곡리 뒷산 기슭에 있다는 설이 떠돌았으나 발굴 결과 아무것도 나오지 않았다. 따라서 민중의 파랑새는 이 땅의 오늘을 살아가는 우리 모두의 가슴 속을 자신의 무덤으로 삼은 것이나 마찬가지라고 하겠다.

정읍시는 해마다 5월에 황토재싸움의 승리를 기념하는 갑오동학문화제를 다채롭고 다양한 부대행사를 곁들여 펼치고 있다.

청원 단재영각
- 민족사학 선구자 신채호의 사당과 묘 -

단재(丹齋) 신채호(申采浩)는 일제의 침략에 맞서 민족 자주 자존을 지키고자 중국대륙을 전전하며 투쟁하다가 순국한 열혈 독립투사였으며 확고한 신념과 투철한 연구정신으로 민족주의 사학을 개척한 선구자였다. 뿐만 아니라 단재는 탁월한 언론인·문인이기도 했다.

단재는 이렇게 말했다.

"반드시 죽는 나를 보면 마침내 반드시 죽을 것이요, 죽지 아니하는 나를 보면 반드시 길이 죽지 아니하리라."

이처럼 57년에 걸친 그의 생애는 오로지 바르게 살고자 하는 자신과의 치열한 투쟁에 다름아니었다.

충청북도 도청소재지 청주에서 상당산성을 넘어 512번 지방도로를 타고 미원면 쪽으로 24km를 가면 왼쪽에 '단재 신채호 선생 사당 2.5km'라는 안내판이 보인다. 그 바로 아래에는 '귀래리 입구'

단재사당 안내판. 청주에서 미원으로 가는 국도변에 서 있다.

라는 표지석도 서 있다. 차를 몰고 좌회전하여 안내판에 쓰인 대로 2.5km를 들어가면 귀래리에 이른다. 좌우로 야트막한 야산들이 연봉을 이룬 가운데 20여 채의 농가가 띄엄띄엄 흩어져 있고, 좁은 들과 산기슭에는 논밭들이 펼쳐진 전형적인 농촌이다.

이 곳이 충청북도 지방기념물 제90호로 지정된 단재영각(丹齋影閣)과 단재 신채호 묘가 있는 청원군 낭성면 귀래리 인경산 기슭의 고두미 마을이다. 필자가 1998년 7월 3일 신문사 선배 한광희(韓光熙) 형과 함께 이 곳을 찾았을 때 큰길에서 마을에 이르는 진입로는 확장공사가 한창이었고, 단재사당과 묘역 옆에서도 단재선생기념관 건립공사가 벌어지고 있었다.

단재영각은 1978년 6월에 착공하여 단재 탄신 100주년이 되던 1980년에 준공하였다. 정문인 정기문(精氣門)을 들어서면 아담한 8평짜리 단재영각이다. 영각 안으로 들어가 분향하고 돌아나와 영

단재 신채호의 영각. 정문인 정기문을 들어서면 단아한 모습의 단재영각이다.

각 뒤쪽으로 돌아가니 바로 단재 묘역이다. 평생을 두고 매서운 기개로 살았던 단재의 묘답게 주변이 깔끔하게 잘 손질되어 있고, 묘 앞에는 비석과 상석이, 그 앞에서 약간 오른쪽에 단재의 생애를 새긴 사적비 하나가 서 있을 뿐이다.

평소 존경하던 선생의 유택을 뒤늦게 찾은 죄송한 마음으로 큰 절을 올리고 묘앞 잔디밭에 앉아 단재의 생애를 돌이켜보았다. 단재영각과 묘가 있는 이 곳은 바로 소년 단재가 글공부를 하던 서당 자리였다.

그러나 그가 태어난 곳은 충남 대덕군 산내면 어남리 도리미 마을이다. 이 곳에서 신채호는 1880년(고종 18) 12월 8일에 가난한 시골 선비 고령 신씨(高靈申氏) 광식(光植)과 밀양 박씨(密陽朴氏) 부인의 둘째 아들로 태어났다. 형 재호(在浩)와는 8년 터울이었다.

신채호가 본고향 충북 청원이 아닌 충남 대덕에서 태어나게 된 것은 그 때 아버지가 그 곳 도리미 마을에 있는 자신의 외가 옆에 묘막(墓幕)을 빌어 헐벗고 굶주리며 연명하는 비참한 생활을 하고 있었기 때문이다. 누더기같은 옷에 쑥죽과 콩죽조차 하루 세 끼 배불리 먹지 못하는 무서운 가난 속에서 철없는 어린 시절을 보내며 자라던 신채호는 일곱 살 되던 해에 아버지의 고향인 귀래리 고두미 마을로 이사하게 된다.

평생 가난에서 헤어나지 못한 채 집안을 이끌어 가던 아버지가 38세 젊은 나이로 세상을 떠났던 것이다. 어머니는 어린 두 아들을 이끌고 시댁 마을로 돌아와 장례를 치른 뒤 그대로 주저앉았다.

신채호 소년은 여기서 할아버지 신성우(申星雨)의 서당에 다니며 글공부를 시작했다. 형 재호는 홀어머니의 집안 일을 돕는 한편 친척들의 농사를 거들며 가장 노릇을 했다. 비상한 머리를 타고난 신채호는 글방에서 이내 뛰어난 재능을 보이기 시작했다. 한 번 가르치면 잊는 법이 없고 깊은 뜻까지 막힘없이 풀이해 내는 총명함에 감탄해 할아버지는 신채호가 자신의 친손자였지만 다른 학동들 앞에서도 칭찬을 아끼지 않았다.

단재가 우리 역사에 눈뜨기 시작한 것은 이 서당에 다니던 아홉 살 때 처음으로 중국의 역사책인 『통감(通鑑)』을 읽고 나서부터였다. 이어서 우리 나라 역사에도 자연히 깊은 관심을 갖게 되었다. 그것은 '작은 집'인 나의 가정보다도 '큰 집'인 나라를 위해 쓸모 있는 사람이 되기 위한 첫걸음이기도 했다. 특히 어린 단재에게 감동을 준 것은 고려말의 충신인 최영(崔瑩) 장군의 시조였다.

가마귀 눈비 맞아 희는 듯 검노매라
야광 명월이 밤인들 어두우랴
님 향한 일편 단심 가실 줄이 있으랴

단재는 이 최영의 「단심가(丹心歌)」와 더불어 기울어 가던 고려 왕조의 마지막 두 기둥의 하나였던 정몽주(鄭夢周)의 「단심가」를 통해 충신 열사의 험난한 길, 참다운 나라사랑의 길에 대해 깊은 감명을 받았다. 신채호가 뒷날 일편단생(一片丹生)·연단생(鍊丹生)·단생(丹生)·단재(丹齋) 등을 자신의 아호로 삼은 까닭도 거기에 있었다.

서당에 다닌 지 1년 만에 사서삼경까지 막힘없이 읽고 뜻을 새길 정도로 학문의 진도가 일취월장하자 훈장인 할아버지의 입에서 "열세 살도 안 된 너를 이제 내가 더 이상 가르칠 것이 없구나!" 하는 찬사가 나왔고, 잇달아 『열국지』『삼국지』『수호지』 및 『국조명신록』 같은 책들도 인근 마을을 돌아다니며 죄다 빌어다 보자 낭성 일대에서는 "귀래리 서당골에서 신동이 났다!"는 소문이 돌았다.

단재가 태어나 자라던 시기는 조선왕조의 국운이 쇠약할 대로 쇠약해져 내우외환이 끊임없이 일어나던 때였다. 단재가 15세 되던 1894년에는 동학농민혁명이 일어났고, 그 이듬해에는 조선침략의 야욕을 불태우던 일본에 의해 명성황후가 시해당함에 따라 유생들을 중심으로 항일의병이 곳곳에서 일어나기 시작했다.

1896년 16세의 단재는 당시의 조혼 풍습에 따라 풍양 조씨(豊壤趙氏)를 부인으로 맞아 성혼을 했으나 불과 10년 정도밖에 함께 살지 못했다.

단재가 서울로 올라간 것은 그의 나이 19세. 그 때까지 3년 동안 천안 목천에 있는 문중의 어른이며 당대의 학자인 신기선(申箕善)의 집으로 찾아가 수많은 전적을 단시일에 독파했다. 단재의 재능이 비범하고 학문적 성취가 빠름에 감탄한 신기선의 주선으로 그는 성균관에 입교할 수 있었다. 그러나 뒤에 대한매일신보를 통해 단재는 은인인 신기선을 포함하여 송병준(宋秉畯)·조중응(趙重應) 등 세 사람의 친일 행적을 「일본의 큰 충노(忠奴) 세 사람」이라는 글로 탄핵하게 된다. 그만큼 단재는 공사(公私)가 분명하고 매서운 사람이었다.

성균관 유생이 된 단재는 이 곳에서도 이내 두각을 드러내 스승인 수당(遂堂) 이종원(李鍾元), 수당(修堂) 이남규(李南珪) 등의 아낌을 받게 되었고 두 사람의 수당이 단재를 두고 서로 자신의 수제자라고 주장하는 일도 벌어졌다.

단재는 성균관에서 학문에 정진하는 한편 독립협회에도 가입하여 이상재(李商在)·이승만(李承晚)·안창호(安昌浩)·이승훈(李昇薰)·이동녕(李東寧)·노백린(盧伯麟) 등 쟁쟁한 애국지사들과 교분을 나누며 열성적으로 활약했고, 한때 체포되어 태어나서 처음으로 옥고를 치르기도 했다. 1901년 22세 때에는 잠시 고향으로 내려가 신규식(申圭植)과 문동학원(文東學院)을 설립하여 아이들을 가르치고 애국계몽운동을 펼치기도 했다.

1905년 2월에 시험에 합격하여 성균관 박사가 되었으나 이미 세상이 바뀌어 성균관 박사가 되더라도 옛날처럼 벼슬길에 나아가 제세(濟世)의 경륜을 펼칠 수가 없었으므로 단재는 곧바로 사퇴하고 다시 낙향했다. 그리고 신규식 등과 산동학당(山東學堂)을 개설하여 신교육운동을 전개했다. 그런데 위암(韋庵) 장지연(張志淵)이 찾아와 황성신문(皇城新聞) 논설위원으로 초청하므로 다시 상경하여 언론인의 길을 걷기 시작했다. 황성신문은 그 해 10월 이른바 을사조약 체결에 통분한 나머지 장지연이 유명한 사설 「시일야방성대곡(是日也放聲大哭)」을 발표함으로써 무기정간을 당하고 만다.

황성신문이 사실상의 폐간 상태에 이른 직후 단재는 양기탁(梁起鐸)의 초빙을 받아들여 남궁억(南宮檍)이 발행인으로 있던 대한매일신문 주필을 맡았다. 그리고 이 신문에 투옥중인 장지연의 뜻을 이어 '오늘에 또 목놓아 운다'는 뜻의 「시일(是日)에 우방성대곡(又放聲大哭)」이라는 논설을 썼으며, 이후 시론과 사설 등을 통해 민중을 계몽하고 반일사상을 고취하는 구국대열의 선봉에 나섰다.

단재가 대한매일신보에 재직한 것은 1905년부터 1910년까지였다. 이 5년 간을 전후로 그는 매서운 필봉을 휘둘러 우리 나라 현대 언론의 선구자 역할을 했으며, 또 한편으로는 『가정잡지』를 발행하고, 위인전을 저술 번역하거나 계몽소설을 펴내는 등 문예부흥운동을 주도하면서 당대의 문호로서 위치를 다져 나갔다. 특히 단재는 이 때 앞서 말한 단생·연단생·일편단생 같은 필명 외에 무애생(無涯生)·금협산인(錦頰山人)·열혈생(熱血生)·천희당(天喜堂)·검심(劍心) 등을 필명으로 수많은 역사물을 발표했다.

중요한 저작을 보면 『을지문덕』『이순신전』『최도통전』『한국의 제일 호걸대왕』『유화전』 등이 있는데, 단행본으로 출판되어 큰 반향을 불러일으킨 『을지문덕』은 민족주의 애국사상을 고취한다는 이유로 곧 금서가 되었고, 대한매일신보에 연재한 『이순신전』과 최영 장군 전기인 『최도통전』, 광개토태왕의 전기소설인 『한국의 제일 호걸대왕』 등도 독자들의 열렬한 성원을 받았다. 어쨌든 단재에게 있어서는 문학도 올바른 역사의식을 바탕으로 하지 않으면 정신 없는 문학에 불과했다.

1909년 10월 26일 '대한국인' 안중근(安重根) 의사가 하르빈에서 침략의 괴수 이토 히로부미(伊藤博文)를 총살했다는 소식이 전해지자 단재는 이렇게 썼다.

……개인의 생존만 구하다가 전체가 죽어 없어지면 개인도 따라 죽어 없어질지니, 그러므로 군자는 개인을 희생하여서라도 전체를 살리려 하며, 육체의 생존만 구하다가 정신이 죽어 없어지면 일부의 추한 가죽자루만 남아 무엇이 귀하리오. 그러므로 역사는 적국과 싸우다가 전 국민이 백골을 태백산만치 높이 쌓아 놓고, 명예의 멸망을 할지언정 노예가 되어 구차히 살고자 하지 안 하나니, 구차히 삶은 생존이 아니니라…….

단재의 주체적 역사관은 이렇게 윤곽이 잡혀 갔다. 이런 사실은 『독사신론(讀史新論)』을 대한매일신보에 연재해 비상한 관심을 집중시킨 것으로도 잘 나타났다.

1910년 4월 8일 망명길에 오른 단재는 정주·의주를 거쳐 5월에 만주로 건너갔다. 6월에 청도(靑島)에서 동지들과 만나 논의 끝에 길림성 밀산현(密山縣)에 독립군 사관학교를 세우고 독립운동의 기지를 삼기로 했으나 이는 끝내 실현되지 못했다. 단재가 국치의 소식을 들은 것은 그 해 8월 블라디보스토크에서였다. 나라의 독립을 위해 자신이 할 수 있는 일을 찾아야겠다고 결심한 단재는 『권업신문』과 『대양보』 주필로 동포들을 일깨우는 한편 광복회 일도 주관했다.

1913년 상해(上海)로 갈 때 단재는 34세였으나 그 동안의 노심초사로 건강이 형편없이 망가져 있었다. 치료도 할 겸 함께 있자는 신규식의 청을 받아들여 상해로 간 단재는 위당(爲堂) 정인보(鄭寅普), 호암(湖岩) 문일평(文一平), 벽초(碧初) 홍명희(洪命熹), 소앙(素昻) 조용은(趙鏞殷) 등과 합숙하며 지내다가 다시 만주로 돌아와 백두산과 집안 등 고구려와 발해 유적을 답사하고 민족사학의 필요성을 더한층 절감하게 되었다. 단재가 "김부식의 고구려사를 만 번

단재영각 안에 모셔진 올곧은 민족주의 사학자 신채호 영정.

읽는 것보다도 집안을 한 번 보는 것이 낫다"는 유명한 말을 남긴 것도 바로 이 민족사의 성지순례에서 비롯되었다.

1915년부터 북경(北京)에 머물며 『조선사』 집필에 전념하는 한편, 중국 신문에 논설을 기고하고 문명을 떨치던 단재는 40세 되던 1919년 길림성에서 대한의군부가 선언한 대한독립선언서에 민족대표 39명의 한 사람으로 서명하고, 북경에서 대한독립청년당을 조직하여 단장을 맡았다. 또한 상해 임시정부 수립에 참여하여 임시의정원 의원이 되었다. 그러나 이승만이 미국에 위임통치를 청원한 데에 대해 그의 임시정부 대통령 및 국무총리 선임에 적극 반대하여 의원직을 사임하고 반이승만노선을 분명히 했다.

단재가 재혼한 것은 1920년 41세 때였다. 북경에서 이회영의 부인 이은숙 여사의 소개로 만난 당년 28세의 박자혜(朴慈惠)와 결혼식을 올린 것이다. 그 때 박 여사는 연경대학 의예과에 유학중이었

단재 신채호 묘. 사당인 단재영각 바로 뒤에 있다.

다. 그 이듬해에 장남 수범(秀凡)이 태어났다. 2년 뒤 단재는 건강
악화와 생활고를 이유로 가족을 귀국시킨 뒤 상해에서 당대의 명
문(名文)으로 꼽히는 「의열단선언」을 완성했으며, 국민대표회의에
도 참가했다. 다시 2년 뒤 건강이 더욱 악화된 그는 북경의 고찰
관음사(觀音寺)에 입산, 1925년까지 승려 생활을 했다.

벽초의 요청으로 항일민족통일전선인 신간회(新幹會)에 발기인
으로 참여한 단재는 국권 회복의 적극적 활동을 위한 필요성에 따
라 동방무정부주의연맹에도 가입했다.

운명의 해인 1928년, 무리한 독서와 집필로 실명 직전에 이르른
단재는 마지막이 될지도 모른다는 생각에서 가족들을 비밀리에 불
러 한 달 남짓 함께 보낸 뒤 다시 돌려보냈다. 그리고 무정부주의
연맹의 활동에 적극적으로 나섰다가 5월 8일 대만에서 일경에게
붙잡혀 중국 대련(大連) 감옥으로 이송되었다. 차남 두범(斗凡)이 태

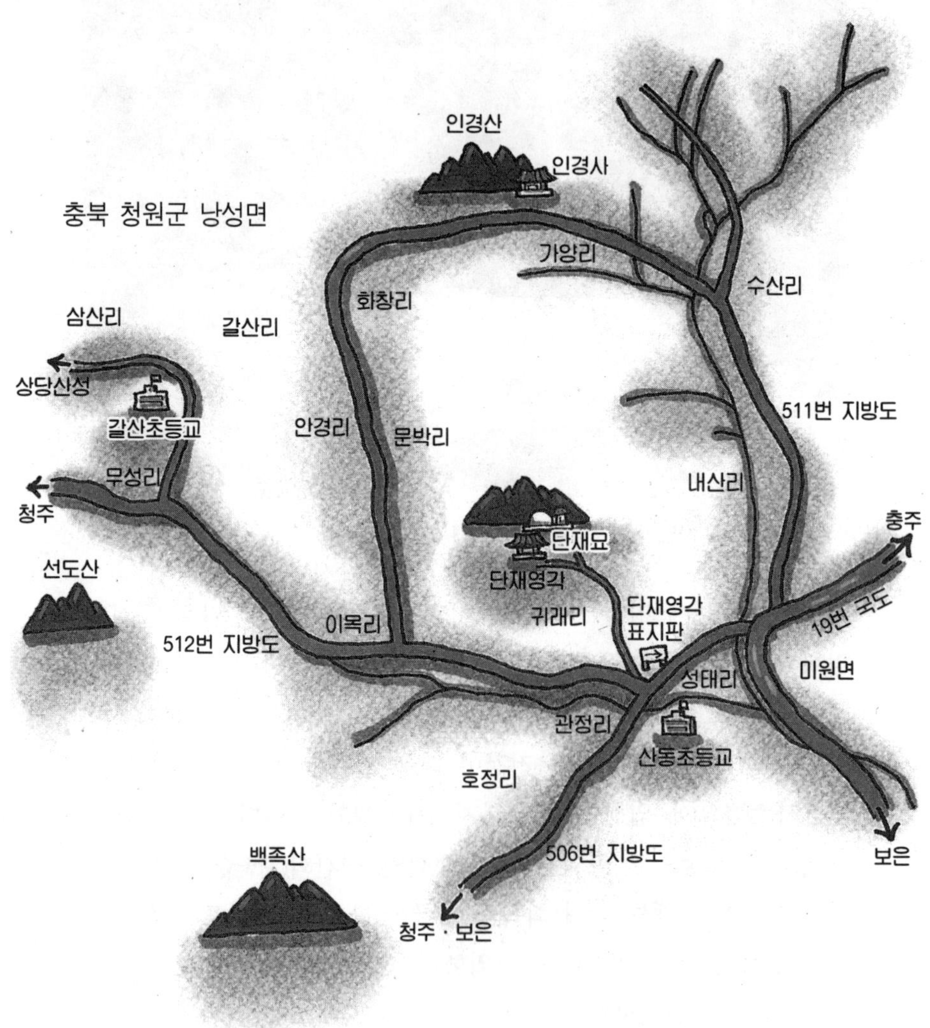

어난 것은 감옥에 갇혀 재판을 받고 있던 그 이듬해였다.

1931년 투옥 2년 2개월 만에 단재는 10년형을 선고받고 안중근 의사가 순국한 여순(旅順) 감옥으로 이감되어 복역하다가 1936년 2

월 21일 단 한 마디의 유언도 남기지 못한 채 57세를 일기로 세상을 떴다. 그의 시신은 이틀 뒤 화장하여 24일 서울을 거쳐 고향인 귀래리로 돌아와 옛 집터이자 서당이 있던 자리에 안장되었다.

민족의 선각자 단재는 순국 뒤에도 편한 잠을 이룰 수 없었다. 순국 6년 뒤 차남 두범이 영양실조로 병사했고, 이듬해인 1943년에는 부인 박자혜 여사도 일경의 감시와 가난에 시달리다가 48세 한창 나이에 세상을 떴다.

필자가 보기에 단재는 아직도 제대로 평가받지 못하고 있는 듯하다. 한평생을 일제에 맞서 투쟁하다가 일제에 의해 옥사한 위대한 선구적 민족주의 사학자였으나, 우리 사학계는 광복 이후에도 식민주의 황국사관에 민족정기를 빼앗긴 자들이 강단을 지배하고 오늘 현재까지 수많은 김부식의 후예를 길러 내고 있기 때문이다. 그래서 제대로 된 역사교육은 이루어지지 못하고 제대로 된 역사의 교훈을 얻지 못했으며 결국은 또다시 국난을 맞게 된 것이지 무엇이랴.

예산 충의사
- 윤봉길 의사의 애국혼 빛나는 집터와 사당 -

1932년 4월 29일은 매헌(梅軒) 윤봉길(尹奉吉) 의사가 중국 상해 홍구공원(虹口公園)에서 대한 남아의 용장(勇壯)한 기개를 전 세계에 널리 떨쳐 군국주의 일제의 간담을 서늘케 한 매우 뜻깊은 날이다.

1965년 12월 29일 윤 의사 순국 33주기를 맞아 매헌윤봉길의사기념사업회가 창립되었고, 이듬해 4월 19일부터 이 기념사업회 주관으로 윤봉길 의사 사당인 충의사(忠義祠)에서 기념 제전이 해마다 열려 오다가 1982년부터는 공식적으로 윤봉길 의사의 의거일인 이 날을 앞뒤로 이틀 동안 매헌문화제를 열어 윤 의사에게 제향을 올리고 가신 님의 거룩한 순국정신을 기리고 있다.

윤 의사의 고향 마을인 예산군 덕산면 시량리에는 윤 의사가 태어나고 자란 옛집과 성역화된 그의 사당 충의사가 있어 찾는 이들에게 참된 나라사랑의 길이 무엇인지 다시 한 번 되새겨 보게 한

윤봉길 의사의 사당 충의사. 해마다 그의 의거일에 매헌문화제를 열어 제향을 올리고
거룩한 순국정신을 기린다.

다.

　예산읍에서 45번 국도를 따라 덕산면을 지나 덕숭산 수덕사(修
德寺) 쪽으로 약 3km를 가면 왼쪽에 덕산온천장으로 들어가는 갈
림길이 나오고, 계속해서 700여 m를 더 가면 오른쪽으로 널찍한
주차장이 보인다. 이 주차장 뒤쪽으로 난 시멘트 계단을 오르면 야
트막한 언덕 위에 깨끗하게 단장된 윤봉길 의사의 사당인 충의사
가 서 있다. 그 곁의 건물은 윤 의사의 나라사랑 겨레사랑의 위대
한 정신을 본받기 위한 도량(道場)인 충의관이다.

　충의사는 윤 의사의 순국정신을 기리기 위해 1968년 4월 29일에
창건한 뒤 1972년 10월 19일에 4만 4000여 평의 터전에 그의 생가
인 광현당, 성장 시절의 집인 저한당, 농촌운동을 하던 부흥원 등
이 대대적인 복원 보수 정화 끝에 현재와 같은 모습으로 성역화되

충의사 길 건너편의 저한당은 윤봉길 의사가 중국으로 망명하기 전까지 농촌계몽활동을 하며 살던 옛집이다.

면서 사적 제229호로 지정되었다.

충의사 앞에서 건너다보면 윤 의사의 옛집이 있는 '도중도(島中島)'가 한눈에 찬다. 도중도란 마을을 흐르는 목계천이 윤 의사의 집터에서 두 줄기로 갈라졌다가 다시 합쳐 배 모양의 섬을 이루었는데, 뒷날 윤 의사가 이 곳을 '한반도 가운데서도 왜놈들이 발을 들여놓을 수 없는 섬'이란 뜻으로 이름지은 것이다.

충의사에서 참배하고 내려와 길을 건너면 윤 의사의 옛집 등을 복원한 기념관이다. 정문을 들어서면 관리사무소 오른쪽에 윤 의사의 동상과 의거기념탑이 세워져 있다. 동상은 1992년 4월 29일에 윤봉길의사의거 60주년기념사업추진회에서 세웠고, 기념탑은 이보다 앞서 1965년 1월 30일에 예산군교육위원회가 주관하여 세웠다.

  동상과 기념탑 왼쪽 정면으로는 윤 의사가 자라서 집을 떠날 때까지 살던 전형적인 초가 한옥인 저한당이 말끔히 복원되어 그의 체취를 느낄 수 있다. 이 집은 윤 의사가 1911년 4세 때 부모를 따라 광현당에서 옮겨와 1930년 23세 때 망명길에 오를 때까지 살던 집으로서 1972년 8월까지 그의 유족이 살았다.

  또한 동상 맞은편 기념관에는 1972년 8월 8일에 보물 제568호로 지정된 윤 의사의 유품인 『농민독본』·「기사년 일기」·「월진회 취지서」·「한인애국단 입단 선서문」·시계·도장·화폐 등 58점과 그 밖에 여러 가지 자료가 보관 전시되어 가신 님의 짧지만 위대했던 생애를 한눈에 살펴볼 수 있게 한다. 유물 가운데는 특히 거사 당일 아침 백범(白凡) 김구(金九) 선생과 작별하며 바꾸어 찼던 시계가 눈길을 끈다.

  윤봉길 의사는 1908년 6월 21일(음력 5월 23일) 이 곳 예산군 덕산면 시량리 178번지, 속칭 목바리 마을에서 평범한 농부 윤황(尹璜)과 김원상(金元祥) 부부의 5남 2녀 중 장남으로 태어났다. 본관은 파평(坡平), 본명은 우의(禹儀) 또는 희의(熙儀)라고 했으며 자는 용기(鏞起)였다. 봉길(奉吉)은 별명, 매헌(梅軒)은 뒷날 스승이 지어준 호이다.

  그의 27대조는 고려 예종 때 여진을 정벌하고 고구려 옛땅을 수복하는 큰 공을 세운 명장이었으나 나약한 문관들에 의해 전쟁에서는 이기고도 패장으로 몰려 천추의 한을 남긴 윤관(尹瓘) 장군이다.

  윤 의사가 고향인 이 곳에서 소년기를 보낼 때 조국은 간악한 일제의 침략을 받아 신음하고 있었으며 애국투사들이 여러 형태로 독립운동을 벌이고 있었다. 그가 태어난 이듬해인 1909년 10월 26

일에는 안중근(安重根) 의사가 하얼빈 역에서 침략의 원흉 이토 히로부미(伊藤博文)를 사살하였으며, 또 1919년 3월 1일에는 3·1독립운동이 일어나 온 나라가 대한독립만세 소리로 진동했다. 상해 임시정부가 수립된 것도 그 해였으며, 홍범도(洪範圖)·김좌진(金佐鎭) 장군 등이 이끈 독립군 부대의 봉오동대첩·청산리대첩 등 항일무장투쟁이 절정기에 이른 것은 그 이듬해의 일이었다.

윤 의사는 1918년 11세 때 동네에서 2km쯤 떨어진 덕산공립보통학교에 입학했으나 일제의 식민교육을 거부하고 다음 해에 자퇴했으며, 1921년 14세 때부터 인근 마을의 서당 오치서숙(烏峙書塾)에서 유학자 매곡(梅谷) 성주록(成周錄) 선생의 문하에서 유학(儒學)을 배우기 시작했다.

윤 의사가 혼인을 한 것은 1922년 15세 때. 신부는 이웃 마을에 살던 한 살 위인 배용순(裵用順) 여사였다.

한학을 공부했지만 그가 시세의 변화에 무관심했던 것은 아니었다. 적을 알아야 나를 알고 적에게 이길 수 있다는 생각에서 1925년부터는 일본어를 배우기 시작했고, 돈이 생기면 예산 읍내에 나가 『개벽』을 비롯한 잡지와 신문과 단행본들을 부지런히 사다가 읽었다. 예산에서 구할 수 없는 책은 서울에 가는 사람들에게 부탁해 구해다 보기도 했다고 한다.

오치서숙을 떠난 것은 1926년. 매곡 선생은 이 빼어난 제자와의 석별을 아쉬워하며 자신의 호에서 매(梅)자와 이웃 고을 홍성이 낳은 큰 인물인 성삼문(成三問)의 호 매죽헌(梅竹軒)에서 헌(軒)자를 따서 매헌이란 호를 지어 주었다.

윤 의사는 1926년 6·10만세운동이 일어나자 마을에 야학당을 개설, 문맹퇴치운동 등 농촌운동을 시작했다. 이는 1928년 2월 5일

독립기념관에 있는 윤봉길 의사 동상. 집을 떠날 때 쓴 '장부출가생불환' 자필이 받침돌에 새겨져 있다.

부흥원을, 이듬해 4월에 월진회를 설립함으로써 더욱 조직적이고 본격화되었다. 그러나 일제의 탄압은 갈수록 악랄해지기만 했다.

고향에서 온건한 방법으로는 더 이상 조국 광복을 위해 할 일이 없다고 판단한 윤 의사는 중국으로 망명, 본격적인 독립투쟁을 벌이기로 작정하고 '장부출가생불환(丈夫出家生不還)'이란 글을 남긴 뒤 중국으로 떠났다. 1930년 3월 6일 그의 나이 23세 때였다.

신의주에서 중국으로 망명한 윤 의사는 만주와 청도를 거쳐 1931년 6월 23일 대한민국 임시정부가 있던 상해로 건너갔다. 그리고 2년 뒤에 백범이 이끄는 한인애국단에 입단했는데, 그 때 단장인 백범은 임시정부 국무위원 겸 교민회장이기도 했다. 한인애국단은 백범이 1926년 12월에 임시정부 국무령으로 있으면서 대외적으로는 중국과의 우의를 다지고 대내적으로는 일본 수뇌부 인사들의 제거를 목적으로 만든 항일투쟁 조직이었다.

같은 단원인 이봉창(李奉昌) 의사가 일왕에게 폭탄 투척을 한 것이 그 이듬해인 1931년 1월 8일. 이봉창 의사는 일왕 히로히토가 일제의 괴뢰국인 만주국 황제 부의와 도쿄 교외 요요기 연병장에서 관병식을 마치고 돌아갈 때 준비한 수류탄을 던졌으나 불행히도 실패로 돌아갔다. 이 의사는 그 해 7월 19일 일제 대심원 공판정에서 재판을 받을 때 "나는 너희 임금을 상대로 하는 사람이거늘 어찌 너희들이 감히 내게 무례히 할 수 있느냐?"라는 말만 했을 뿐 재판을 거부했다. 그리고 그 해 10월 10일 순국하니 그의 나이 33세였다.

윤봉길 의사의 장거는 그 이듬해에 감행되었다. 그 해 4월 20일자 『상해일일신문』 기사를 통해 그 달 29일에 일왕의 생일을 축하하는 이른바 천장절(天長節) 기념식이 상해사변 전승축하식을 겸해 홍구공원에서 개최된다는 사실을 알고 거사를 결의했던 것이다.

백범은 거사에 사용할 휴대용 물통과 도시락 모양의 폭탄 두 개를 만들어 윤 의사에게 주었다. 그리고 거사 3일 전인 26일에는 거류민단 사무실에서 한인애국단 선서식을 갖고 태극기 앞에서 기념사진을 찍었다. 선서문 내용은 다음과 같다.

나는 적성(赤誠)으로써 조국의 독립과 자유를 회복키 위하여 한인애국단의 일원이 되어 중국을 침략하는 적의 장교를 도륙하기로 맹세하나이다.

대한민국 14년 4월 26일 선서인 윤봉길
한인애국단 앞

  운명의 날인 1932년 4월 29일 백범과 아침식사를 나눈 윤 의사
는 1만 명에 이르는 일인들이 들어차 축제 분위기에 들뜬 홍구공
원에 입장하여 연단 뒤쪽에 자리잡는 데 성공했다. 오전 11시에 관
병식이 끝나고 30분 뒤부터 부슬비가 내리는 가운데 축하식이 시
작되었다.

  연단 위의 일제 요인들의 개회사와 축사가 끝나고 일본 해군 군
악대의 연주에 맞춰 일본국가 합창이 거의 끝나갈 무렵이었다. 윤
의사는 손에 들었던 도시락형 폭탄을 내려 놓고 어깨에서 물통형
폭탄을 내려 발화용 끈을 잡아당기며 연단으로 돌진, 왼편 뒤쪽에
서 단상을 향해 힘껏 던졌다. 폭탄은 천지를 진동하는 굉음과 함께
연단 중앙에서 폭발했고 장내는 곧 아수라장이 되었다.

  윤봉길 의사의 의거 결과 상해 파견 일본군 최고사령관인 시라
카와(白川) 대장은 심한 부상으로 5월 24일에 죽고, 가와바타(河端)
상해거류 일본민단장은 창자가 끊어져 폭사했으며, 노무라(野村)
중장은 실명했고, 우에다(植田) 중장은 다리가 완전히 부러져 버렸
다. 또한 시게미쓰(重光) 주중공사, 무라이(村井) 상해총영사, 도모
노(友野) 거류민단 서기장 등 10여 명의 요인도 중상을 입었다. 특
히 시라카와 대장의 죽음은 당시 일본군 총사령관으로서는 최초의
죽음이었다.

  거사 직후 윤 의사는 자폭하기 위해 남은 도시락형 폭탄을 잡으
려다가 사방에서 벌떼처럼 덤벼드는 일인들과 일본 경찰에게 폭행
당해 한때 혼수상태에 빠졌다가 체포되어 일본군 헌병대로 끌려갔
다. 그리고 이틀 동안 온갖 잔혹한 고문을 당했으나 끝내 배후를
밝히지 않았다.

  윤 의사는 5월 25일 상해 파견 일본군 군법회의에서 사형선고를

윤봉길 의사 사적비. 성장가 저한당 옆에 세워져 있다.

받고, 그 해 11월 18일 삼엄한 경비 속에서 우편선 다이요마루(大洋丸) 편으로 일본으로 호송되어 그 달 20일에는 오사카 형무소에 수감되었다. 그리고 그 해 12월 18일 가나자와 육군형무소로 이감되어 이튿날인 19일 총살당하니 순국 당시 꽃다운 나이 25세였다.

그의 유해는 쓰레기하치장에 버려졌다가 광복 이듬해인 1946년 5월 가나자와 교외에서 발굴되어 환국한 뒤 7월 7일 수십만 추모인파의 애도 속에서 이봉창·백정기 의사의 유해와 더불어 서울운동장에서 광복후 최초의 국민장을 치르고 효창공원 묘역에 안장되었다. 이 묘역에는 나중 암살당한 백범도 함께 묻혔다.

1962년 2월 1일에는 윤 의사에게 건국공로훈장이 추서되었고, 1968년 4월 29일에는 예산군 덕산면 시량리에 그의 제향을 모시는 충의사가 건립되기에 이르렀다. 또한 1988년 12월 1일에는 서울 서초구 양재동 236번지에 매헌 윤봉길 의사 기념관이 세워져 가신

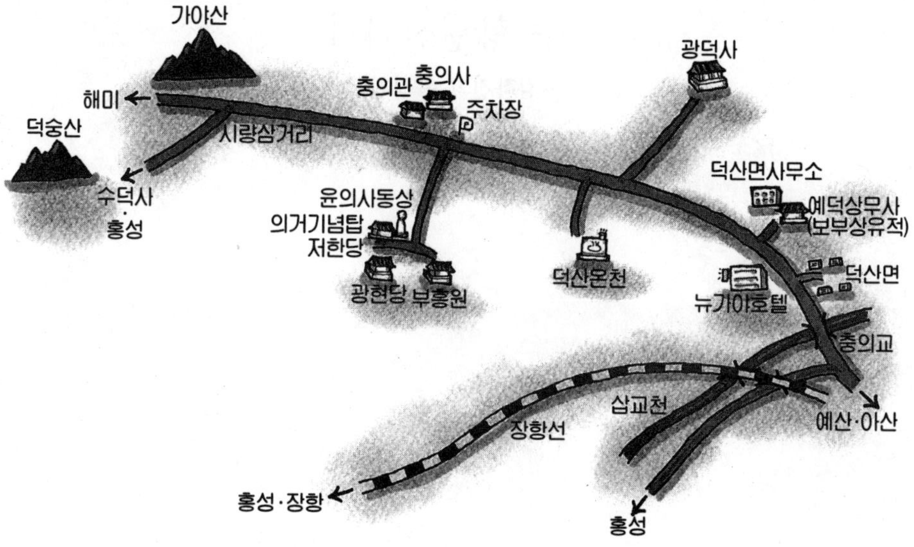

님의 나라사랑 겨레사랑을 위한 거룩한 희생정신을 새삼 되새기게
하였다.

　나라가 어려운 지경에 처할수록 선열들의 고귀한 희생정신을 본
받아야 할 터인데 요즘 실상은 지식인이나 정치인이나 기업가들이
나 거의 모두가 자신의 안일과 허명만 추구하고 있어 우리를 슬프
게 하니 참으로 안타깝고 안타까울 따름이다.

만주 항일전적지

- 안중근·홍범도·김좌진의 용장한 독립투쟁 현장 -

3월 21일은 '대한국인(大韓國人)' 안중근(安重根) 의사가 여순(旅順) 감옥에서 순국한 역사적인 날이다.

필자가 만주 땅의 항일 전적지를 답사하던 때는 광복 50주년을 맞던 1995년 7월. 처음으로 중국을 찾아 민족의 영산 백두산을 참관하고, 자랑스러운 조상의 나라 고조선·부여·고구려·발해의 유적을 돌아본 뒤였다.

14박 15일의 짧은 일정 탓에 충분한 시간과 정신적 여유를 가지고 여러 곳을 일일이 답사할 수 없었던 것이 아직도 아쉬움으로 남지만 청산리(靑山里)·봉오동(鳳梧洞)·용정(龍井)·하얼빈 같은 항일 독립운동의 현장을 내 발로 찾아가 내 눈으로 보고 내 손으로 사진을 찍을 수 있었던 것은 그나마 아직도 크나큰 행운으로 생각한다.

간도를 비롯한 만주 땅은 수많은 애국지사와 독립군이 조국 광복을 위해 끈질긴 항일운동, 피어린 무장투쟁을 벌이던 빛나는 역사의 현장이다. 간도는 처음에는 백두산 북서쪽, 두만강 북동쪽, 오늘의 중국 길림성(吉林省)의 연길시(延吉市)와 용정시 등 연변 조선족자치주 일대를 가리켰지만 나중에는 백두산 북서쪽 집안(集安)·임강(臨江)·장백(長白) 지방의 서간도, 두만강 하류 동쪽 건너편의 도문(圖們)·훈춘(琿春) 지방의 북간도로 범위가 넓어졌다.

이 지역은 본래 백두산을 중심으로 한 고조선의 강역이었고, 부여·고구려·발해의 옛터였으며, 발해 이후에는 여진족의 본거지가 되었다가 19세기 후반부터 우리 나라 사람들이 다시 건너가 살기 시작했다.

간도는 엄연한 우리 땅이었으나 1909년 9월의 이른바 간도조약에 따라 일제가 제멋대로 청국에 넘겨주었다. 이는 1905년 역시 강압적으로 체결한 을사조약으로 대한제국의 외교권을 강탈한 일제가 남만(南滿)철도부설권, 무순(撫順)탄광개발권 등을 대가로 간도를 청국에게 넘겨주었기 때문이다.

당시 국자가(局子家)로 불리던 연길을 비롯한 간도 땅에는 중국인이 약 2만 8000명인 데에 비해 한국인은 그 세 배에 이르는 8만 3000명이나 살고 있었던 것으로 알려졌다. 조선총독부의 집계에 따르면 경술국치 직후인 1910년 9월부터 이듬해 11월까지 남부여대하여 북간도로 망명한 동포만 해도 1만 7753명에 이르렀다고 나타났다.

죽은 고기는 물결따라 그저 흘러갈 뿐이지만 산 고기는 강물을 힘차게 거슬러 올라가는 법이다. 봉건압제건 독재정권이건 불의의 집권층에 맞서 싸울 용기가 없는 백성이 죽은 고기와 무엇이 다를까. 하물며 외세의 침략에 대해서랴. 난세는 영웅을 낳고 영웅은

민중을 이끌어 간다. 하지만 역사의 주체는 민중이지만 민중에게
는 언제나 영도자가 필요했다.

　민중의 역량을 결집시키고 불의에 맞서 용감히 떨쳐일어나게 하
기 위해서는 뛰어난 지략, 불같은 열정을 지니고 민중과 생사고락
을 함께할 지도자가 필요한 것이다.

　1910년 8월 29일, 백성에게만 범처럼 무서웠고 외세에는 무기력
하고 무능력했던 멍청한 임금과 대신들에 의해 나라가 망하자 다
수의 문약한 지식인들은 저항다운 저항 한 번 못한 채 죽은 고기
처럼 어두운 시대의 흐름에 둥둥 떠내려갔다.

　하지만 안중근(安重根)을 비롯하여 홍범도(洪範圖)·김좌진(金佐
鎭)·신돌석(申乭石)·이강년(李康秊)·윤봉길(尹奉吉)·이봉창(李奉昌)
같은 참된 민중의 영웅이 나타나 빼앗긴 나라를 되찾고자 피어린
투쟁을 벌이다가 고귀한 한목숨을 기꺼이 바쳤다.

　간도를 비롯한 만주 전역과 노령 연해주 등지에서 본격적으로
항일무장투쟁이 시작된 것은 1910년 전후, 국내에서 항일의병전쟁
이 실패로 돌아간 뒤 잔존 무장세력 대부분이 만주로 건너가 독립
군을 조직하고 항일투쟁에 나섰던 것이다.

　이 가운데서 특히 규모가 크고 전과가 높았던 부대가 1920년대
와 30년대에 용명을 떨친 홍범도의 대한독립군, 김좌진의 북로군
정서, 안무(安武)의 국민군, 최진동(崔振東)의 군무도독부였다.

　현재 연변 조선족자치주 인민정부 소재지인 연길은 그 당시 국
자가였다. 연길에서 남쪽으로 고개 하나를 넘으면 해란강 줄기를
중심으로 용정에 이르는 넓은 두도평야(頭道平野)가 펼쳐진다. 오늘
날 만주 지방의 논농사는 모두 우리 선조들의 손으로 시작되었다.
구한 말부터 악랄한 일제의 수탈과 마수를 피해 남부여대하여 백

용정중학교 교정에 세워진 민족시인 윤동주의 시비.「서시」가 새겨져 있다. 윤동주는
용정중학교 자리에 있던 광명중학교를 다녔다.

두산 줄기를 타넘고 두만강을 건너온 조선의 농민들이 피눈물과
비지땀을 흘리며 황무지를 개척하여 논농사 밭농사로 끈질긴 한겨
레의 생명력을 이어 왔던 것이다.

  '일송정 푸른솔'과 '한 줄기 해란강'의 노랫말로 이름난「선구자」
의 고향 용정은 간도지방에서 우리 백성이 가장 먼저 이주한 곳으
로 처음엔 '용두레촌'이라 불렸다. 당시 일본 영사관이었던 용정시
인민정부 건물에서 멀지 않은 시내에 용정 지명이 유래된 용두레
우물과 수많은 항일 애국지사를 배출한 민족교육의 요람 서전서숙
(瑞甸書塾)과, 윤동주(尹東柱)·송몽규(宋夢圭) 등이 다니던 광명중학
(光明中學) 옛터가 남아 있다. 현재 서전서숙은 용정소학교, 광명중
학은 용정중학교로 변했고, 용정중학 교정에는 윤동주의「서시(序
詩)」를 새긴 시비가 서 있다.

1906년에 이상설·이동녕·이회영·여준 등이 세운 북간도 최초의 민족교육 시설이었던 서전서숙은 2년 뒤 일제의 탄압에 의해 강제 폐교당했다가 여준과 김학연 등에 의해 명동서숙으로 거듭 태어났다.

용정 시가지와 해란강이 내려다보이는 비암산엔 일제가 뽑아내 버린 그 소나무 일송정 대신 진짜 정자 일송정이 세워져 있지만 1992년 용정중학 출신 인사들이 뜻을 모아 세운 선구자탑은 중국 당국에 의해 강제로 철거당해 가슴을 쓰리게 했다.

왕청현(汪淸縣) 봉오동은 세종 때 김종서 장군이 여진족을 몰아내고 개척했던 6진 중 최북단에 위치한 함북 온성 유원진(柔遠鎭)에서 두만강 바로 건너편이다. 항일독립전쟁에서 불패의 신화를 남긴 대한독립군 사령관 홍범도가 안무의 국민군, 최진동의 군무도독부군 등 약 700명을 이끌고 1920년 6월 7일 왜군 대병력을 여지없이 무찔러 독립전쟁 초유의 대승을 거둔 빛나는 역사의 현장이다.

본래 홍범도가 이끈 400명의 대한독립군의 근거지는 연길현 명월구(明月溝)였다. 봉오동전투는 전날 있었던 삼둔자(三屯子)싸움이 서전이었다. 삼둔자싸움은 홍범도부대의 독립군 소부대가 국내로 진공, 왜군 헌병소대를 격파하고 돌아오자, 이에 보복하고자 왜군이 야스카와(安川) 소좌를 지휘관으로 한 대대 규모의 월강추격대를 두만강 건너로 보냄으로써 비롯되었다.

유원진을 넘어온 왜군은 무고한 양민을 학살하는 등 갖은 만행을 저지르다가 삼둔자에서 독립군에게 일대 타격을 입으면서도 계속 봉오동으로 쳐들어왔다. 봉오동은 계곡 양쪽에 우뚝우뚝 산봉우리들이 솟구치고 한가운데로 강물이 흐르는 길이 10km의 천연

용맹한 홍범도 장군의 의병부대 대한독립군이 일본군 대병력을 섬멸, 독립전쟁 초유
의 대첩을 거둔 봉오동에는 거대한 저수지가 생겨 옛 모습을 잃어버렸다.

의 요새, 입구에서 골짜기 끝까지 30~60호씩 세 개의 마을이 있었
는데 홍범도는 주민들을 모두 산 속으로 대피시킨 뒤 요충마다 독
립군을 매복시켰다가 우세한 병력과 화력을 믿고 무모하게 쳐들어
온 왜군을 철저하게 섬멸해 버렸던 것이다. 이 날 네 시간에 걸친
싸움에서 일본군은 500여 명의 사상자를 내는 대참패를 기록, 이
른바 '무적황군(無敵皇軍)'의 허상을 여실히 드러냈다.

상전벽해라, 대한독립전쟁사를 빛낸 봉오동전투의 현장은 이제
거대한 저수지로 변해 그 날의 모습은 찾을 길이 없다. 다만 용맹
한 홍범도부대 독립군들이 매복했다가 왜군들에게 분노의 불벼락
을 퍼붓던 산봉의 윗부분들만이 저수지 양쪽으로 삐죽삐죽 솟아
그 날의 혈전을 말없이 전해줄 뿐이다.

봉오동 계곡 물을 가둔 봉오수고(鳳梧水庫) 저수지는 남쪽으로

6km 떨어진 도문시의 상수원으로 쓰이고, 지금은 대도시로 변한 도문시 또한 봉오동전투 당시에는 초라한 시골 마을 회막동(灰幕洞)이었다.

봉오동전투에 이어 독립전쟁사상 최대의 승첩을 거둔 싸움이 청산리전투이다. 청산리전투는 김좌진의 북로군정서, 홍범도의 대한독립군, 안무의 군민군 등 약 2000여 명의 독립군 연합부대가 1920년 10월 21일부터 6일 간 두만강 상류 무산 북쪽 50km 지점, 용정 서쪽 20km 지점인 화룡현(和龍縣) 이도구(二道溝)와 삼도구(三道溝) 일대인 청산리 어랑촌(漁郎村)과 백운평(白雲坪), 봉밀구(蜂蜜溝) 등지에서 왜군 5000여 대병력을 섬멸한 통쾌한 대첩이었다.

봉오동전투에서 대승을 거둔 홍범도의 대한독립군은 7월에는 노두구(老頭溝) 전투를 치르고, 8월에는 장백산맥 밀림지대에서 장기전을 펼치기 위해 길림성 안도현(安圖縣) 쪽으로 이동, 9월 20일에 안도현과 화룡현의 접경인 이도구 어랑촌에 이르렀다. 홍범도 부대에 이어 9월 말에는 안무의 국민군이 합류했고, 10월 13일에는 김좌진의 북로군정서군도 본거지인 왕청현 서대파구(西大波溝)를 떠나 연길현 노두구를 경유하여 삼도구에 포진함으로써 독립군 연합부대의 총병력은 2000명을 헤아리게 되었다.

봉오동에서 참패한 왜군은 조선 주둔 19사단과 20사단의 2개 연대 병력을 주력으로 하여 아즈마 마사히코(東正彥) 소장이 이끄는 5000여 대부대를 파견, 독립군을 토벌한다는 구실로 1만여 무고한 조선인을 학살하는 이른바 간도참변의 만행을 저지르며 청산리로 추격하여 10월 17일부터 작전에 들어갔다.

세 배에 가까운 우세한 병력에 기관총과 야포 등 중무기까지 갖춘 왜군은 20일까지 독립군 연합부대를 사면에서 포위 섬멸한다는 전략을 세웠으나, 21일부터 22일까지 벌어진 청산리의 백운평 어랑촌 및 천수평(泉水坪) 전투에서 신출귀몰 용맹무쌍한 홍범도·김좌진·안무의 연합부대는 26일까지 대소 십여 차례의 접전을 벌인 결과 왜군 연대장 1명, 대대장 2명을 포함한 1200여 명을 사살하고 2000여 명에게 중경상을 입히는 청사에 빛나는 대첩을 거두었던 것이다.

청산리대첩 뒤 일본군의 대대적인 토벌작전에 홍범도는 부대를 이끌고 노령으로 건너갔다가 이듬해 6월 이른바 '자유시 참변'을 당한 뒤 이르쿠츠크를 거쳐 연해주의 집단농장에 정착했으나 그것도 한때, 1937년 스탈린에 의해 중앙아시아 카자흐스탄으로 강제 이주당해 비참한 만년을 보내다가 조국광복의 소식도 듣지 못한 채 1943년 10월 25일에 75세를 일기로 전설적 영웅의 한 삶을 마쳤다.

한편 김좌진도 노령으로 이동했으나 자유시 참변 직전 만주로 돌아와 1925년 신민부를 조직하고 총사령관을 맡아 한중연합작전을 구상했으나 만주 군벌 장작림(張作霖)의 탄압에 실패로 돌아갔다. 1929년에는 공산주의 세력과 합작을 시도했지만 이 또한 갈등을 빚던 끝에 1930년 1월 24일 산시진(山市鎭)에서 41세의 아까운 나이로 공산주의자 박상실(朴尙實)의 흉탄에 암살당하고 말았다.

하얼빈과 장춘으로 가기 전에 목단강시에서 김좌진 장군의 딸인 김산조(金山鳥) 할머니와 김좌진 연구가인 허광일(許光一) 흑룡강성 조선민족출판사 사장 등과 김좌진 장군이 암살당한 산시진을 찾아 보았다. 목단강시에서 서북쪽으로 100km쯤 떨어진 산시진은 전형적인 중국의 농촌이다. 김좌진은 이 곳을 청산리대첩 이후 항일투쟁의 근거지로 삼다가 산시진역 부근 정미소에서 흉탄에 쓰러져

목단강시 산시진은 청산리대첩의 영웅 김좌진 장군이 공산주의자의 흉탄에 암살당한 곳이다. 그 장소 정미소를 가리키는 할머니가 김좌진 장군의 딸 산조(山鳥).

인근 칠가자(七家子) 뒷산에 가매장되었다.

태어난 직후 모친을 잃은 김 할머니는 독립군들이 산조—멧새라고 부르며 젖동냥으로 산에서 기르다가 세 살 때 아버지마저 빼앗겨 천애고아가 되어 온갖 고초를 겪으며 중국 땅에서 70고개를 바라보고 있었다.

청산리싸움이 항일전쟁 최대의 승첩이라면 대한의병 중장 안중근의 하얼빈 의거는 독립운동사상 최대의 쾌거였다.

흑룡강성의 성도 하얼빈은 안중근 의사가 침략의 원흉 이토 히로부미를 민족의 이름으로 처단한 곳이니 우리 국민은 그 누구도 잊지 못할 뜻깊은 역사의 현장이 아니고 무엇이랴.

1909년 10월 26일 아침 하얼빈 역 플랫폼에서 울려 퍼진 네 발의 총성은 아시아는 물론 전 세계에 대한 남아의 용장(勇壯)한 기

대한국인 안중근.

개를 한껏 떨친 일대 쾌거였다.

국치 이전 수백 명의 의병을 이끌고 두만강을 넘나들며 일제 침략군과 치열한 격전을 벌이던 안중근은 1909년 이토가 하얼빈에 온다는 정보를 입수하자 민족의 원수를 손수 처단코자 결의했다.

안 의사는 10월 21일 동지 우덕순(禹德淳)·유동하(劉東夏) 등과 블라디보스토크를 출발, 하얼빈에 도착하여 그 날이 오기를 기다렸다. 마침내 10월 26일 아침 9시 30분께 이토가 탄 특별열차가 플랫폼으로 들어와 멎고, 이토가 열차에서 내려 마중나온 러시아 대신 고고프체프와 의장대를 사열한 뒤 각국 영사들과 악수를 나누는 모습이 보였다.

그 순간 권총을 뽑아들고 뛰쳐나온 안 의사는 이토에게 네 발의 총탄을 발사했다. 첫 발이 이토의 앞가슴에, 제2탄은 옆가슴에, 제3탄은 배를 관통했다. 의거가 성공하자 안 의사는 "대한독립만세!"를 세 번 외치고 태연하게 러시아 헌병에게 붙잡혔다.

하얼빈 역에서 300m쯤 떨어진 동청(東淸)철도국으로 끌려간 안 의사는 "나는 대한의병 참모중장으로서 조국의 독립과 동양의 평화를 위해 적장을 총살 응징했다"고 당당히 진술했다. 러시아군으로부터 일본영사관으로 넘겨진 안 의사는 그 뒤 200여 일 간 여순 감옥에서 고초를 당하다가 이듬해 3월 26일 31세의 꽃다운 나이로 조국에 한 목숨을 바쳤다.

안중근 의사가 대한의병 참모중장의 이름으로 침략의 원흉 이토 히로부미를 총살 처형한 하얼빈역 플랫폼.

안중근 연구가인 이병철(李炳哲) 하얼빈 중급한국어학교장 겸 흑룡강성 조선학연구회 부회장의 안내로 안 의사가 의거 직후 끌려가 조사받은 일본영사관 자리를 거쳐 하얼빈 역을 찾았다.

하얼빈 시 화원가 일본영사관 자리는 소학교로 변했고, 하얼빈 역도 현대식으로 변해 그 옛날 모습을 찾아볼 수 없다. 이병철 씨는 귀빈대합실을 통해 플랫폼으로 함께 나가면서 "이 대합실이 바로 그 날 안 의사가 일본인들 틈에 섞여 플랫폼으로 들어가던 개찰구였다"면서, "역사(驛舍)와 대합실을 비롯한 건물은 모두 신축된 것이고, 플랫폼도 여러 차례의 공사로 옛모습이 사라졌다"고 밝혔다.

안중근 의사의 유해는 아직도 찾지 못했지만 순국 88년 만이며 대한민국 정부수립 50주년인 1998년 8월 15일 안 의사가 순국한

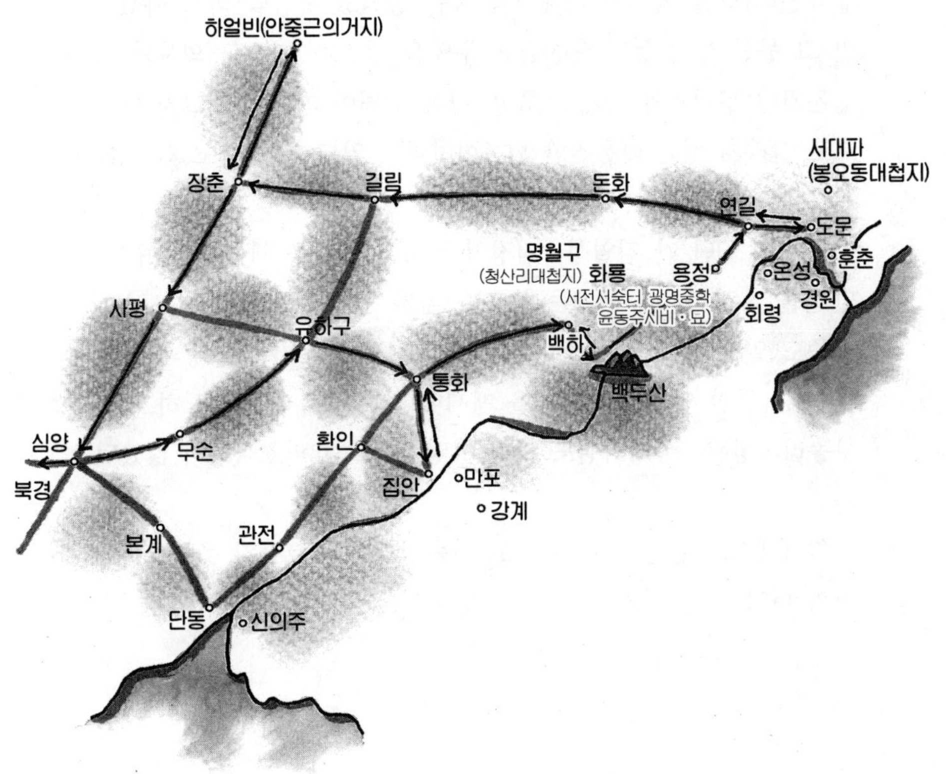

역사의 현장 여순감옥에 추모비가 세워지고 겨레의 꽃 무궁화도 심어졌다. 안 의사가 수감되었던 동(東)수감동 앞뜰에 세워진 이 비석은 높이 1.2m, 너비 80cm 크기의 옥돌로 '국제항일열사영수청사(國際抗日烈士永垂靑史)'라고 새겨져 있으니, '안 의사의 영혼과 기개가 청사에 길이 빛나리'라는 뜻이다. 비석 앞 화단에 심어진 무궁화 10그루는 전북 정읍시 이평면 전봉준 장군 옛집에서 가져다 심은 것이다.

북경행 열차에 올라 하얼빈 역을 떠나자니 만감이 교차했다. 신열들은 나라를 되찾기 위해 피눈물을 흘리고 목숨을 바쳐 싸웠건 만 그 동안 우리 못난 후손들은 무엇을 했던가. 안중근 의사의 시 신은커녕 무덤조차 찾지 못했고, 광복 50년이 지나도록 그저 남북 으로 갈라져 헛된 싸움질만 되풀이하며 통일도 못 이루고 있지 않 은가.

북쪽은 50년 간 김일성·김정일 부자가 권력을 세습해 가며 '인 민'들을 혹사하다가 이제는 모조리 굶겨 죽이기 직전에 이르렀고, 남쪽도 일제 잔재를 청산하지 못해 독립투사의 자손은 깡패 노릇 을 하는 동안 일왕에게 충성을 맹세했던 자들이 대통령도 하고 국 무총리·장관·국회의원도 하며 떵떵거리고 호의호식하지 않았던 가.

역사에서 교훈을 얻지 못하고 민족정기를 바로잡지 못하고서야 어찌 나라가 잘 되기를 바랄 수 있으랴.

황 원 갑(黃源甲)

강원도 평창 출생(1945년)
춘천고등학교 졸업(1964년)
서라벌예술대학 문예창작과 졸업(1966년)
중앙대학교 사회개발대학원 수료(1972년)
동아일보 신춘문예 당선(1982년)
신동아복간기념 논픽션 당선(1983년)
월간스포츠 기자(1969년)
한국일보사 기자(1982년)
현재 서울경제신문 사회문화부 차장, 한국문인협회 회원, 한국소설가협회 회원
저서 :『역사인물기행』(1988년),『경제사의 현장』(1990년),
    『한국의 인맥』(대표집필 ; 1992년),『역사인물유적순례』(1994년),
    『비인간시대』(중편소설집 ; 1997년)

민족사의 고향을 찾아서

황원갑 지음

초판 1쇄 인쇄 · 1998년 9월 22일
초판 1쇄 발행 · 1998년 9월 25일

발행처 · 도서출판 혜안
발행인 · 오일주
등록번호 · 제22 - 471호
등록일자 · 1993년 7월 30일
121 - 210 서울 마포구 서교동 326 - 26
전화 · 02) 3141 - 3711, 3712
팩시밀리 · 02) 3141 - 3710

값 10,000원
ISBN 89 - 85905 - 63 - 5 03910

이 책은 한국프레스센터의 언론인 연구 · 저술활동 지원으로 출판되었습니다